广东省中小学新一轮“百千万人才培养工程”项目

亲验与表现

陈雁鸣　著

華南理工大學出版社
SOUTH CHINA UNIVERSITY OF TECHNOLOGY PRESS
·广州·

图书在版编目（CIP）数据

亲验与表现／陈雁鸣著．—广州：华南理工大学出版社，2017.6
ISBN 978-7-5623-5304-1

Ⅰ．①亲…　Ⅱ．①陈…　Ⅲ．①中学语文课-教学研究　Ⅳ．①G633.302

中国版本图书馆CIP数据核字（2017）第111250号

亲验与表现
Qinyan Yu Biaoxian
陈雁鸣　著

出 版 人：卢家明
出版发行：华南理工大学出版社
（广州五山华南理工大学17号楼，邮编510640）
http://www.scutpress.com.cn　E-mail: scutc13@scut.edu.cn
营销部电话：020-87113487　87111048（传真）
策划编辑：吴兆强
责任编辑：吴兆强
印 刷 者：虎彩印艺股份有限公司
开　本：787mm×1092mm　1/16　彩插：1　印张：13　字数：240千
版　次：2017年6月第1版　2017年6月第1次印刷
定　价：30.00元

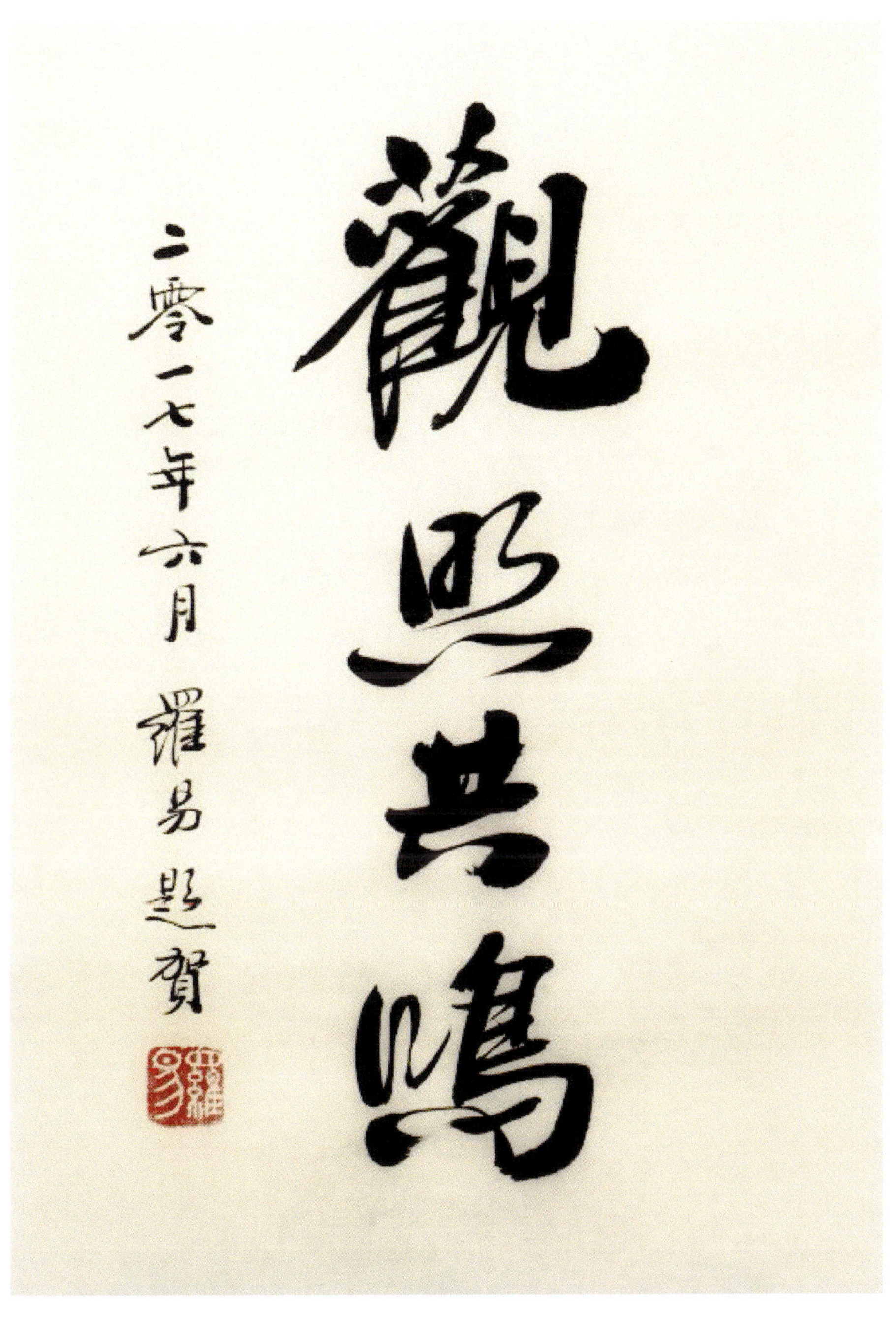

罗易，广东省实验中学正高级教师、广东省中学语文特级教师、广东省著名的教育专家、广东省人民政府督学、广东省首批基础教育系统名教师、广东省首批名师工作室主持人、华南师范大学硕士研究生导师、广州市中学语文教学研究会副会长。

扎根乡土　立足课堂

陈雁鸣老师的著作《亲验与表现》行将付梓，特意嘱咐我为之写篇序言。陈老师是广东省中小学新一轮“百千万人才培养工程”首批教育家培养对象，在华南师范大学四年多的学习时间里，我看着陈老师教学思想日趋成熟，教育信念日趋坚定，而他又能够把多年的经验和思考撰写成书，更是让我非常惊喜的事情。

作为一名扎根乡土的教育工作者，陈老师一大特点是始终立足课堂，无论是教学还是科研，都以课堂为主要阵地。他所提炼出来的语文教育思想，细细品味，就具有非常浓郁的乡土气息和实践内涵。“亲验”与“表现”，强调的是学生的亲身体验和纵情表达，这对于乡村的孩子来说是重要的教育导向，同时也是陈老师多年来实践、探索和思考的结果。

通读全书，我认为有两大特点是值得关注的：一是提供了大量精彩的典型课堂教学案例；二是对个人的实践经历和效果做了全面的理论分析。

书中呈现了大量的课堂教学案例，所有的案例大都围绕一个主题——“学习因亲验而深刻，课堂因表现而精彩”。陈老师相信，无论是教师还是学生，无论是教学还是生活，加强实践能力，从实践中感受到真知是至关重要的。对于语文教学，他不满足于让学生沉迷在书本中，而是把语文教学与学生的实践经历、体验感受结合在一起。他反对老师照本宣科，脱离教学情境，而是强调教学的生成和互动。从书中所提供的一个个鲜活的案例中，我们看到一个个充满了快乐和激情的课堂，学生乐于动手，勤于表达，老师志于引导，善于启发，改变了死气沉沉的课堂氛围，营造了一个生动活泼的教学乐园。

对多年来教学实践案例的积累，陈老师不是浅尝辄止，而是不断地寻找理论的支撑去进行思考论证。对自己的每一步实践、每一个改革、每一节课，都在追问有什么效果？为什么有这样的效果？对于亲验，他总结出了学生主体、亲身经历、全程参与、个体感受、意义内化等五个方面的特征；对于表现，他总结出了主动的亲验阅读、原创的发现写作、开放的思想分享等三个方面的形态。这些提炼内容与教学案例是紧密相连、丝丝入扣的。在理论思考的基础上，陈老师又进一步把思考的结果应用到实践中，让实践的效果更加突出。例如他总结出了亲验与表现的操作模式，使更多的年轻教师有章可循，也便于自己的教学理念得以推广传播。

陈老师这本书稿的出版，对于中小学教师从事教学研究工作具有示范作用和借鉴意义。中小学教师的科研路径与大学教师是不一样的，中小学教师有着大学教师所不具备的优势——大量亲身实践的经历。诚如陈老师所说的那样，亲验不仅对学生是重要的，对老师一样是重要的；不仅对老师的教学是重要的，对老师的科研同样是重要的。有了亲身的经历和体验，才能深知其中的酸甜苦辣、成败得失。在实践中反思，通过反思来指导实践，从而使个人的专业得到发展，个人的收获体会又能惠及他人，这就是中小学教师科研的意义和力量。我相信，如果广大的中小学教师能够积极把握这些优势并善于合理利用，我国基础教育领域的科研工作将会呈现遍地开花、蒸蒸日上的繁荣局面。

本书是一名优秀的语文教师对自己几十年的从教生涯做出的较为细致的总结和呈现，尽管我没有从事过语文教学，但从中也获得了非常多的启迪和感悟。陈老师所总结出来的方法和路径是正确的，无论哪个学科、哪个学段的教师，都应该让我们的孩子有更多的亲验，更加勇于表达。与此同时，我们作为老师也一样，立足实践，勇于表达、交流和传播。

黄牧航

二〇一七年六月二十日于华南师范大学

（黄牧航，华南师范大学教授、硕士生导师、华南师范大学基础教育培训与研究院副院长、广东省中小学教师培训中心副主任。）

前　　言

2012年9月，我有幸参加广东省中小学新一轮“百千万人才培养工程”首批“教育家”班的培养学习，从此，提炼教育思想也就成为四年培养学习时间里时刻不敢忘记的事。

在导师们的催促、同学们的鼓励下，在一轮又一轮的“思想批斗”宣讲行动里，在正事和杂事的穷忙中，写一本关于课堂教学的书的念头一直萦绕于脑际。而有了这个念头，又难以食甘寝安。于是在相关的思考中，联系教育学、心里学把自己教学中的一些观察和点滴思考一点一点往语文教学思想的方向提炼。四年来，断断续续地补充、修改，也算是水到渠成。

长期以来，我们的语文课堂教学在以往固有的旧观念的指导下，教师专心地讲，学生被动地学，不论是教师还是学生，他们的教和学大都算不上他们内在的需要。学习本应是一件快乐的事情，给学生一个轻松的学习环境，给语文一种显示它的不可或缺和人的存在的学习方式应该是语文教师努力的方向，是所有教育工作者努力的方向。

人，从简单的生物到能借助语言符号，再到具有独立的思想，甚至具有创造力的人，完成了人的生命和智慧的高度统一，使生命留痕，精神不灭，实现了人的真正价值。这应该是语文教育教学中“亲验与表现”的要义。语文教育教学只关注学生的生存能力和生存质量是远远不够的，它更应关注学生的言语活动与其情感、思想、精神世界的关系，提升学生的精神品位，给学生以更具人性和人文性的终极关怀。这种终极关怀，应体现在它不仅仅盯在把学生变成一种符合外部期待的应付生活的“工具”，而应在关注学生的生存和社会需求的同时，将自觉参与、学会学习、敢于说话、善于写作等创造性学习行为作为学生的生命活力张扬和对自身之所以为人的证明，是对人的生命意义的体认，将学习活动的意义与人的生命意义、存在价值紧密联系，从而实现语文课堂教学的价值，培养学生的个性人生。

亲验指的是通过学生亲身体验进行学习，取得自我发现和原创意义的学习成果的一种教学理念和方式。亲验学习是一种价值取向，指引着教师教学观念的改变，促使教师关注学生在教学中的独特感受与个性化发展。亲验学习是一种教学方式，教师在教学中将更加关注学生主体，积极采取有效措施，创设情境，从时间、空间两个维度保证学生在学习过程中获得亲身真切的学习感受与新的知识发现。亲验学习有四种形态：(1)主动的自我阅读；（2）积极的活动参与；（3）原创的意义批记；（4）开放的知识分享。

表现指的是把个体内在的东西充分地外化展示出来，由此不断认识自己、完善自己，并彼此分享、共同提高的一种学习方式。亦即“学以致表”。倡导“学以致表”就是由内而外、以内养外，通过表现达到善待自我与欣赏别人、个体多样表现与群体共同发展的统一。由此形成的“表现性课堂教学”就是以学生的表现为中心的师生双方教与学的共同活动。表现性课堂教学力图改变传统的单纯以知识传授为中心的课堂教学模式，构建以倡导表现为核心的课堂教学新体系。作为学习方式的“表现”，它在语文课内外的具体存在有三种形态：主动的亲验学习、原创的发现写作和开放的思想分享。

本书的构思与内容结合了我自己二十多年的语文教学收获和课题实践经验，对亲验与表现的意义、背景、概念、类型、基础理念等作了阐述。在写法上力求联系教学实践，希望便于阅读。

在成书的过程中，我的导师吴颖民、王红、黄牧航、吴维粤、张广君等给了我很多的理论和实践指导。我的同学李绪强、梁建国、吴希成等给我提出了改进的意见。雷州市第二中学韩江伟校长给予了极大的精神激励和鼎力支持。谨在此致以深深的谢意！

华南理工大学出版社的吴兆强副编审对本书进行了认真的审稿和加工，加快了本书的出版进程，体现了无私的敬业精神和高效的工作效率。广东新闻出版印刷技术学校的邓荣任先生给了我极大的鼓励和帮助。在一千六百六十多个日日夜夜的思考与努力中，是我的爱人王丽君给了我默默的支持和鼓励。均在此谨致谢忱！

由于水平所限，本书一定存在很多不足，敬请读者提出宝贵意见。

陈雁鸣

2017年5月16日凌晨于雷州市第一中学

目录

Contents

引　子

一、一篇学生作文引发的思考

2010年3月，我们学校的郑保书校长很突然地找我去谈话，要求我回高一年级任教语文，我很感惊愕，因为高三的教学工作还未结束呀！是自己犯错了还是自己教得不好，为何现在就叫我回高一任课呢？他稍做停顿说，不是叫你现在就回去高一，而是下一届高一要办一个实验班，这一届高三的学生毕业后，你就回高一管好实验班的语文教学，帮我做好课题。你现在就要做好思想准备。9月，我从高三回到高一，任教高一（1）、高一（9）两个班的语文学科，高一（1）就是其中的实验班，而高一（9）是一个普通班。

学期中，我在一次批阅学生每周的随笔作业时，发现了一篇题目为“‘怪’老师”的文章，我边笑边想，我们班哪位老师有那么“怪”的，怎么就给学生盯上了？我开始慢慢地看着这篇文章：

> 秋风伴随着落叶迈着轻盈的步伐姗姗而来，我怀着梦想，伴随着师哥师姐们，洋溢着智慧的笑脸踏进了雷州一中的大门。走在绿荫小道上，显得那样文雅和深邃，让我每走一步都不敢掉以轻心。当然最让人在意的是科任的是什么样的老师。年轻的，还是年老的，教学的方式适不适应，一连串的问题抑压在心里，等待着时间的回答。
>
> 一分一秒的时间从手指间滑过，第一天快过去了，我发现老师都与我原学校的大同小异，没有什么特别。在最后一节课上，正在失落间，随着一阵“叮铃铃”的铃声划破了我失落的思绪，迎面而来的是一位方头短发的中年男老师，脚步刚劲稳重，戴着一副很般配的眼镜，显示出一副知识渊博的样子。在同学们起立后，他的声音比其他老师的大多了，而他给我们一个很端庄的鞠躬回敬，这就是“怪”了，在所任教我的老师当中，学生起立时，老师大多只是点点头而已。

“怪”老师上课时的样子也是怪怪的。他从来没有一节课只端坐在讲台上的，总喜欢到下面“乱”逛，于是一节课下来黑板上只有简洁的几个字词。课堂上，他常说：“上课时注意什么呀？”跟着的是手在耳朵处转圈圈，他侧着身子望着大家。这样我们再明白不过了，大家异口同声地说：“听”。他一手按着书桌，头略向前伸看着我们说：“听了又怎样呀？”另一只手却在做写字的姿势。这样简单的动作，我们再清楚不过了，“怪”老师的一身都是形象的语言。

“怪”老师就连对我们的要求也是怪怪的。他要求我们在读书时，手中一定要持着笔，想到什么就马上写，灵感什么时候来了就什么时候写。本已对语文学习麻木的我，在“怪”老师的“怪”教学方式引导下，又对语文有了兴趣和好奇，也曾有点意外的收获，现在每上一节语文课前，我都尽力地去做好阅读的准备——阅读、旁批，此外，照着“怪”老师的引导，还做课外阅读，观察生活，勤写随笔。读秉性之所好，写内心之所思。

“怪”老师的治学态度更“怪”，在讲到《北大是我美丽而羞涩的梦》这课时，竟有一位同学站起来说作者是睁眼说瞎话。这是一位平时调皮、学习成绩差的同学，这一说搞得全班哄堂大笑，而“怪”老师却耐心地说：“噢，你有什么见解，说说看”。要是我以前的老师，早就脸色发青，判你一个搞乱课堂的罪名，罚站几节课。哪有这样的“怪”老师呢？

俗话说严师出高徒，我真希望“怪”老师能出个“怪”学生。

看着看着，发觉文章写的是我自己。我自问，我有这么“怪”吗？一个念头马上闪现：谁写的？我回头看作业的封面，原来是高一（9）班的黄进樊同学。读完这篇文章，我写了如下的评语：“细节描写突出、语言表达顺畅，老师的神态跃然纸上，中心明确。文章写得很好，能把老师给你的印象这么详细地记下来，可见这位老师给你的印象真的不浅，而你当时绝对是认真听讲的一位，望你真的能在‘怪’老师的引导下，努力拼搏，终成为一位“怪”学生。功夫不负有心人！”

评讲的时候，我印发了这篇文章，还当堂表扬了黄进樊同学，要求同学们向他学习。课后我又找他谈话，又单独表扬、鼓励了他。他也敞开心扉向我诉说了自己读书的一些感受：老师，我的家乡在农村，从小学一年级读到初中，我在班里面算是一个努力学习、喜欢回答问题的学生，但是，我的课堂回答从未被老师肯定过。在雷州市第一中学，我却发现您与其他科目的老师不一样，还有，我在语文课上第一次回答问题，就被您给予充分的肯定与表扬，我心里非常高兴！从这时候开始，我就特别在乎您、观察您，也就慢慢地再次喜欢上语文学科，就照着您说的方法读书、观察、写悟，坚持学习语文。

当年，黄进樊同学的这篇文章与其他同学的一起，共二十多篇，寄送到华南师范大学《语文月刊》编辑部参加庆祝新中国成立60周年华诞华南师范大学 “语文月刊杯” 首届广东省中小学生作文PK大赛，只有黄进樊同学的《“怪”老师》获得特等奖。

在与黄进樊同学交流后，我有了这样的思考：第一，教师的理念很重要。教师没有先进的教育教学理念，他的课堂形态只能是过去的“满堂灌”，学生在教师的心眼里，就是一个知识容器，接受答案的容器，而不是一个能动的会学习的人。第二，教育过程中，肯定、激励比否定、鄙笑来得更有效果。黄进樊同学的言语里，包含着一位努力学习、希望进步的学生对老师的哪怕是一句简短的肯定或表扬话语的渴望。尤其是在课堂上，教师的积极反馈、激励评价，往往会让学生的学习热情越来越高涨，学习劲头越来越足；反之，只会让学生失去学习的兴趣与动力。第三，学习是学生的事。说学习是学生的事，我并不排斥教师在学生学习过程中的角色和作用，但是学习的主动权还是掌握在学生的手里。一位学生，教师一旦激发了他的学习兴趣（特别是这种激发正好对在他困惑、纳闷、求解的对象和时间点上），学生会产生茅塞顿开的感觉，就会全身心投入学科的学习之中，教师稍加引导，学生就会亲自学习、主动学习，自觉安排自己的学习。

鉴于这样的思考，我们语文教师的教育观是否可以再前进一步，去实验践行那一句“教是为了不教”的教育名言呢?

二、我的语文教育实验

2010年11月，我在学校原先建成的“语文实验室”基础上，组织高一、高二年级的语文老师进行课题“中学语文‘211式亲验阅读’教学研究”的研究，把“语文实验室”改为“语文阅读实验室”。“211式亲验阅读”是指学生在品读、感悟课内、课外文本的基础上，自己从字词到语段，从读音意义到语法修辞，从文本内容到文本意义都进行亲躬体验性的查找、思考和比较，并能够用合适的语言文字及时记写下来，再在课堂中与同学分享的一种语文阅读学习模式。“2”指学生亲自对文本进行深入品读和原创性的思考感悟；前“1”指学生对自己的阅读思考做批注或记录（图0-1）；后“1”指学生把自己在阅读过程中获得的感悟、知识与其他同学交流和分享。课题研究的目的在于让中学生取得真正意义上的课堂学习的主体地位，使获取知识的学习活动最大限度地成为学生自觉的亲身体验，使学习真正成为学生的事，使学生的习得真正来自自身的感悟与发现。

当年，征得学校郑保书校长的同意，在学校教导处的配合下，我们高一、高二年级的语文课，可以做到每星期都有两节连堂的“阅读”课，地点在学校报告楼的二楼“语文阅读实验室”。课题实验半年后，具体感觉是高一、高二两个年级的学生一到阅读课的时间就非常兴奋，一说到“语文阅读实验室”，学生就说那是一个快乐学习的地方。

第二年，我们课题组举办了“阅读实验成果展示”（图0-2），接受了学校领导、老师和学生的参观检阅。不单是语文教师，学校领导、其他学科的教师都为我们的课题研究，对学生在语文阅读学习方面取得的成绩表示赞许与支持。雷州市第二中学郭乃宁副校长知道我们的课题研究取得这样的效果后，也来参观，并邀请我到雷州市第二中学给语文教师做专题报告。

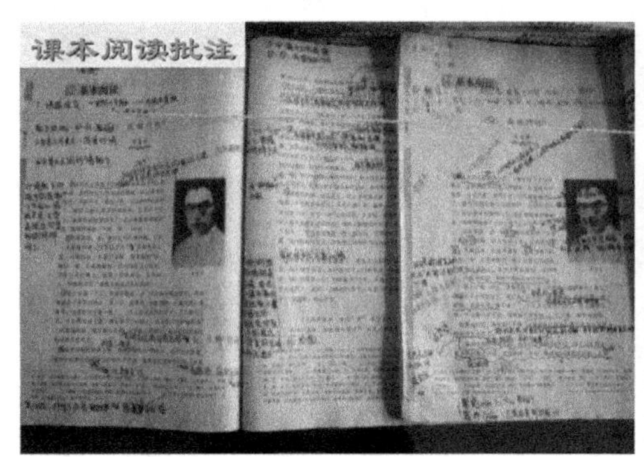

图0-1 学生写在读本里的批注

图0-2 学生在参观“成果展示”

下面是一篇学生的读书作品：

柔丝般的梦

高一（1）班 陈晓琳

阅读课上曾经读到这么一句话：“你那氤氲的眼睛似乎包罗万象，即使我会迷失在里面，我也要去探索。”我的“那双眼睛”就是一块块方方正正的汉字拼成的美妙世界，徜徉于一颗颗有灵性的文字构成的海洋里是我最快乐的事。

沉迷于名著的典雅，痴迷于小说的曲折，留恋于散文的优美，向往于诗歌的朦胧，还有话剧的灵活。每当拿起书本，就觉得心头很温暖，就像一个无家可归的人找到了归宿。

我就像一个“饿疯”了的人，见到“粮食”就啃，但绝不啃“不健康”的“垃圾食品。”一直幻想着拥有一家书店，免费借书给志同道合的朋友，共同探讨书中的美妙，交换思想，让彼此有很多的收获。

曾经有一次，我同学告诉我“莎士比亚的书简直看不下去”，再加上很多文人都喜欢把“莎士比亚说……”挂在嘴边，因此莎士比亚给我的印象是无聊、啰嗦。当我“逼迫”自己去看他的作品时，完全被震撼了。《罗密欧与朱丽叶》塑造出的爱情悲剧形象让人“肝肠寸断”，一个个“差一点”葬送了两个如花的青年，一场家庭的纷争拆散了一对有情人，悲凉啊！可是，拿起莎士比亚的喜剧，取遗憾、惋惜而代之的是捧腹大笑，甚至喜极而泣。《驯镖记》给我印象最深刻：一个刁蛮的大小姐在“霸气”丈夫的磨炼下变成一个温顺的女人。没有天生的性格，只要方法正确就能改“莠”为良。莎士比亚构造的故事情节扣人心弦，他的文字更是像赋予了灵魂一样。枯燥无味的描写，他也能表达得有声有形，耐人寻味，总在一番推敲后看到他的才华，妙不可言啊！就这样，莎士比亚成了我的偶像。

其实，人的口味、思想、经历不同，对事物的看法也有所差异。如果不是我身边的人对莎士比亚的“厌恶”，我也不会去欣赏他的作品，更不会知道他是我的榜样。有人说徐志摩是个文雅的“色狼”，而我认为他是不可多得的“情圣”。在伦敦留学间结识了才女林徽因后，诗情大发，虽然“失之东隅”，却也“得之桑梓”。那首轻柔的、唯美的、浪漫的《再别康桥》成了多少人的梦想，那首短小的《渺小》道出了多少人的心声。徐志摩的性格就是我随手写作的风格：灵感一来就像一江春水，不想写时怎么逼都是苍白的语言。

莎士比亚、徐志摩遥不可及，而我在翰墨香味中触摸了他们的灵魂，所以我是幸运的。笔在我手中，我很好奇它们在我的挥洒下的效果，就像我永远好奇合着的书本里面的内容。

那一本本透着香味的书，你身上透出的磁性紧紧地吸住了我，心坎最柔软的那块地方，永远是你的归宿。如果我是笔画，我会组建一个美妙的世界；如果我有一家书店，我会把这些美妙收集起来；如果我能读到很多精神食粮，我一定会毫不吝惜与人分享。

作者从富于灵性的方块汉字谈到典雅的名著，谈到自己饥饿般的阅读，娓娓道来，读书对作者来说就如做“柔丝般的梦”，很温暖、很美妙，这就是作者读书的感受。同时，作者又以莎士比亚与徐志摩的作品为例，读到自己与别人不一样的发现，这是真正的阅读。总之，阅读给了作者最大的享受。文章语句顺畅，字里行间流露着作者细腻的阅读感悟，也充满着“柔丝般”的诗意。

点评教师：陈雁鸣

历时三年多的“中学语文‘211式亲验阅读’教学研究”的课题实验，深受雷州市教育局、学校领导的赞许和教师、学生的欢迎。学生们在语文阅读实验室轻松学习，自由阅读，亲自原创性地解读文本，书写自己对文本、对生活的感悟，张扬自己的本性；教师们在学习中研究，在研究中学习，在学习研究中得到发展和提升，取得了很好的教学效果和实验成果，它不仅提高了学生的自主学习能力，也促进了教师专业发展的持续性，具有理论、实践价值和社会效益。

（1）该实验研究符合新课程改革的精神。“211式亲验阅读”关注学生的语文思辨能力，关注学生语文学习的进步和发展。它与新课程的核心“一切为了学生的发展”和郭思乐教授的“生本教育”理念有先天的联系，它的研究也自然就有了厚实的理论沃土，符合新课程改革的精神。

（2）该实验研究对解决雷州一中，甚至雷州市语文学科教学实践中存在的困惑有着积极的现实指导意义。

（3）该实验研究让学生成为学习的主人，把阅读活动变成人的主体性和能动性的不断生成、发展、提升的过程。学习成为学生事情，成为学生亲躬力行的体验，而发现、感悟却成为学生学习的成果。这有利于转变学生的学习方式，有利于提高学生的学习能力，有利于提高教学质量，使学生适应未来社会发展的需要。

（4）该实验研究能帮助教师更新自己的教育理念，并通过教学实践的总结反思和自我调适，优化教学行为，提高教学能力，有利于教师的专业化发展。能培养一批观念新、业务素质高、实验操作能力强的教学骨干教师。

（5）该实验研究有利于学校改变教学管理制度。通过探索语文阅读教学结构、教学方法、学习方式的优化，可以提高雷州一中语文学科的教学效果，进而建立雷州一中语文学科阅读教学的新模式。

第1章

新旧教育认知的异同

中国是一个文明古国，也是一个教育大国，其悠远的教育文化传统对人类文明的演进产生过重要的影响，更是直接作用于当代中国社会现代化和教育现代化的发展。中国传统教育文化是以儒家文化为中心的，有着诸多层面和复杂的内容。它的演变和对当代社会的影响，可以粗略地从教育思想、教育制度、教学过程和教学方法这样的层面去观察。

中国传统教育思想的精华，最重要、最核心的是孔子的“人皆可以为圣贤”的道德理想，它开创了有教无类的平民教育的先河。由此，全民族极其高涨的教育热情——尊师重教、兴学办学、对子女较高的教育期望等，形成儒教社会的一种特质和精神面貌。

有人曾指出过中国传统文化的两重性——写在典籍上的与在实际生活中表现的往往有着极大的差距。在教学过程和教育方法层面，我们有许多脍炙人口、传诵至今的警句名言，如“循循善诱”“温故知新”“教学相长”“因材施教”等，但这些似乎主要是先贤的楷模和理想。在千百年来的教育现实中，封建时代的教育作为“传统教育”的基本表现是师道尊严、注入式、满堂灌、死记硬背、考试至上等。

这种传统文化的两重性，使得人们在教育教学上存在认知的差异，也影响着人们对新旧教育教学的价值判断。

一、被动接受的传统教学观

传统教学观是以教师为中心，课堂形式以教师的讲授为主，强调教师的主导作用，采用说教灌输式教学，重视个人努力而不考虑或很少考虑集体的合作，教师是知识的传播者。这种传统的教学观起源于以19世纪德国哲学家、心理学家、教育家、科学教育学的奠基人赫尔巴特为代表提出的“教师中心，从课中学”的理论。

在传统教学观的指导下，教学模式强调以课堂教学为主，强调教学必须以教师为中心，教师居于教学的主体地位。教师的备课着重于考虑“教什么”和“如何教”的问题，从教学内容的安排到教学方法的选择，从学生学习成绩的检查到评定等，都由教师做决定。此外，教师的教研只思考如何才能把问题讲深、讲透，从不思考学生应该“学什么”和“怎样学”的问题，不问对象，忽视研究学生个别差异，“因材施教”只是一种教研说辞。实践证明，传统教学观指导下的这种落后的教学模式侵蚀着教育的发展，制约着人才的培养，限制着学生在课堂上学习积极性、主动性和创造性的发挥。其弊端主要表现在：

（1）教学内容固定僵化，教学方法过于死板。整个教学内容严格以教材为中心，强调教师对前人间接经验的传授，强调学生对前人间接经验的被动接受，忽视学生在学习过程中直接经验的获取。过分强调教学计划的统一、教学进度的统一和教学内容的统一，不注重学生的个性特征。考试按固定的内容和模式，忽视根据实际情况给予改进或创新。

（2）教学行为重讲授、轻实践。传统教学模式忽视了教育教学应与社会生活和社会生产、生活相联系，与社会实践相结合。加上当时社会生产资料的匮乏，教育教学设施稀缺。由此，教师在课堂上也只好围绕书本进行口头讲授，从而产生教师、学生都重书本、轻实践的结果。教学活动也很机械、呆板，教师强灌硬塞，而学生则死记硬背、被动学习，严重扼杀了学生主动学习的精神。

（3）教学主体不明确。传统的教学模式没有把学生作为学习的主体，剥夺了学生主动学习、主动探究的权力，也否定了教师在教学中所具有的真正的指导作用。教育教学中，教师只注重智育，而在智育上又只注重知识的传授，培养出来的学生容易出现重听讲、轻动手，重分数、轻创造的不良现象，不利于学生的全面发展。

传统教学观指导下的教学模式主要风行于20世纪90年代以前，这是因为，以教师为中心的教学模式在学习理论方面的基础是行为主义。过去，我国教育理论界多年来以认识论取代对教学过程中认知规律的研究，导致绝大部分教师不了解人类学习过程的认知规律，不熟悉甚至完全不懂认知学习理论，这就为行为主义大开方便之门，使行为主义学习理论在我国各级各类学校教育教学中根深蒂固。众所周知，行为主义学派主张心理学只研究外显行为，反对研究意识和内部心理过程。他们把个体行为归结为个体适应外部环境的反应系统，即所谓“刺激—反应系统”，学习的起因被认为是对外部刺激的反应。但是他们不关心刺激所引起的内部心理过程，认为学习与内部心理过程无关，因此只要控制刺激就能控制行为和预测行为，从而也就能控制和预测学习效果。这就是行为主义学习理论的基本观点。根据这种观点，人类学习过程被解释为被动地接受外界刺激的过程，而教师的任务只是提供外部刺激，即向学生灌输知识。学生的任务则是接受外界刺激，即理解和吸收教师传授的知识。

时至今日，由于一些特殊原因，个别边远地区、乡村学校仍有教师强调学生的任务就是要听讲、消化，把学生当作灌输的对象、外部刺激的接受器、前人知识与经验的存储器，忘记了学生是有主观能动性的、有创造性思维的活生生的人。由于受这种行为主义学习理论长期潜移默化的影响，致使绝大多数学生逐渐养成一种不爱问、不想问“为什么”、也不知道要问“为什么”的麻木学习状态，形成一种盲目崇拜书本和老师的迷信思想。“书本上的都是经典，老师讲的必定正确，对书本都不能怀疑。”这种思想观念代代相传，不断强化，就使学生的发散性思维、逆向思维被束缚、被禁锢，敢于冲破传统、藐视权威的新思想、新观念被贬斥、被扼杀，大胆幻想的翅膀被折断，作为认知主体的学生其主动性无从发挥。这就等于从基底上移走了具有创新思想和创新能力人才赖以孕育、滋生和成长的全部土壤，创造型人才的培养就成了难以实现的空中楼阁。

苏霍姆林斯基在《教育艺术》中认为，“在人的心灵深处有一种根深蒂固的需要，就是希望自己是一个发现者、研究者、探索者。在儿童的精神世界中，这种需要特别强烈”。总之，被动学习的传统教育观指导下的教学模式已严重影响了素质教育的顺利推行，制约了我国教育的发展。

二、主动吸纳的新教学观

新的教学观的核心是“以人为本”，一切从学生实际出发，从学生的需要出发。在新的教学观的指导下，教学模式主要表现为以学生为中心。以学生为中心的教学模式要求教师精心组织学生进行自主探究的学习活动，引导学生自主地发现问题，研究问题，解决问题。从而让学生的学习从“被动学习”变为“主动吸纳”，真正突出学生在学习活动中的主体地位。

进入20世纪90年代以后，随着多媒体和网络技术的日益普及（特别是基于Internet的教育网络的广泛应用），以学生为中心的教学模式逐渐发展起来。

多媒体和网络技术由于能提供界面友好、形象直观的交互式学习环境（这有利于激发学生的学习兴趣和进行协商会话、协作学习），能提供图文声像并茂的多种感官综合刺激（这有利于情境创设和大量知识的获取与保持），还能按超文本、超链接方式组织管理学科知识和各种教学信息（这不仅有利于学生的主动发现、主动探索，还有利于发展联想思维和建立新旧知识之间的联系）。因而，多媒体网络技术对学生认知结构的形成与发展，即促进学生关于当前所学知识的意义建构是非常有利的，也是其他的教学媒体或其他学习环境无法比拟的。多媒体和网络技术的“情境创设”“协商会话”和“信息资源提供”等特征正好为建构主义学习理论提供了最理想的条件。从而使得建构主义学习理论自20世纪90年代以来迅速流行。

建构主义学习理论强调以学生为中心，要求学生从外部刺激的被动接受者和知识的灌输对象转变为信息加工的主体、知识意义的主动建构者；建构主义的教学理论则要求教师要由知识的传授者、灌输者转变为学生主动建构意义的帮助者、促进者。因而很自然地，建构主义的学习理论与教学理论就成为以学生为中心教学模式的主要理论基础。

以学生为中心的教学模式的主要表现如下：

（1）学生是学习的主体。突出以人为本的思想，把学生作为学习的主人，而不是接受知识的容器。强调学生是认知过程的主体，是意义的主动建构者，因而有利于学生的主动探索、主动发现，有利于创造型人才的培养。

（2）学生学习自主化。新教学模式强调教师的引导作用，注重学生个性发展。学生是学习和发展的主体，学生在教师的指导下充分发展自己的特长，教师可采取不同的教学方式和教学方法因材施教，可以根据不同学生的学习进度制定不同的学习目标和学习方法。在教师指导下，任何年龄阶段的学生都可以自主选择自己的学习目标、学习内容、学习方式、学习时间和学习地点。它不像传统的教学模式，教师是主体，学生是被动地接受信息的群体，学生只能按教师的思路和方法进行学习，并且不分优等生、后进生，按同一进度进行。

（3）教师素质综合化。新型的教学模式也促使了教师的素质综合化，它要求教师不仅要掌握全面的科学文化知识（包括各学科的专业知识及教育学、心理学等教育理论知识），还要求教师使教学逐步转向运用现代教育技术。教师要熟练操作各种现代化的教育媒体工具，并能根据教学的需要利用以多媒体计算机为主的教育媒体设计出最佳的学习程序和教学软件，只有这样，教师才能为学生营造一个良好的学习环境和适宜的学习情境，才能游刃有余地组织、引导、帮助和督促学生在其中进行更好的学习。

对被动接受的传统教学观来说，主动吸纳的新教学观的出现，无疑是一次强有力的冲击。主动吸纳的新教学观的出现，是教育教学历史的必然，更是为满足社会发展需要而开辟出的教育之路。

三、义务教育学段新旧语文课程标准的异同

《义务教育语文课程标准》是在新世纪课程改革历经十年实践的基础上展开的，从课程标准的基本面貌上看，有较大调整变化，课程标准的各个部分都有不同幅度的修订。如“前言”部分中，导言是全新的，课程性质的表述也有重要的补充，正面回答了语文课程是什么的问题，四条基本理念没有变化，但文字表述略有修改，设计思路有较多的修改。再如“课程目标”部分，现称为“课程目标与内容”。还有“实施建议”部分，增加了许多具体的建议，包括评价建议。“附录”中优秀诗文背诵推荐篇目略有调整，整体数量增多了15篇，课外阅读着力于社会主义核心价值体系的渗透，增加了《革命烈士诗抄》、《红岩》等宣扬革命传统的书目；增加了两个字表：一是《识字、写字教学基本字表》，一是《义务教育语文课程常用字表》。

本次课程标准（2011版）相较于原有实验稿课程标准，我认为有以下几个方面值得注意。

（一）充实与调整的主要内容

1. 加强社会主义核心价值体系在语文课程中的渗透

学科的课程标准是国家意志的体现。依据我国的国情，突出社会主义核心价值体系的构建，依据语文学科的特性，突出人文熏陶。需要注意的是，此两者必须与语文目标融合、渗透，而不是离开语言文字，专谈思想政治。因此我们的教学应尽可能做到水乳交融、紧密结合。

2. 突出培养学生的社会责任感、实践能力和创新能力

培养学生的实践能力和创新能力是十年前启动本轮课程改革的基本理念，而培养学生社会责任感是新修订课标增加的内容，目的是在尊重学生个性的同时，培养学生的社会担当意识，促进学生的社会化。

3. 集中指向于语言文字的学习与运用

语文课程，其本质是学习语言文字的运用，是实践性的课程，涉及的目标非常广泛，是综合性的课程。语文教学的目标指向是语言文字运用，使学生初步学会运用祖国语言文字进行交流沟通，在此过程中，吸收古今中外优秀文化，提高思想文化修养，促进自身精神成长。这就是工具性与人文性的统一。

4. 增强课程目标的切合性和教学实施的可操作性

这是对十年课改实践中反馈的比较集中的意见。尽可能明确哪些要提倡，哪些要反对，以利于指导教师的教学实践。

5. 回应语文教学和社会语言文字运用中的突出问题

近些年来，关于识字、写字和汉字教育，比较突出的问题有三个方面：一是错别字情况严重。不光是中小学教育，社会用字错误情况也很严重；二是书写质量普遍偏低。学生写的字不行，很多老师的字也不行。有的老师只做PPT，不敢写字。三是有的地区学生汉子写字教学负担过重。有的地区，特别是农村地区，识字环境比不上城市，对识字写字的量过大反映比较强烈。本次修订具体目标有改动：控制识字写字的字量，提高常用字的书写质量要求。

（二）《语文课程标准》坚持了《实验稿》的一些基本精神

经过广泛而又长期的实验检验，广大教师与专业人士基本认同《实验稿》，支持《实验稿》的理念、目标与内容。因此，这次修订坚持了《实验稿》的基本精神，主要体现在“课程的基本理念”上面。

1. “全面提高学生的语文素养”

“语文素养”是指中小学生具有比较稳定的、最基本的、适应时代发展要求的听说读写能力以及在语文方面表现出来的文学、文章等学识修养和文风、情趣、价值观等人格修养。这一理念追求的是语文方面的“知识、能力、情感态度价值观”的全面发展，而不能忽略任何一面，也不宜以“某一方面为核心”；这些素养要求体现在《语文课程标准》的总目标及学段目标内容里。

2. “正确把握语文教育的特点”

严格地说，由于主体认识的局限性，人们很难说自己能够“正确把握客观事物的特点”，所谓“正确把握”也只是一种愿望。只能说我们学习历史，正视现实，规划将来，在现阶段对“语文教育特点”有如下认识：

（1）既重视人文内涵的深刻影响，又尊重学生感受的多元；

（2）既重视语文课程内容的价值取向，又尊重学生在语文学习中的独特体验；

（3）重视实践，应该让学生多读多写，日积月累，培养语文实践能力；

（4）特别要关注汉语言文字的特点，据此开展语文教学……

这些认识基本上是语文教师、语文课程专家的共识，是现阶段里我们都认可的“正确把握”。

3. 坚定地确立“学生是学习主体”

“平等对话、自主阅读、自由表达”；“阅读教学是学生、教师、教科书编者、文本之间对话的过程”；“阅读是学生的个性化行为”；“为学生的自主写作提供有利条件和广阔空间，减少对学生写作的束缚，鼓励自由表达和有创意的表达”；“综合性学习应突出学生的自主性，重视学生主动积极的参与精神，主要由学生自行设计和组织活动，特别注重探索和研究的过程”。这些具有强烈时代意义的表述，是“学生是学习主体”的具体说明和可操作性保证，是语文教学必须坚持的基本理念。

4. “努力建设开放而有活力的语文课程”

继承我国语文教育的优良传统与适应现代社会发展的需要，是新时代语文课程必须处理好的一个重要主题。处理好了，语文教学既有丰厚基础又有现代活力。语文课程的开放与活力还体现在“以校为本”的课程发展，体现在教师对语文课程更新发展。在当代中国语文教学中产生重大影响的优秀教师，在课程标准和语文教材的运用上，从来不墨守成规，常常有自己的独到见解和实践创新。

有了这几条理念，学习与落实课程标准的“目标内容”就可能站得高一些，看得远一些。

（三）义务教育课程语文标准（2011版）为小学和初中共用，其中初中语文部分有以下特点

1. 明确了语文课程基础任务在于语文文字能力的培养

在“前言”部分多次强调“语文课程致力于培养学生的语言文字运用能力，提升学生的综合素养；为学生形成正确的世界观、人生观、价值观，形成良好个性和健全人格打下基础；为学生的全面发展和终身发展打下基础”。在“课程性质”和“课程基本理念”中又多次指出语文课程要培养学生正确运用祖国语言文字的能力。

2. 进一步强调了传统语文的重要性

新修订课标“基本理念”部分在提出建设“开放而有活力的语文课程”的同时，特别指出“语文课程应继承语文教育的优良传统”。在后面的“课程设计思路”部分，再次强调语文课程要“继承我国语文教育的优良传统，汲取当代语文教育的精髓”。

3. 强调了语文教学中的多读多写

在“前言”部分两次指出语文课程要注重引导学生多读书多积累。在后文的“课程目标”和“教学建议”中又多次进行了强调，并要求在“重视培养学生广泛的阅读兴趣，扩大阅读面，增加阅读量”的同时，要“提高阅读品位”。

4. 针对阅读教学实践中存在的具体问题作出了明确阐述

“教师应加强对学生阅读的指导、引领和点拨，但不应以教师的分析来代替学生的阅读实践，不应以模式化的解读来代替学生的体验和思考；要善于通过合作学习解决阅读中的问题，但也要防止用集体讨论来代替个人阅读。……但要防止逐字逐句的过深分析和远离文本的过度发挥。”

5. 提出了具体的教学建议

新修订课标针对当前语文教学中存在的问题，提出了一些具体的建议，这对当前语文教学具有指导性作用。

如关于语文教学中的语法修辞，新修订课标在教学“具体建议”中增加了“关于语法修辞知识”的说明，指出“在教学中应根据语文运用的实际需要，从所遇到的具体语言实例出发进行指导和点拨”；“要避免脱离实际运用，围绕相关知识的概念、定义进行“系统、完整”的讲授与操练”。在“评价建议”中，指出“词法、句法等方面的概念不作为考试内容。”

如关于综合性学习，在强调综合性学习设计跨领域的同时，“也应以提高学生语文素养为目的。”

如关于学生作业，课标要求“改变机械、粗糙、繁琐的作业方式，让学生在语文实践中学习语文，学会学习”。

如关于写作教学，特别指出“要善于将读与写、说与写有机结合”，加强平时练笔指导。

6. 增加了优秀诗文的背诵篇目

初中共增加了优秀诗文背诵14篇。

（四）2011版语文课程标准的亮点

新课改以来，语文课程标准对于语文课堂教学改革起到了一定的积极作用，学生主体作用的强调、合作学习、综合性学习等理念已经在广大语文教师心中生根。在阅读2011版的语文课程标准中，发现有如下亮点：

首先，“生本理念”得到进一步强化。以“前言”改动的部分为例，“面对社会发展的需要”改为：“为适应和满足社会进步与学生自身发展的需要”，改动特别加上了“适应”和“学生自身发展”，从改动可以看出，新版更注重个体生命的发展，强调个体的不断成长，而不是仅仅强调个体服务于社会。后面的修改部分也多处体现，如基本理念里加上了“应当密切关注学生的发展和社会现实生活的变化”，这凸显出“以人为本”的理念，说明以学生为本正逐步深入人心。

其次，强化学法指导。众所周知，作为教学，“学”才是最重要的，有人甚至把“教学”解读为“‘教’学生‘学’”，而新版课标就强化了学法指导。在基本理念部分，新增了“扩大视野，初步掌握学习语文的基本方法”；在教学建议部分从一味强调学生的主体作用到改成“应该引导学生钻研文本……也要防止用集体讨论代替个人阅读，或远离文本进行过度发挥。”从以上例子可以看出，新版课标对教师在教学中的作用有了更清晰的界定，凸显出教师在学法指导方面的作用。

再次，注重学生能力的培养。在阶段目标第二学段“口语交际”部分，把“并能就不理解的地方向人请教，就不同的意见与人商讨”替换成“养成向人请教，与人商讨的习惯”。这意味着合作并不单单是为了解决问题，而是为了养成习惯，把合作上升到能力的高度。在实施建议中，对学生能力培养增添了许多内容，其中对学生的合作、探究、创新能力培养方面增添了许多内容。

四、高中语文教学大纲与高中语文课程标准的异同

从高中语文教学大纲变为高中语文课程标准，是我国中学语文教学的巨大飞跃。语文教学理念的更新，必将对中学语文教学产生巨大的影响，带来根本性的变革。这对迅速提高学生的语文素养，培养适应信息时代发展的人才必将起着重要的作用。本文拟就大纲与课标的比较谈一谈二者在教学理念上的区别。

（一）课程性质从强调语文的工具性到定位于工具性与人文性的统一

一段时间以来，人们将语文学科的任务局限于工具性的一面，忽视其他语文素质的培养。1956年颁布的教学大纲强调，语文是交际的工具，是社会生产斗争和发展的工具；1980年、1986年、1990年、1992年的大纲都表述为：“语文是从事学习和工作的基础工具”；1996年、2003年的实验版表述为：“语文是最重要的交际工具，是人类文化的重要组成部分。工具性与人文性的统一、是语文课程的基本特点”。在单纯的工具论思想指导下，在学科建构上，向自然学科看齐，企图建立像数理化那样的知识体系和训练操作系统，把作为人文学科的语文同自然学科等同起

来，这就不可避免地使人们过分地重视语文教育的显性目标，而淡化人文精神的熏陶，使语文教学淹没在机械、重复、繁琐的基础训练之中。社会各界和家长对语文教育现状提出了尖锐的批评。针对语文教育存在的弊端，此次课程改革，重点阐明了语文课程的性质。中小学语文教育的性质是什么？新课程标准指出，语文是最重要的交际工具，是人类文化的重要组成部分。工具性与人文性的统一，是语文课程的基本特点。这一概念的确立，结束了关于语文学科性质的长期纷争。

语文负载着传承祖国文化和民族精神的任务，有着极其丰富的文化内涵，极其辉煌的人文精神，应当使语文的工具性与人文性水乳交融。为此，新语文课程标准要求，在语言能力发展的同时，培养爱国主义情感，社会主义道德品质，逐步形成正确的价值观念和积极的人生态度，提高文化品味、审美情趣。比如，在阅读中，不仅要求学生做到文通字顺，而且通过阅读作品，向往美好的情境，关心自然和命运，关心作品中的人物命运和喜怒哀乐，向往和追求美好的理想，从中获得对自然、社会、人生的有益启示。

（二）课程目标设计从单维向三维转化

为适应时代发展的需要，语文课程标准在研究国际课程改革发展趋势，总结我国语文教育经验的基础上，课程目标的设计从单一的知识与能力维度，向知识与能力、过程与方法、情感态度与价值观三个维度转化，而且通过这三方面的要素的融会整合，提高学生的语文素质。把学习过程与方法落实到目标体系中去，意味着学生在掌握知识、提高能力的同时，要注重学习过程、掌握恰当的学习方法。事实上实践的过程和适合自己学习个性的有效方法是获取新知、全面提高能力的保障。而学生在学习语文的过程中，情感态度与价值观对培养学生的文化意识，重视优秀文化遗产的传承，尊重和理解多元文化有着重要的作用。在这一新的理念下，课程标准对语文能力提出了新要求，如强调学会阅读和朗读，掌握搜集和处理信息（包括网上学习）的能力，根据需要快速搜集所需信息，利用图书馆、网络等信息渠道尝试进行探究性阅读。突出口语交际能力，特别是提出了口头交流和沟通的要求，能根据对象和场合，文明、得体地进行交流，在交流中学会吸纳与宽容、欣赏与质疑。重视写作实践，提出了阅读、书写与写作的速度要求，并有量化指标。

为适应时代发展需要，此次课程改革更新了教学内容。注重关心当代文化的变革与发展，努力吸收人类进步文化的营养，强调选文的时代性、实用性和广泛性。并且提出尊重和理解多样文化，吸收人类优秀文化的营养。尤其值得强调的是，突出培养创新精神和实践能力。比如，提出了综合性学习方式，提倡独立阅读、自由阅读、探究性阅读、创造性阅读。鼓励自主写作、自由表达、有创意的表达。鼓励有独到的见解，敢于提出自己的看法，作出自己的判断。鼓励用适合自己的方法和策略学习。

（三）课程结构从统一的必修向必修与选修相结合的变化

过去的语文课程使用统一的课本，无必修、选修之分，而新的高中课程标准规定。高中语文课程包括必修课程与选修课程两部分。高中语文必修课5个模块，包括“阅读与鉴赏”、“表达与交流”两个方面10个学分。必修课体现课程的基础性和均衡性。学生通过必修课的学习，要达成三个方面的目标：一是良好的思想文化修养；二是较强的运用语言文字的能力；三是在语文的应用、审美和探究方面得到比较协调的发展。修满必修课10个学分，视为完成了本课程的基本学业，达到了高中阶段最低要求。选修课设计了“诗歌与散文”“小说与戏剧”“新闻与传记”“语言文字运用”“文化论著研读”五个系列，学生可自由选择5个或8个模块学习。选修课让学生有选择地学习，目的是培养学生特长，促进学生有个性地发展。

（四）从学生被动学习方式向主动、合作、探究方式转变

在单纯工具论影响下，学生为了应试，忙于题海的训练。学习方式一般是死记硬背式的被动学习，而新的课程标准，提倡主动、合作、探究式的学习方法。学生是语文学习的主人。语文教学应激发学生的学习兴趣，注重培养学生自主学习的意识和习惯，为学生创设良好的自主学习情境，尊重学生的个体差异，鼓励学生选择适合自己的学习方式。而且，学生生理、心理以及语言能力的发展具有阶段性特征，不同内容的教学也有各自的规律。因此，语文课程标准要求根据不同学段学生的特点和不同的教学内容，采取合适的教学策略。

阅读教学是学生、教师、文本之间对话的过程。阅读是学生的个性化行为，不应以教师的分析来代替学生的阅读实践。要珍视学生独特的感受、体验和理解。阅读教学的重点是培养学生具有感受、理解、欣赏和评价的能力。这种综合能力的培养，各学段可以有所侧重，但不应把它们机械地割裂开来。提倡多角度的、有创意的阅读，利用阅读期待、阅读反思和批判等环节，拓展思维空间，提高阅读质量。

综合性学习应强调合作精神，注意培养学生策划、组织、协调和实施的能力。突出自主性，重视学生主动积极的参与精神，主要由学生自行设计和组织活动，特别注重探索和研究的过程。提倡跨领域学习，与其他课程相结合。

（五）从以课堂文本为主的学习向以语文实践为主的学习转化

以往，不少地方的语文教学，把内容分解成上百个知识点、能力点，围绕知识点、能力点设计大量练习题，让学生反复机械地做练习，造成了语文课程的繁、难、深、多，而实际收效甚微。为了改变这种状况，语文课程标准从三方面进行突破。一是强调实践性，着重培养学生的语文实践能力；二是强调学生是学习的主人；三是突出整体性。

语文课程标准简化头绪，突出重点，从识字写字、阅读、写作、口语交际、综合性学习五个方面，实现整合知识与能力的目标。尤其提倡多读书，少做题。如何学好语文，有专家认为，学好语文有两个不可或缺的东西，一是扩大学生的储存量，二是发展学生思维加工能力。学生语文水平不高，其中一个很重要的原因是阅读太少。为从根本上改变这一现状，此次语文课程标准把多读多写提到重要位置，让学生更多地直接接触语文材料，在大量的语文实践中掌握运用语文的规律。要求通过朗读、诵读、背诵等丰富多彩的语文实践活动，通过整体感知、感悟、积累和熏陶，培养良好的语感，积累丰富语言的材料，增加文化的底蕴。为加强阅读，语文课程标准还明确规定了背诵篇数和课外阅读量。

增加阅读推荐篇目，这是新中国成立以来的第一次。推荐篇目大多是古今中外一流大家的精品。强调重视朗读，要求让学生充分地读，在读中品味、揣摩、感悟、积累，逐步学会欣赏，防止把理解与欣赏变成支离破碎的作品分析和文学知识传授，提倡学生在读书思考的基础上，发表独立见解，在阅读实践中逐步学会思考，学会读书的同时，课程标准对阅读的速度有了量化指标，并要求学生学会朗读、默读、精读、略读、浏览等。此次课程改革，明确提出加强写作与生活的联系，重观察、重思考、重真情实感，要求说真话、说实话、说心里话。不说假话、空话。鼓励想象和幻想，鼓励有创意的表达。作文训练淡化文体，鼓励不受拘束地表达，少写命题作文，提倡多写观察日记、生活笔记、书信和随感。重在激发学生练笔的兴趣，在具体要求上，不再从中心、条理等方面提出过高的要求，而是注重培养学生有创意的表达。

要改变语文教学重知识传授轻实践活动的弊端，就必须利用现实生活中的语文教育资源，构建课内外联系、校内外沟通、学科间融合的语文教育体系。为拓展学生的学习空间，增加语文实践的机会，语文课程标准首次提出课程资源的开发与利用，广泛利用课堂教学资源和校外学习资源，特别强调家庭也是值得重视的语文课程资源。语文课程标准要求教师高度重视课程资源的开发和利用，创造性地开展各类活动，增强学生在各种场合学语文、用语文的意识。

此次课程改革，强调学生是学习的主人，强调语文学习是个性化行为，尊重学生的个体差异和个性化学习方式。对语文教育规律的把握突出体现在重视积累和对文章的总体感知，淡化分析性操作，不要求学生背诵段落大意和中心思想，加强对诵读、积累、感悟、熏陶的要求，避免繁琐的分析和机械重复的练习。这些要求都切中时弊，体现了全新的语文教育观。

（六）教学评价从单纯的定量向定量、定性相结合的方向变化

语文课程标准在教学评价方面有了显著突破，明确提出，语文课程评价的目的不仅是为了考查学生实现课程目标的程度，更是为了检验和改进学生的语文学习和教师的教学，改善课程设计，完善教学过程，从而有效地促进学生的发展。不应过分强调评价的甄别和选拔功能。

过去，语文学习的评价主要集中在听、说、读、写能力及基础知识的掌握，评价注重近期的显性效果，衡量的指标是刚性的、偏于理性的，评价方法单一，强调定量分析，大多是笔试题、客观题。此次课程改革，强调要突出语文课程评价的整体性和综合性，要从知识与能力、过程与方法、情感态度与价值观等几方面进行评价，以全面考查学生的语文素养。要把语文教育长远的、隐性的效果放到重要位置考虑。比如，对阅读的评价，要求阅读评价要综合考查学生阅读过程中的感受、体验、理解和价值取向，考查其阅读的兴趣、方法与习惯以及阅读材料的选择和阅读量。重视对学生多角度、有创意阅读的评价。语法、修辞知识不作为考试内容。在口语交际方面，重视考查学生的参与意识和情感态度，评价必须在具体的交际环境中进行，让学生承担有实际意义的交际任务，以反映学生真实的口语交际水平。对于写作的评价，重视对写作过程与方法、情感与态度的评价，如是否有写作的兴趣和良好的习惯，是否表达了真情实感，对有创意的表达应予鼓励。同时重视对写作材料准备过程的评价，不仅要考查学生占有什么材料，更要考查他们占有各种材料的方法。通过评价引导学生通过观察、调查、访谈、阅读、思考等多种途径，运用多种方法搜集生活中的材料。

由于语文学习具有重情感体验和感悟的特点，因而语文评价不能完全采用量化的手段，而应加强形成性评价，即平时教学过程中的随机评价，主要用于诊断、发现和解决问题，而对于某个阶段教学活动的结果评价，应重在评估学习成效。评价方式将定性与定量相结合，更应重视定性评价，除采用传统的书面测验和作业外，应针对学生学习语文的阶段性特点，根据各学段的目标，采用多种评价方式。

第2章

关于教育的思考

2

人们普遍认为社会获得进步的关键是教育、是全体国民素质的提高。发达国家无不把教育放在首位。因此切实办好教育，提高教育质量是我们每位教育工作者都要思考的问题。在国家和广东省的“教育中长期改革和发展规划纲要”中，都将全面实施素质教育作为教育改革和发展的战略主题。笔者认为，教育的过程，应该是学生愉快学习的过程、实践的过程，是让学生和老师在快乐的互动中自然成长、成才的过程。对教育的理解，首先源于对教育本质的理解。对教育的本质理解是否正确，是教育能否走上健康发展之路的前提。

一、教育要以观照生命为本分

马克思认为，任何人类历史的第一个前提无疑是有生命的个人的存在。人的个体生命是人类一切活动的基础、前提和最终的归宿，是人最宝贵的东西，更是人自身发展完善的动力。因此，教育若要为建立以人为本的和谐社会服务，就必须先关注人，尤其要关注人的生命，以人的生命为本。对于教育，泰戈尔是这样说的：“教育的目的应当是向人传送生命的气息。” 教育是关于人的灵魂的教育，并非单纯的理智知识和认识的堆积。这是教育宏大而久远的终极目标。否则，一个人，你拥有的知识越多，对生命、对人类的危害就越大。很显然，人类有兽性的一面和天使的一面。教育者的目的就是使人的灵魂得到锻炼，从而克服兽性的一面而弘扬像天使的一面。

生命是人成长与发展的原动力。过去，甚至时下的个别时空，在以教师为中心、以中高考成绩为目标的大旗下，我们学校的教育往往忽略了对学生基本人格、基本道德、基本情感的养成教育，以至于有些学生对生命、对世事愈来愈冷淡、冷漠甚至冷酷。特别是人类在享受到了现代化的安逸和舒适生活以后，尊重他人生命的意识淡薄了，慢慢地忽视了对自身及他人生命的关爱与珍视。古人说："哀，莫大于心死。"一个对外部世界冷漠无情的人，是没有希望的人；一个由许多对生活、对生命无动于衷的人组成的民族，是没有希望的民族。近年来，时有媒体报道危害自己或他人生命的事件。据大规模自杀调查结果公布，我国每年自杀死亡人数为28万多人。上个星期五，邻近县的第一中学，一位高三女学生刚考完试，就选择从学校教学楼的九楼跳下来，结束自己年仅18岁的生命之花。又一个年轻的生命就这样凋谢了，可惜啊！因此，学校教育教学如何运用以人为本理念在知识教学中去观照和引导学生认识生命的意义，追求生命的价值，实现生命的辉煌？对这个问题的探讨，无疑具有重要的、现实的和深远的意义。

中国传统文化一向被认为是关于人生的学问，甚至是关于生命的学问，它把人的生命看作是贯通于天地万物一切所成之总体的创造性根源，它以人的生命的长久与安宁为价值取向，强调通过内在超越的方式来求得人的生命的保全、安宁和升华。古人曰:"民无不为命也。"以人为本，从根本上说就是以人的生命为本。因此，学校的教育教学，特别是语文教学要坚持以人为本，引导学生从中国传统文化中去领悟生命深远意蕴。培养学生面对一丛野菊花而怦然心动，看到小鱼离开大海而心急的情怀。否则，给鲜花以蹂躏，视小鱼如草芥，即使其道德评分再高，也失去了人的生命价值。对人的尊重，对宇宙的敬畏，最基本的就是尊重生命的存在，知晓生命的不可重复性。人不应无端地剥夺生命，即使是非常低级的生命。当一个人对低级的生物或动物毫无怜爱之情时，你能指望他尊重高级的生命吗？反之，当一个人充满了对小草、小鱼生命的关怀时，对于高级的生命、对于人的生命，他能不尊重吗？

中国传统文化中，不同的学派、不同的思想家，对于人 的生命的认识和主张也是不同的。儒家主张"立功取义""知其不可为而为之"，道家主张"重人贵生"，佛教主张"众生平等"。不难看出，这些中国传统文化中的生命观有一个明显的共同特点，就是在关注人的现实物质生命的基础上，更注重人的生命的精神性、超越性和无限性。无论是儒家从"内圣外王方面对人的生命道德理想的塑造，还是道家基于"真人""神人""至人""圣人"的精神人格而对人的生命人格的培养，抑或是佛教禅宗从"佛性"人生和超越境界对人的生命精神的养育，它们所强调的都是人的道德、精神、灵魂方面的人格陶冶与升华。正是这种对个体生命的精神和道德方面的教育和引导，才孕育了古老的东方文明，形成了自强不息的中华民族精神。

在历史长河中，人的生存只不过是短暂的一瞬；人的生存空间在茫茫宇宙中，也不过是一颗微小星体；人的个体生命在大自然面前显得十分脆弱。正因为如此，如何让珍贵的生命实现其价值，焕发出应有的光彩，既是一个古老的话题，也是我们教育，特别是语文教育教学的不老话题。通过以上分析，我得出以下两点看法：第一，人们要珍爱生命。每个人都应该自觉地、及时地让自己活着的每 一刻，不但富有生命价值，而且具有审美价值，把自己或长或短的生命历程，化作可歌可泣、可圈可点的生命诗篇；第二，教育要尊重生命。尊重生命就要坚持以人为本，把学生的生命当作一切教育教学的出发点，建立一种真正能感受到生命尊严的、准确的、科学的学习方式。观照生命应当成为教育最根本的出发点。

二、教育要以体现价值为目标

教育是带有目的性的一种行为，教育的行为在每个有理性的人的认识里都是有价值的行为，它内涵于教育活动中好的属性，存在于教育现象之中。教育有了目的，就必然有其价值。对教育价值的研究，国外在18世纪就已经开始了。斯宾塞最早提出什么知识最有价值的问题；杜威将教育价值分为内在价值与工具价值，一个是个体意义，一个是社会功用。

某一个事物之所以存在价值，是因为在社会生活中人们需要它、追求它，如此，事物的价值便取决于人的主观需求。那么，教育作为一种社会实践主体的人的一种需要，其价值便依赖于社会对受教育者的需求。而价值主观主义并不认为主观需求就是价值，只有主观需求所指向的东西才有价值。如此看来，教育的价值应该在于受教育者的本身。教育只有让受教育者提高文化水平，获得谋生技能，从而改变自身的生存环境和生活质量，甚至把这些知识内化以后，变成一种更高的能力和水平去服务社会、改造社会，才能体现价值。

由于受教育者所接受的教育层次水平的不同，再加上受教育者其他的主客观条件的差异，因此，他们对客观事物的态度、观点也就不一样。这样，人们的价值观就有正误之分，但教育的价值应该是一种以正确价值观为基础的选择。教育的价值选择是教育者对受教育者的一种行为过程。在这个过程里，受教育者的需要不断得到满足，属性不断得到认识和改造，教育者和受教育者在教育实践活动中逐渐趋于一致，并向积极的、肯定的和完善的方向发展，使整个人类社会不断趋向文明和进步。

我认为，教育的价值主要包括两个层面：一是个体需求与服务社会相统一的价值；二是工具与人文相统一的价值。

（一）个体需求与服务社会相统一的价值

教育是个体在社会生活中自我实现的基本需要。个体有自己的理想、愿景、志向和态度；个体与社会相融，适应社会生活发展的要求，希望不断提高自己的生存质量和社会地位。个体社会化的过程其实就是自我实现的实践过程。自我实现的实践过程导致个体必须学习知识和获得技能，接受教育。个体的自身发展、自我完善和自我展示的结果就是个体教育价值的体现。

作为个体的人，他有自己的思想和观点，这些思想和观点的价值取向受个体所处的环境和文化等诸多因素的影响，而正确的思想和观点离不开教育。一个人只有不断地向精神世界发展和提升的时候，他才可能更像一个人，才有可能在自主活动中更全面地占有自己的本质。精神的富有永远超越于物质的富有，精神上的快乐与幸福永远高于物质上的快乐与幸福，由此可见，个体教育价值体现的核心是精神。

个体不能孤立于社会，个体的教育价值离不开教育的社会价值。一个人通过教育，获得知识，掌握了一定的技能，也同时获得了知识中的功利价值和认知价值。如果没有正确的社会价值来指导，这些东西可能是个体作为向社会和他人讨价还价的资本，一旦在某方面满足不了其私欲，则可能因反社会、反精神文化而堕落。因此，个体教育价值应是教育社会价值的体现，个体的教育价值应统一于教育的社会价值,只有社会价值内化于个体价值，才能促使个体价值观的形成。周恩来总理曾在他读书的课桌上刻下“为中华之崛起而读书”的名言，也正因此，他在自己的身上实现了教育个体价值和教育社会价值的完美统一。

2016年12月7日，习近平总书记还专门出席了全国高校思想政治工作会议，“……实现中华民族伟大复兴，教育的地位和作用不可忽视。……为人民服务，为中国共产党治国理政服务，为巩固和发展中国特色社会主义制度服务，为改革开放和社会主义现代化建设服务。这是最大的实际，也是办学的根本。”这是新世纪我国教育的社会价值。

（二）工具与人文相统一的价值

自从人类主动地办教育和受教育以来，教育就自然地被工具化了。中国有句古话，临渊羡鱼，不如退而结网，就是反映教育目的与达到目的工具的关系。因而，目的和工具对人也是有价值的。教育具有人文价值的同时也具有工具价值，因此，可以说，教育价值具有工具与人文的统一。学生对工具性的知识及技能的运用不仅需要人文精神来滋养，更需要人文精神来保证其方向。任何一种倾向化的教育行为，都将使学校教育的价值被弱化，教育方向也必将偏离教育方针，即偏离人的全面发展的教育要求。

目前，我国的基础教育在较大范围内呈现出人文教育缺失，而工具性被强化的倾向，教育就外界条件而言，缺少全面发展的氛围。从内部讲，固有的教育价值观被异化，部分教育工作者过分地融于生活，适应社会，迁就于现实，缺少促进人的全面发展坚定的思想和行为，未能站在时代的高度来认识教育和改善教育现状。学校教育不仅要关心学生的未来价值性，更要关心学生的精神成长，既要满足市场经济对学校教育的现实要求，又要尊重教育的内在规律，尊重人的发展规律。教育的工具价值及人文价值实际上是一个事物的两个方面，二者互为表里，相对统一，彼此促进。任何一方面的过度强化或削弱，都是错误的。

三、教育要以崇尚实践为要务

“行是知之始，知是行之成”，“教学做合一”。这是伟大的人民教育家陶行知先生提出的学习与实践相结合的教育理念。然而，当今的大多数学校、教师在教学中实践中做的正好与先贤的理念相悖。他们都在忙些什么？忙着一遍又一遍地督促学生背诵好词佳句；忙着一遍又一遍地抄写生字；忙着一遍又一遍地督促学生进行题海练习……总之，是忙得不亦乐乎！恨不得把一天的时间掰成两天来用，整个目的就是希望学生在考试中能取得一个好分数，完成上级管理部门下达的指标。这是没办法的事，上有政策，下有对策。每天老师的嗓子眼都累得冒烟了，孩子们却见隙插针地想玩一把。老师就往往埋怨这些孩子调皮捣蛋，真不懂事。有的老师还突发萌想：这些学生怎么不替老师想一想呀，我这么累是为了谁啊……那我们老师扪心自问了吗？自己这样做是真的为了学生吗？他们真的愿意学吗？他们真的学得开心吗？为什么那么多的高中毕业生一毕业就把所有的课本都焚烧了或全部卖光了呢？都想好好地放纵一把呢？这就是当今我们大多数学校毕业班学生的学习状态与心态，你能说他们学得高兴吗？

孔子曰：“学而时习之，不亦悦乎！”这里的“习”并非简单指“温习”之意，整句更不是单纯强调人们学习了知识之后，马上要温习、复习刚刚学过的知识。这里的“习”更应理解为“实践”，整句意思指的是学到了知识，要经常运用于实践。可见，两千多年前圣人师祖孔子就已经明白了实践在教育教学中的重要作用。因此，要想让学生在学习过程中真正感受到学习的乐趣，我认为还得把学习和实践结合起来，真正做到活学活用。新课程标准也指出“在教学中努力体现实践性和综合性”。就像语文学科，要体现实践性主要从两个方面入手：一是教师教会学生新知识后，引导学生把新知识运用于实践。比如说学生学会了一定量的生字，我们不是反复让学生认读生字，而应该让学生在阅读实践中去巩固生字、运用生字；学生学会了新词新句，也要为学生创造机会，让学生在日常生活实践中运用这些新词新句，这样学生就会觉得其乐无穷。二是在实践中获得新知。我们的生活往往就是一本千变万化的教科书，我们教师要善于利用生活这本教科书，让学生学会更多的知识。比如说语文中的口语交际，作文素材的积累都来源于生活。

《语文课程标准》指出：语文是实践性很强的课程，应着重培养学生的语文实践能力，而培养这种能力的主要途径也应是语文实践，不宜刻意追求语文知识的系统和完整。语文又是母语教育课程，学习资源和实践机会无处不在，无时不有。因而，应该让学生更多地直接接触语文材料，在大量的语文实践中掌握运用语文的规律。

“语文实践”是指培养学生的语文实践能力，是一种特殊的实践能力，包括适应实际需要的识字写字能力、阅读能力、写作能力和口语交际能力。语文实践活动，即各种形式的听说读写活动。语文实践，最重要、最关键的是“用”。学习语文必须有足够的“积累”，这是不容忽视的规律；但是，“积累”是为了“运用”。也就是说，学语文不仅提升人的人文素养，而且能掌握一种工具、一种手段。既是工具，就不能当作摆设，而要用以参与各种实践活动。对于在校的学生来说，首先是拿它用于学习实践，用于学习各种新的知识技能；还要把它用于生活和各种社会活动。所谓从已知到未知，举一反三，前提是要“会用”——用已知去探索未知，用“一”去反“三”。学生在学习中有困难，往往不是因为他们所学的内容像“天书”一样难懂，而是由于已经学过的东西用不上，不会用。

总之，教育要以崇尚实践为要务，特别是语文教学。在教育教学改革不断深化的今天，教学实践也要尽力优化，力求不断创新，做到：

1. 鼓励学生在学习过程中多多进行探索实践

学习整个过程中，学生是主体，教师只是顾问、指导者、鼓励者，而不是操作者。学生可能会提出各种各样的问题、不断的设想解决问题的办法，这样的探索应多在课堂上提倡。教师不必事先准备出相对标准的答案，这样可以鼓励学生的探索。

2. 引导学生在学习过程中反复实践

与过去满堂灌的知识讲授不同，实践性学习中，科学真理、正确结论要靠学生自己去获得，因此学生在学习活动中经常表现为反复实践。实践性学习不仅允许学生走弯路，允许犯错误，而且必定要走弯路，必定要犯错误，学生只有经过一次次的失败才能得到成功。

3. 启发学生在学习过程中不断进行创造实践

语文学习过程，要鼓励学生大胆创造，包括提出问题的思路、解决问题的途径、完成任务的方法……学生可以自主、自由的开动脑筋，大胆想象，有所发现、有所创造。这种创造同人类社会的其他实践创造存在着显著的区别，它不是以改变客观世界为目的，它的最终目标还是着眼于学生的发展。

4. 珍惜学生在学习过程中的生命实践历程

开放型的语文教师不仅关注学生的智慧生命，还关注学生的价值生命。关注生命的教育理念的确立，是21世纪人类在教育观念上的一次根本性变革。它意味着今后我们要将教育思考的对象从认知领域转变到生命领域，将教育、教学的发展目标由知识层次提升到生命的层次。每一堂课都是学生不可重复的生命体验。教师要尊重、珍惜这种独特的生命体验。

第3章 亲验与表现的因素论

3

从学校教育看，无论是中小学、还是大学，学生学习的地点无外乎教室、实验室、图书馆三者。中小学学生的学习主要在教室里进行，而大学生的学习虽然也在教室，但更多的是在实验室、图书馆里进行。这反映出中小学生与大学生在学习方式上大有区别。教室里更多是听讲、接受，而实验室、图书馆即更多是发现、思考。可见，如果从性质上来划分的话，学生（甚至人类）的学习活动也就是这两种不同的方式，一种是听讲、接受的讲授式学习，另一种是发现、思考的亲验式学习。在讲授式的学习过程中，学生听到的、接受的知识往往不是他们直接获得的第一手知识，而是老师获得后传递给他们的第二手抑或是若干手的间接知识、经验和结论，这种学习形式在传授知识方面效率比较高，它是中小学教育甚至大学教育中的主要学习方式。亲验式学习则指学习者通过亲身的、直接的经验来学习，所学到的是自己直接的第一手知识与技能，包括学习的经历。虽然亲验式学习对于学生来说费时费力，但是它在培养学生全面的素质和能力方面却有着讲授式学习无法替代的效果。

新课程标准提出要加强语文学习的实践性、活动性，强调语文教学的多读多写。因此，当前我们的语文课堂教学在践行新课程标准精神的过程中，涌现出自主学习、阅读旁批、合作学习、小组讨论、展示分享等多种学习方式。所有这些学习方式都与过去的“听讲、接受”有着质的不同，第一，这些学习方式是教师引导下的学生主动，而“听讲、接受”方式却是被动的；第二，这些学习方式中，学生获得的知识更多是第一手的、原创的，而“听讲、接受”方式下，学生获得的知识更多是第二手（甚至若干手）的、他人的。就学习方式而言，过去强调学生坐着接受、被动动脑，现在鼓励学生自主学习、主动发现。总之，新的学习方式强调学生在学习过程中的个人表现，因此，“表现”应是学生学习的一种常态，它是主动学习，是阅读旁批，是问题讨论，是成果展示……是主动学习的一切行为。说到语文学习的表现，最具代表性的无疑是写作。没有人学习语文仅仅是为了一辈子当读者。一个人不论将从事何种职业，只要想得到一定程度的发展，他学习语文的主要目的必将是指向言语的“表现”功能。人的自我成就、自我实现和人的本体发展等，都离不开言语的表现，“表现”的功用自然要大于单纯性的吸收。吸收是主体思维的内化活动，内化得如何，只有通过外化出的言语来体现。

回顾基础教育的历史，人文教育与科学教育经历了一个由分离到结合的漫长过程。19世纪以前注重哲学思辨，偏重培养个性完善和有教养的人，19世纪以后注重学科知识及其应用技术的传授，20世纪50年代后，科学教育与人文教育开始融合。其实这个变化过程正反映了教育由片面到整体的过程，反映了社会生活不断丰富、复杂化和个体自身不断追求全面发展的需要。直到20世纪60年代终身教育思想的提出以及其后的学习型组织、学习型社会的提出，都在讨论一种新型的教育与学习观点，强调人身心各个方面的整体发展，学习不仅限于对知识的传承和掌握，而是为了“学会生存”；学习不仅是为了谋生，而是为了“创造生活”。其中，完善的人格和运用知识进行创新的能力是其核心。无论从教育层次的衔接上，还是从受教育者身心发展的特点上来说，基础教育都非常关键，没有基础，哪有教育的高楼大厦？亲验与表现的本质特征决定了它在培养中小学学生能力和健康人格方面有着独有的效能，是语文学习的主要方式。

一、亲验的界说

在教育领域，新一轮课程改革关注学生的活动实践、亲身经历，为“会”学而教，为“会”学而学，正成为新的教育发展趋势。亲验学习也逐渐进入人们的研究视野。

新课程理念下的“亲验”是在对事物的亲身真切感受和深刻理解的基础上对事物产生情感的学习活动，是一种能发生与学习主体“自我”密切相关的独特领悟或意义的情感反映。亲验学习不仅涉及知、情、意的心理过程，也涉及动机、态度、价值观等个性倾向性以及能力、气质等个性心理特征，它对个体的刺激和触动是全面而深刻的。亲验学习产生的情感通过言语或书面语来表达，它是第一手的，是原创的。美国学者胡佛研究认为，“体验性”是亲验学习独特的关键因素，即亲验学习要求学生在感情和行为上的参与，要求他们去做某些事，并亲身体验所发生的事而不仅仅停留在认知的改变上。

体验是一个哲学概念，也是一个心理学概念，还是一个美学概念。美学体验（文学体验），即审美体验，是指主体在具体审美活动中被具有某种独特性质的客体对象所深深地吸引，情不自禁地对之进行领悟、体味、咀嚼，以至于陶醉其中，心灵受到摇荡和震撼的一种独特的精神状态（朱立元主编《美学》第104页，高等教育出版社，2001年）。在语文教学中，体验不应单纯是教育学概念，还应包括心理学、美学层面的理解。特别是文学作品的阅读，课堂中的体验其根本应该是审美体验。从这个意义上理解，体验什么和体验的形式就显得特别重要。学习《望庐山瀑布》，我们可以带领学生去庐山旅游，观赏庐山飞瀑，这是一种体验：我们可以准备大量的优美的图片和视频，在课堂上向学生展示，学生也是在体验；我们不借助任何手段，通过诵读、涵泳、体味，让学生借助作者的文字、语言，依靠联想和想象，完成“二度创造”，在每一个学生的心中出现不同的庐山瀑布的画面，“一千个人眼里有一千个庐山”，这也是体验。这种体验遵循的是文学鉴赏最基本的规律，也应该是语文教学的最本质的体验。

（一）亲验的哲学理解

哲学中的体验范畴有认识论和本体论之分。在认识论中，主体将自身作为认识的客体，通过体验的过程，调动知、情、意、行各方面的亲历与验证，把握关于自身的各类信息，这是生理与心理、感性与理性、情感与思想复合交织的过程，既包括外在的实践体验，也包括主体内在的心理体验，更包括主体的动机、态度、价值观等个性倾向性以及能力、气质等个性心理特征。简言之，亲验是主体把自身当作客体，从而获得客体的信息。在本体论中，亲验被认为与个体生命具有直接的联系，亲验并不一定有意识地为个体所运用，或作为个体的认识方式存在，而是个体把握世界与人生的一种方式，与个体的生命状态密不可分，是个体存在的必然依据，也即亲验是生命个体的本然。

（二）亲验的心理学剖析

心理学上，“亲验”指的是人们在获取经验、产生行为过程中的心理感受、情感体验、认知顿悟、反省内化等心理活动。人的生命一直处于与外界客观事物的交互作用中，亲验就是在这种主客体间的活动中实现的，这种实现表现为多种要素、多种层次的整合，即涉及人的认知、情感、态度等多种心理因素的变化。在经历具体的学习情境时，个体需要调动认知系统对外界的各类信息进行加工处理，同时伴随着个体对信息的主观感受，区分善恶美丑，采取亲近或疏远、喜好或厌恶的态度，从而在个人心理历程中获得新的感受、亲验与发展。

（三）亲验的美学认识

美学中的亲验与审美主体有着密切的关联，认为亲验是读者在观赏和享受美时产生的深层的、活生生的、令人沉醉痴迷而难以言说的、特殊的内心感受，伴随着紧张、剧烈的内部活动，丰富活跃的思想、热烈欢快的情感。可见，美学上的体验又不同于哲学、心理学上对亲验的阐释，强调亲验的主体从生理、心理等多方面获得艺术的、审美的深刻感受。

（四）教育学对亲验的理解

教育学意义上的亲验也是近几年研究者比较关注的一个课题，人们对它也有不同的理解。例如：①亲验是一种情感体验。也即 “一个人对愿望、 要求的感受”。②亲验是活动。如朱小蔓教授把体验当作一种特殊的活动。③亲验是一种学习活动，它产生的领悟或意义是原发的，这是吕伟红教授的观点。④亲验是意义的建构和价值的生成。⑤亲验是多方面交织的复杂过程。如知、情、意、行的亲历与验证。从以上几种观点可以看出，教育学领域在界定亲验时充分借鉴、吸收了其他学科的研究成果，例如对哲学认识论、本体论的借鉴，对心理学中个体情感、态度方面体会的引用等，这是必要的，但最终仍然要从教育学自身的学科特点出发,来界定亲验这一概念。

教育学着重研究的是教育活动，它是研究教育现象和教育问题，揭示教育规律的学科。教育的最根本目的在于促进人的全面发展，因此人的发展是教育学研究的根本所在。据此，我们认为，在教育活动中，“亲验”是指个体亲身经历某种情境或事件，激发认知，产生自我的独特发现与思考，从而获得认知、情感、意志、行为等多方面的发展。这种意义上的亲验还需要从以下几个方面加深理解：

1. 亲验与经验

亲验与经验两者既有联系又有区别，不能混为一谈。经验是“人类和个体认识成果的积累，一般具有普遍性、可传授性和间接性”，亲验需要以一定的经验为基础，特别是对于他人的经验，可以通过亲验者的想象、移情、感悟等心理活动将之内化。因此，亲验是已经客观存在的经验的提升与超越，经验是亲验的对象，它立足于事实世界，而亲验的结果是在个性化的感受、思考下产生的，能够达到的是新的意义世界。正因为如此，亲验往往具有过程性、亲历性和不可传授性。这是亲验的一种动态变化过程，反映了经验在个体生命中的激活。反过来，亲验也可以产生经验。个体通过一系列的带有个性特征的活动，重新界定、感知已有经验，产生新的经验，这种新的经验由于经历了体验的动态变化，最终成为个性化的知识经验，将其延伸，又可以引发出新的一次亲验式体验。总之，亲验离不开经验，但又不局限于经验。

2. 亲验与认知、情感

通过亲验获得的是认知、情感、意志等多方面的发展，因此亲验与认知、情感这两个概念密切相关。一方面，亲验离不开个体的认知、情感。亲验是个体生命活动被充分激活后的一种动态变化，尽管具有个性化的特征，却不是神秘的、不可捉摸的。亲验的过程伴随着个人情感的充分调动、认知能力的充分发挥，只有切切实实地通过认知、情感的投入，才有可能产生亲验式的体验。另一方面，经历亲验的过程也正是经历认知、情感综合发展的过程；亲验所达到的境界不再仅仅停留于认知发展了多少、情感满足了几分，亲验使人物我两忘，获得包括认知、情感发展在内的主体升华，是一种人的综合素养的发展。

3. 教学中的体验与亲验学习

在语文教学活动中，传统的教学关注学生理性思维的发展，强调学生对概念、判断、推理、原则的掌握，忽视学生个体化的情感因素的参与，学生的体验就是坐着听讲，被问答，老师讲什么，学生记什么，造成教学活动缺乏活力与生命力，不能真正进入学生的内心世界。因此，语文教学中的亲验学习日益突显。在获取知识的时候，学生不是被动的接受者，而是积极的亲身参与者、创造者。对知识的渴求欲、对成功的喜悦感、对学习的积极投入等都反映出学生对知识的切身亲验，这是一种个性化的、深层次的学习，从过程与结果两个方面加深了学生的知识理解、情感丰富和能力发展，与传统教学中的体验截然不同。

亲验学习就是以学生在教学中的亲身体验为基础来考虑教学问题。我们给“亲验学习”下个定义：它指的是通过学生亲身体验进行学习，取得自我发现和原创意义的学习成果的一种教学理念和方式。

（1）亲验学习是一种价值取向，指引着教师教学观念的改变，促使教师关注学生在教学中的独特感受与个性化发展。

（2）亲验学习是一种教学方式，教师在教学中将更加关注学生主体，积极采取有效措施，创设情境，保证学生获得亲身的真切感受与新的认识。

二、亲验的形态

既然亲验是一种亲身经历的学习体验，教学又是一种多变的艺术，因此，从不同角度入手，可以把亲验这一学习方式划分为四个不同的形态。

（一）主动的自我阅读

亲验学习与消极体验的传统课堂讲授法相比，其最大的不同在于前者是主动的，后者是被动的。在主动的亲身阅读学习中，学生有喜欢阅读、自觉阅读和自我发展的欲望与意识，能积极地投入到学科文本的阅读学习活动中，从而充分发挥亲验阅读对自我发展的积极作用，在这样的教学活动中，教师提供给学生亲验阅读的机会，学生需要通过主动地发挥个体的主体力量去完成文本的亲验阅读活动。消极体验的传统课堂讲授只是强调了教师对学生体验的关注，是教师单方面的投入，对于学生而言，被动阅读的体验只是外界要求的一种活动，活动结果并不一定是学生内心所期望的。

（二）积极的活动参与

亲验学习的提出关键在于关注学生的积极体验，例如积极参与、感受美好、体会崇高等。教学中的一些活动内容或形式是以学生学习兴趣的内在需要为基础，以学生主体能力综合发展为目标，借助学生的积极参与来构建的，它具有教育性、创造性、实践性、操作性的特点。活动即实践，以学生为主体的实践性活动正是传统教育教学缺乏的，也是新的课程理念特别强调的。亲验学习可以引导学生通过合理的设计、多样的途径让学生积极参与各种学习活动，真情投入，尽情展示，公平竞争。学生积极地参与各种学习活动，可以取得以下效果：①满足学生的心理需要；②激发学生的学习兴趣；③加深了学生对学习的认识；④发展了学生的能力。

（三）原创的意义批记

原创性意义批记指的是学生在亲身经历阅读学习活动中，根据自己的知、情、意、行对文本的自我解读，及时记录的第一手品悟。对于学生而言，这种品悟体验是个体的，更具独特性。传统的课堂讲授，很多学生不是没有阅读，而是习惯于从老师那里接受现成的，没有养成独立思考的习惯。做眉批、旁注与评点，是我国读书人的一个良好的自学习惯和做法。如果多对他们进行原创性意义批记方法的指导以及信任与欣赏，相信他们会对语文阅读越来越感兴趣。

（四）开放的知识分享

开放的亲验学习是更为重要的教学方式。学生在阅读实践中亲身感受、体会、思考知识的产生和发展过程，从中提升情感、磨炼意志和品质，这是一方面；另一方面，教学活动又为学生提供了互相接触的机会。亲验学习具有个性化特征，但并不是私隐的，需要积极、乐观地正视现实、正视他人。

知识分享就是学生在预习、思考、旁批的基础上，在某些学习环节将自己或本组的学习成果用简洁生动的方式（说或写或表演）展示出来，在开放的心态下接纳、体悟他人的认知与情感经历，获得共鸣或者获取心与心的交流、沟通，进而检验学习的效果，抑或为一个活动环节提供讨论的主题。知识分享活动的原则在于“开放”，因此，这一活动要坚持做到以下几点：允许学生出错；允许学生保留不同看法；允许学生向教师质疑、提出意见。

三、亲验的特征

以上列举了四种关于亲验学习的基本形态，可以从中概括出它们共有的特征，从而帮助我们更好地把握什么是亲验学习。对于亲验学习的主要特征，可以从以下几个方面来认识。

（一）学生主体

亲验具有主体性，是主体的一种自我感知。亲验学习立足于学生的个人感受，只有学生主动、自主地体察、认识事物，才能获得相应的感悟与情感感受。在教学活动中，不可否认教师的引导作用，但必须尊重学生的主体地位，否则学生的体会就无所凭依，成了空中楼阁。教师的影响是外在的因素，个体自身角色意识的确认才是根本。学生认识到自己是学习的主人，根据自己的需要、兴趣、习惯去选择、体察、感悟，形成自己的内心感受。

比如，语文教学中观察力是学生需要发展的一种重要能力，教师不可能替代学生对周边世界进行观察、感受，这就需要学生有观察的意识，认识到观察对自身认识的发展、思维的提高具有积极的作用，有意识地观察身边的事物，养成细心观察的良好习惯，在主动观察、感受的基础上获得积极的学习经验积累。这样的能力不是教师课堂上理性的讲解就能使学生理解、掌握的，这样的经验积累也不是老师几句点拨就可以实现的，学生要在教师的引导下逐步地学习、体会，在自我实践中逐渐提升观察力。

（二）亲身经历

亲验学习把学生作为学习的主体，同时强调学生主体的亲身经历，这是亲验学习的本质规定。亲身经历涵盖主体实践层面与心理层面。在教学活动中。学生主体不仅仅亲身经历具体的实践活动，获取第一手的知、情、意、行各方面的学习成果，事实上，作为发展中的人，学生更需要学会反思、学会移情，从心理上亲身体会自己过往的认知或情感经历，学习如何主动地觉察、体会他人的种种感受。

情感上的亲验是教学中非常重要的一个方面。比如在语文教材中就蕴含了丰富的情感因素，学生应当深入体会作品的感情色彩，在体会作者心声中得到陶冶。学生学着分析重点词句、推敲标点符号，这是教学的一个方面，同时学生也在调动以往相似的经历，在分解、剖析作品过程中亲身经历他人的情感历程，获得理解与共鸣。

（三）全程参与

亲验学习具备了一般教学活动应当具有的学生主动参与这一特质，而且还是全程参与。亲验是个性化的、不可传授的，学生的真实体会始终离不开自己全过程的参与。全程参与突出地反映了亲验是一种动态发展的过程，这就是从过程的角度反映了学生亲验的基本特征。学生作为教学活动的主体，全程参与整个活动，亲身经历从而获取知、情、意、行各方面的知识，这是一个密不可分的整体。

亲验对象首先是符合个体需要的、能被个体纳入自身活动范畴的，这体现了学生的主动选择。在具体活动过程中，学生调集自己在知、情、意、行各方面的力量，全力体会、验证自己的选择，作出自我反思，达到深层的、个性化的体会，这是一个完整的个体活动，教师无法替代。例如教师可以详细规定教学的内容、方式，却不能规定学生体会什么，如何体会，有怎样的体会成果。

（四）个体感受

亲验学习的个体感受这一特征可以从学生学习的过程与结果两个角度进行说明。亲验学习作为一种教学方式，基本上是在集体教学中实施，对教学两大基本要素——教师与学生进行分析，可以看到教师在教学中面对的是学生群体，学生群体中又存在着个体差异。突出学生的亲验，这就需要落实到个人。尽管师生间的教学是群体性质的，但教学中每个学生都是不同的，都会有属于自己个性化的体会，他们在参与教学活动时，通过不同的方式获取自己的独特感受。另外，亲验是个性化的活动产物，无论是从实践活动中还是从心理发展中，都只能得出属于个人的体会与验证，是一种个体的感受。

在语文教学中，强调写作要有个人独特感受、鼓励自由表达和原创性的表达，就是尊重学生的个体差异，倡导学生的个性发展。个性化的写作突破教师的条条框框束缚，还学生自由发挥的空间，通过开展多种形式的活动，拓宽学生习作训练的渠道，拓展学生的思维与视野，使得学生能够写出具有个性化语言与原创性思想表达的文章来。

（五）意义内化

意义内化是教学活动中学生亲验学习的深入和升华。学生主体在教学活动中个性化的感受最初表现为一种零乱的、感性的形态，这种感受形态要成为学生个人的财富，还有一个内化的过程。学生所体会到的知、情、意、行各方面的信息汇总之后，这些感受仍然是不深刻的，学生还要进行自我建构，自主地对感性状态的体验进行整合、归类，获取对表象性感受的深度认识，作为今后进一步体会的基础，这一阶段理性占主导地位。意义内化还意味着亲验学习的最终目标是促进每个学生自由、充分、独特地发展。

意义内化对主体的要求就是活动始终伴随着个人的反思与调控。学生在初步感知的基础上，对各类问题、现象有了基本的认识与体会，但根本目的是提升体会的品质，并且以后能够灵活运用。例如课堂上对作品的赏析能够给予学生新的感受，而这类感受还有待学生个人的细细咀嚼与回味，内化为自身的知识、感悟，从而在自己的写作过程中能够自由地吸收、借鉴他人，学会创新。

四、亲验的心理过程

在心理学的研究中，常常把心理过程划分为三个具体过程：认知过程、情感过程和意志过程，而亲验学习关注的是学生通过亲身经历获取知、情、意、行各方面的发展，因此，对亲验学习的心理过程可以从活动中学生的知、情、意三方面入手展开分析。亲验学习的心理过程包括以下四个阶段。

（一）创设学习情境

亲验学习首先要创设让学生亲身经历的情境，引发学生的注意与期待。创设有助于学生亲验情境的基本思路如下：

1. 了解学生的水平与需求

在亲验学习中，学习情境的创设要与学生的需求保持内在一致性，从而推动学生的积极投入。在创设具体的学习情境之初，首要的就是了解学生已有的亲验状况与水平，深入分析学生面临的发展要求，据此将情境的创设、问题的提出立足于学生，考虑对学生需求的满足。

2. 创造民主、和谐的氛围，师生、生生积极互动

民主、宽松的教学氛围有利于学生从容地面对问题情境，而积极的师生、生生互动留给学生充分的空间寻求帮助与引导。在这种教学氛围下，学生能够进行多样的选择，呈现出对情境的不同感悟，从而体现教学活动对学生个性化发展的关注。

3. 确定个人兴趣，激发亲验欲望

在对情境的感悟中，每个学生会产生不同的想法与兴趣，教师的任务就在于引导学生对问题进行分析。找准各自亲验的切入点与方向，在个人欲望、兴趣的驱动下展开个别化的亲验活动。

（二）学生个体亲身经历过程

这一阶段体现了学生个性化的亲验活动，每个学生在亲身经历中形成自己对事件或情境的初步感受，这样的感受既有认知的，也有情感和意志的。其基本步骤如下：

1. 整体感受，初步认知

从这一步开始，学生的亲验活动明确进入各自的发展轨迹。对于学习情境中的相关事物，每个学生都有总体上的感知，并动用个人经验进行甄别，考虑如何来理解这些事物。这时个人以往的经验成果占据了重要地位，影响学生的判断与抉择。

2. 情感、意志的充分配合

学生有了认知上的初步分析之后，需要全身心地投入到亲验活动中，体会其中的酸甜苦辣，运用学习策略推进活动的开展。这时实现了个体知、情、意、行的充分融合。

3. 形成初步的亲验成果

亲身经历获得的成果是个体所拥有的，是原发性的。例如学生通过诵读佳句名篇体会到作者的内在情感，通过细心观察对某一事物有了比较清晰的自我认识。

（三）学生亲验的自我深化

在学生个体亲身经历过程的基础上，学生进行抽象、概括，对初步获得的感受进行分析、反思，体察自己所经历的情绪、情感体会。学生获得了初步的体验成果，这是可以用外界的客观标准衡量的，但同时还有一些个人的深层体会需要挖掘，因此这一阶段主要包括两个层次的发展：

（1）对体会到的认知成果、情感意识进行整理、分析，了解自己究竟得到了什么。

（2）回顾反思亲身经历的整个过程，思考自身如何在知、情、意、行等方面的体会与感悟，发现在亲历过程中自己的成长、发展以及不足。

（四）提升亲验品质

学生在相互的交流、启发中将体会成果升华。通过亲验所获得的知、情、意、行各方面的成果具有个性化特征，学生还需要通过相互间的呈现与探讨，在这样的群体活动中进行清理、反思，将自身的体会真正内化。

目前，亲验学习是在班级授课制这种基本教学组织形式下开展的，学生的亲验是个性化的，但亲验品质的提升却可以充分利用集体教学的优越性。学生相互间的积极互动可以概括为以下几个基本步骤：

1. 学生各自的整理、准备工作

为了让他人能够理解自己，产生移情体会，学生需要在交流之前进行一定的准备工作，尤其要注意如何将自己的体会成果适当地展现出来，考虑如何让他人领会自己的亲验过程。

2. 学生间相互的交流、展示

从一定程度上讲，这也是学生产生新的亲验过程，在相互切磋、交流的活动中，学生不仅要展示自我，同时也要理解他人，认同他人的体会。

3. 学生自我的再次反思

这次反思与学生相互间的交流、展示活动往往存在交叉，学生不断地受到他人的启发、批评与帮助，对自身的体会进行理性分析，从而将体会推向更高层次，实现深层内化。

当然，以上关于亲验学习的阶段划分是一般性的，对于每一个学生的体验而言，必然存在差异，也存在各个阶段的反复、递进等多种态势。

亲验学习从体会入手，将学生主体的亲身经历与个体感受放在重要位置。这种以学生个性发展为目标的教学理念和方式，对于当前语文教学改革有着重要的启发意义。

五、亲验的技能形成

按技能的性质和特点，心理学上把技能分为操作技能和智力技能两类：

操作技能又叫运动技能、动作技能，是通过学习而形成的合乎法则的外部操作活动方式。它具有三个特点：首先，就动作对象而言，操作技能的活动对象是物质性客体或肌肉，具有客观性；其次，就动作执行而言，操作动作的执行是通过外部显现的肌体运动实现的，具有外显性；第三，就动作的结构而言，操作活动的每个动作必须切实执行，不能合并、省略，在结构上具有展开性。

智力技能也称心智技能、认知技能，是通过学习而形成的合乎法则的心智活动方式。它具有三个特点：第一，动作对象的观念性；第二，动作执行的内潜性；第三，动作结构的简缩性（不用像动作技能那样一一出现，内部言语是可以合并、省略及简化的）。

（一）操作技能的形成过程

1. 操作技能的形成需要一定次数的练习

当动作的重复具有改善学习者动作的目的，并提供反馈信息时，这样的重复就叫练习。

麦克唐纳认为技能的形成过程是练习量（次数）与练习成绩时间、正误率之间的函数，其形成过程可分为六个阶段：无进步阶段—迅速进步阶段—学习速度逐渐减慢阶段—高原阶段—再次缓慢进步阶段—临近极限阶段。

2. 操作技能的形成是分阶段的

冯忠良通过分析操作技能形成过程中的动作特点，并从教学实际出发，整合了有关研究，认为操作技能的形成过程可以分为操作的定向、操作的模仿、操作的整合与操作的熟练四个阶段：

（1）操作的定向阶段。操作的定向即了解操作活动的结构，在头脑中建立起操作活动的定向映象的过程。

（2）操作的模仿阶段。实质是将头脑中形成的定向印象以外显的实际动作表现出来。

（3）操作的整合阶段。操作的整合即把模仿阶段习得的动作固定下来，并使各动作成分相互结合，成为定型的、一体化的动作。通过整合，一方面动作水平得到提高，动作结构趋于合理、协调，动作的初步概括化得以实现；另一方面，学生对动作的有效控制逐步增强。

（4）操作的熟练阶段。操作的熟练是指所形成的动作方式对各种变化的条件具有高度的适应性，动作的执行达到高度的完善化和自动化。

在语文学习中，亲验学习的操作技能形成的要求是：

第一，示范与讲解：①示范者的身份、示范的准确性以及何时给予示范很重要。②通过讲解突出重点，言语讲解要简洁概括，鼓励学生发出声音进行语言描述。③示范与讲解结合。

第二，必要而适当的练习。练习是必要的，但不是越多越好，要防止疲劳、错误定型。根据分配时间不同，练习方式有：集中练习、分散练习；根据完整性不同，练习方式有：整体练习、部分练习；根据练习途径的不同，练习方式有：模拟练习、实际练习、心理练习。

第三，充分而有效的反馈。一是内部反馈，即操作者自身提供的感觉系统的反馈；二是外部反馈，即操作者自身以外的人和事给予的反馈。

第四，建立稳定清晰的动觉。动觉是复杂的内部运动知觉，它反映的是身体运动时的各种肌肉活动的特性，如紧张、放松，而不是外部特性。

（二）智力技能的形成过程

苏联心理学家对智力技能进行了非常系统的研究，其中以加里培林为代表的从20世纪50年代就开始从事智力技能形成的研究，并于1959年正式系统总结了有关的研究成果，提出了智力技能按阶段形成的理论。加里培林将智力技能的形成分成为五个阶段：一是动作的定向阶段；二是物质活动或物质化活动阶段；三是出声的外部言语动作阶段；四是不出声的外部言语动作阶段；五是内部言语动作阶段。我国心理学家冯忠良根据有关研究并结合教学实际，将上述五个阶段进行了简化和改进，提出了智力技能形成的三阶段说，即原型定向阶段、原型操作阶段、原型内化阶段。

1. 原型定向阶段

原型定向即了解这种实践模式，了解动作结构，各动作成分及其顺序等。该阶段学生主要是在头脑中形成程序性知识。通过原型定向，学生在头脑中形成了有关活动方式的定向映象。

2. 原型操作阶段

在该阶段，活动方式是物质化的，即以外部语言、外显的动作，按照活动模式一步步展开。

3. 原型内化阶段

在该阶段，学生摆脱了实践模式，已经将实践模式内化为一种熟练的思维活动方式，突出表现在外显的言语活动明显减少。学生最初面临一个新任务时，始终复述任务规则，但随着练习的不断进行，法则复述消失，这是内化的一个标志。

智力技能学习的两种主要形式是：

（1）样例学习。从学习具体事例中找出解决问题的条件，并根据条件采取行动。它是通过阅读感知样例题，认知其中蕴涵产生式系统的过程实现的。

（2）尝试学习。只给出一个问题，让学习者努力尝试解决，在解决问题的过程中发现解题的方法、步骤，从而形成解决问题的产生式系统。

智力技能的学习策略是：

1. 内部指导策略

指以内部信息为指导而达到目标的策略。它可分为：①目标递归策略。将目标记在脑子里，整个过程都是在大脑中进行的，不必使用外界的任何信息和线索。②模式策略。没有目标，只有若干解决问题的方案，按特定的模式循序渐进进行，不必记忆目标和步骤就可解决问题。

2. 刺激指导策略

根据当前情景和刺激条件，决定下一步骤如何进行。分如下两类：

（1）知觉策略。在智力操作中，不必记住目标，随时根据感官提供的外界信息调整操作步骤。

（2）机械记忆策略。在操作之前，将智力技能的一系列步骤死记硬背下来，然后按记忆的程序进行操作。

六、表现的界说

现代社会发展进程中，“表现”作为一种观念和行为已越来越受到人们的重视。“表现力，已成为现代人不可或缺的一种基本素养。倡导“学以致表”是当今国际课程与教学领域改革的焦点之一。在语文教学中推行表现学习，对促进学生的语文学习和其他综合能力的提高，都具有积极的心理学和教育学意义。

（一）什么是表现

“表现”一词在英文中用“show”“express”“performance”来表示，在中文里是表达、表示、展现、表露出来的意思。所谓表现，指的是把人的内在的东西展现、表达出来，能够让自己和他人直观地感觉到它的形象。

（二）自我表现

所谓“自我表现”，指的是一个人在社会生活中，使用一定的方式展示自己，以使自己和他人获得对自我的认同与采纳的过程。其目的不仅在于展示自己，更在于增强自我，发展自我。自我表现是一种个性张扬，这种张扬并不一定是为了造就一个“与众不同”的自我，但一定是为了打造一个更优秀的自我。

自我表现是社会心理学的研究对象。从1959年Goffman提出这一概念以来，有关问题一直为研究者所关注。社会心理学认为：人处在一定的社会环境中，并不是被动地对其所处的社会环境作出反应，他们总是试图影响周围的环境，以便建立起有利于自己的形象，实现自己的目标。而对环境的操纵总是从操纵自己开始的。他们不断地调节和控制呈现给其他人的信息，特别是有关他们自己的信息，这种对行为的调节和控制有时是有意识的，有时是无意识的。对社会信息和个人信息进行调节和控制的理论可以追溯到早期的符号互动理论。该理论认为，社会交往中人们会想象自己处于他人角色位置时的可能情形，会设想他人对各种行为的可能反应，并且选择相应的行为，最终形成或改变他人如何看待自己以及自己如何被别人看待。Goffman把人们看作是生活舞台上的演员，把人际行为看作是参加者的自我表现。他指出：“当个体出现在他人面前时，通常总是有某些理由去推动他行动，以便这种行为向他人传递出符合他个人利益的形象。”尽管Goffman的理论被批评为降低了个体内部心理因素的作用，但为后来的社会心理学关于自我及自我表现的一系列研究开辟了道路。

20世纪80年代以前，社会心理学家一般把自我表现看作是一个边缘概念，自我表现理论或者被看作研究过程的一种干扰，或者被看作主要是与广告、商业或政治有关的一个应用课题，它很少被看作是一个基本的人际过程。从80年代开始，对自我表现的概念分析出现了明显的变化。Baumeister（1982）首先对自我表现有关问题进行了重新分析，并且用以解释许多社会心理现象。Baumeister的开路先锋作用引起了许多学者对自我表现的研究兴趣。他们把对自我表现的研究从对概念的好奇转向把它看成是一个能够进行科学分析的根本的人际过程。

这种转向在社会心理学的实证研究和理论解释上具有重要的意义。原因在于20世纪60～70年代，实验社会心理学明显地倾向于对行为的心理内释（intrapsychic explanation），而不考虑社会关系的作用，如集中于认知的归因理论、个体的认知失调理论、公平理论和成就动机理论等。自我表现的重新分析以及相应的研究开始向长期居统治地位的心理内解释理论发起挑战。可见自我表现的思想已经渗透到广泛的社会现象领域。但是这并不表明自我表现理论可以完全取代心理学上的解释理论。加之人们对自我概念认识的不统一，有人作狭义的理解，把它看成是一类仅仅发生在特殊条件下的行为或主要由某类人做出的行为，亦即伪装的、欺骗的行为；另一些人则作广义的理解，把自我表现看作是社会行为的普遍特征。这就使一部分学者开始关心自我表现和人格特征之间的关系。他们试图说明不同的人会有不同的自我表现的方式，或者由于人格特征的不同，使一部分人参与自我表现，另一部分人仍按自己的内在动机和情感行动。

根据以上社会心理学的研究，自我表现被认为是人们自觉的印象控制过程，它是人与人之间相互作用的一个基本方面。语文教学是一种特殊的社会现象，关注学生的表现有其重要意义。

（三）表现的界定

“表现”指的是把个体内在的东西充分地外化展示出来，由此不断认识自己、完善自己，并彼此分享、共同提高的一种学习方式。

表现亦即“学以致表”。倡导“学以致表”就是由内而外，以内养外，通过表现达到善待自我与欣赏别人、个体多样表现与群体共同发展的统一。由此形成的“表现性课堂教学”就是以学生的表现为中心的师生双方教与学的共同活动。表现性课堂教学力图改变传统的单纯以知识传授为中心的课堂教学模式，构建以倡导表现为核心的课堂教学新体系。

七、表现的形态

对于国人来说，母语语文的学习，不应只是追求文从句顺、言可达意，母语语文的学习更应是民族文化、民族精神的承传，是生命个体存在的在言语上的自我体认、自我表现。

生命的自我表现就是指生命把个体内在的东西充分地外化展示出来，由此不断认识自己、完善自己，并彼此分享、共同提高。

一个追求知识与创造的人，他必然要有所表现。就像德国教育家福禄培尔在《人的教育》（人民教育出版社2001 年版，第163-164页）中所说的那样：语言就是通过外化了的东西自动地向外说明和表现自己内在的东西。正如花蕾的绽开表现和显示出这朵花的内在奥秘一样，说话者把他内心的东西自动地向外表达出来，因而语言就是内部的东西向外部说明和表现。但人最内在的东西是一种不断地活动着的、活生生的东西，即生命，因此，生命的特性和现象也必然要通过行动和言语表现出来。因此，行动、言语就是对人的整个内外世界的描摹，是人的最好表现途径。

作为学习方式的“表现”，它在语文课内外的具体存在有三种形态：主动的亲验阅读、原创的发现写作和开放的思想分享。

（一）主动的亲验阅读

阅读是人们实现在学习中收获思想的主观目的的一种活动。通过阅读，达到使文本知识被学习主体认识、改造、掌握和占有的目的，从而在学习中体现学习主体的主观能动性。因为，阅读实践包含着人的精神因素和意识的能动作用；阅读实践能动地推动认识的产生和发展；阅读实践能动地改造世界。阅读实践不同于生物对外界的消极适应和本能活动。

阅读是人之所以作为人而存在的一种表现方式之一，阅读学习使人变得更聪明，更具生存和发展。它的具体依据是：

（1）实践是人类赖以生存的前提。人类生存的第一个前提就是必须能够生活，因此人类的第一个历史活动，就是“生产物质生活本身”。正是这种实践活动不断地创造着人类生存和发展的根本条件。

（2）人的意识是在实践中生成、实现和确证的。正是在实践过程中产生了人的意识，使人的生命活动成为有意识的生命活动，人成为有意识的社会存在物。

（3）人的本质是社会关系的总和，而人类活动方式的一切社会关系都是在实践活动中生成的。人在实践活动中“创造、生产人的社会关系、社会本质”，从而使自己成为社会存在物。

（4）人在实践活动中把自己从动物界提升出来，创造出了人之所以为人的一切特征。因此，实践构成人类的特殊生命形式。

亲验阅读是学生在课堂内外的一种自觉验证的学习形式，也应是人类社会实践活动的形式之一，因此，学习的本身就是表现，亲验阅读更是表现，它表现着人之所以为人的存在。

（二）原创的发现写作

以往的阅读教学大都建立在吸收的功能上，也即阅读的目的是让学生通过阅读吸收他人的知识和思想。然而，人的学习不可能只为吸收而吸收，吸收的目的应是将他人的知识作为自己生命发展的营养动力，使自己变得更充实和更美好，使自己也能进行有价值的言语表现或者文学创作，并将自己的创造回馈于他人和社会，把生命托付给言语，用言语展开、延续生命。这才是真正意义上人存在的表现。读书虽然不是为了写文章，但读书也绝对不是为了“烂”在心里，读书的效用总得要借助不同的方式或途径“表现”出来，“表现”的主要方式和途径就是说和写。

当然，不是说每一次的阅读活动，都要直接地反映在言语表现上，都要立竿见影，然而，它迟早是要反映在言语表现上的。它是经过消化之后，积淀、内化、陶冶为一种修养、气质，在适当的时候或有意或无意地外化为人的行为，表现在或高雅或低俗、或深厚或浅薄的言语中。阅读，不论你是否意识到，它终究都是会“表现”出来的，问题在于是否意识到这一点，其对教学目的如何定位、其教学效能如何是大相径庭的。把阅读教学目的定位为吸收，学生阅读所获也是会表现出来的，但是，这种不自觉的表现和自觉的指向表现，对教学实践的运作是截然不同的，效果也是不可同日而语的。毫无疑问，语文教育的天平，应由吸收向“表现”倾斜。因此，在亲验阅读教学中，学生原创的发现与写作是学生表现的一种最高形式。

（三）开放的思想分享

读书的效用总得要借助不同的方式或途径“表现”出来，“表现”的主要方式除了“写”以外，另一种高级别的形式就是“说”。虽然说“写”比“说”难，但一个人要把自己的想法清晰、简洁、富于逻辑性地表述出来，让别人听明白，也不是一件容易的事情。因此，说话作为阅读的一种表现形式，在阅读教学中应得到重视。

法国著名的哲学家、文学家萨特说：“在写作行动里包含着阅读行动，后者与前者辩证地相互依存，这两个相关联的行为需要两个不同的施动者。”由此，一个完整的写的教学系统，必然涵盖了读的教学内容。此外，写和听、说也是相互依存的。在写的教学中，能够很自然地兼顾到听和说的练习，因为，由听到写，将听到的内容按不同要求、用不同方式写下来，这是听的练习所不可或缺的项目；写作往往也取材于道听途说，将听来的东西作为写作的素材。先说再写，说、写结合，是很自然的事。学生在学习过程中，把自己感悟记录下来的文字、自己的作文等在小组里、在班级同学面前读出来，说出来，与同学们分享，或者把自己解决某个问题的构思先说出来，再去写，这都是学习的最好表现形式之一。

八、表现的心理依据

表现学习的心理学依据主要有下列四个方面。

（一）表现欲望

我们之所以经常说儿童是天生的发明创造家，这不是指大家都会有小发明小创造，而是说儿童人人都有表现的欲望。所谓“跃跃欲试”“欲罢不能”“不知天高地厚”“初生牛犊不怕虎”等，便是一些形象的说法。儿童的表现，蕴含着他们对自然与社会的无限好奇，对自身力量的一种尝试检验。正是通过各种表现，儿童的天性才得以充分表露，并被人们所认识。正如苏霍姆林斯基在《怎样培养真正的人》一书中曾说到的："人人都要表现自己，而且每一个人都是按照自己的方式来表现自己的，尤其是每个人都想以一定的方式表现自己，此外，想给他人一个我是怎样表现自己的印象，而且让人们都想到我的'自我'。"

学生的表现欲望是一种积极的心理品质。当这种心理需要得到满足时，学生就会产生一种自豪感。在语文教学中，这种自豪感会推动学生信心百倍地去阅读新的文本，探索新问题，获得新的提高。为了使学生的身心得以健康成长，我们应该正确对待并注意保护学生的表现欲望，切不可无视或压抑学生的表现欲望。让学生在学习中，通过不断地自我表现来达到发展自我、完善自我的目的。

（二）需要层次理论

马斯洛的需要层次理论认为，人有基本的需要，例如安全、食物等；也有高层次的需要，例如情感需要、胜任需要、自我实现需要等。高层次的心理需要之满足实际上往往同是否善于表现有关。一个善于表现的人，往往从表现中体验到了胜任的欢愉，从表现中寻找到了情感寄托，从表现中逐渐实现了自我。人本主义心理学家强调这样一个观点：儿童与成人的区别在于前者是等待着实现自我的人；后者则是相对完整地实现了自我的人。因此如何帮助儿童、青少年实现自我，满足高层次心理需要，应该而且必须借助于"表现"这一中介。

（三）内化与外化

儿童的心理发展，首先是将外部的要求现实地占为已有的过程，这便是内化。内化通常体现为吸收、摄取。例如：思考、观察、注意、想象、记忆、操作等都是内化过程所离不开的。其次，心理发展也离不开外化，这是一个释放、展露的过程。例如：说话、写作、交际、问题解决、动手操作等都是外化过程经常涉及的形式。内化和外化如何才能衔接转化，体现出良性互动型的循环回路，这便需要有"表现"作为桥梁。不仅外化过程与"表现"直接有关，内化过程同样离不开"表现"，因为吸收中必须调用已有的经验。正是有了"表现"，才可能激活个性的经验贮备，加深对新学习任务的理解，不仅促进吸收本身的需要，同时，也加速转化为实际的应用迁移。

儿童心理发展往往体现为不断提高的外部要求与主体内部胜任力之间是否匹配的矛盾运动，是发展的可能性（潜能）向现实性（显能）转化的过程，是平衡与不平衡交替转换的对立统一，这一切都离不开"表现"这一催化剂。有了表现，内部胜任力与外部要求的良性匹配就有了保障。因为表现的过程提升了主体的成就感，使他觉得我能够应对甚至期待着各种外部情境变化。有了表现，发展的可能性加速转化为现实性，使每一个儿童的潜能被不断挖掘与利用。

（四）心理协调

首先是意愿与能力的协调。心理学一直强调人的心理分为认知系统和意向系统。我们经常说要让学生愿表现、爱表现、敢表现、会表现。除了会表现是属于能力范畴之外，其余三个方面都涉及意愿。我们讲“学会表现”不只是善于表现的意思，还要包括乐于表现。不只是一般性的重复性、模仿性表现，还要包括变异式、创意性表现。表现中有情感态度因素，表现中有身体动作协调要求，表现中有知识能力成分，表现中还离不开与人交往、协作。因此，开发学生的表现力实际上涵盖了教育目标分类的广泛领域，是典型的情知一体化整合途径。

其次是个体独特性与群体多样性的协调。现代教育的基本理念是使每一个个体和每一组群体都能够得到健全发展，这便是一般发展与特殊发展协调、共同发展与差异发展整合的辩证关系。表现，不仅反映在每一个个体身上，同样也对每一组群体提出了要求。千人一面、整齐划一的表现是违背儿童身心发展规律的。每一个人独特的表现（既能够善待自我，又能够欣赏别人）带来了每一组群体表现的多样性。独特性和多样性共存的局面将大大激励学习者表现的欲望及赢得表现的成就感、满意感。

再次是承担个人责任与分享他人经验的协调。表现需要有真“本事”，为个体充分展示自己、实现自我提供了机会。表现的过程是锻炼、检验自身力量的过程。没有责任感的人，就缺乏自我调节能力，表现时肯定差强人意，相形见绌。这种表现，除了偶尔能出出风头之外，实际上并不会给表现者带来多少成功感。我们所倡导的表现，是要求每一个人都扬长避短，自我加力，拿出真才实学展示自己。同时，在表现的过程中权衡利弊得失，选择最佳方式、吸取经验教训和提高充实自我。而且，学习者的表现总是在一定的社会情境中展示自己的才华与品格的。每一个人在表现中给别人带来了愉悦和启迪，同时也从别人的反应态度中得到收获。在群体环境下的表现，不只是表现者的输出过程，同样也是从观察者（欣赏者、效仿者乃至评论者）中汲取养分回馈自身的过程。更何况，自我的表现和他人的表现导致了彼此分享、相互激励、共同提高。这里的关键是责任到人，协同互助，利益一致，分享经验，争取双赢。表现能够培养学习者达到人际交往中知人知己、维系群体关系、调适自身心理等较高的境界。

九、表现学习的理念

表现学习的基本理念主要是：儿童是天生的表现者，学生是表现的中心，教师是表现的促进者。

（一）儿童是天生的表现者

1. 相信学生有精彩的表现

要相信学生潜藏有巨大的发展能量，坚信每个孩子都是积极向上的，都是可以健康成长的，都是有培养前途的，是有表现欲望和表现能力的，而且有丰富奇特的想象力，有精彩的表现。教师应对每一位学生充满信心。当教师的都可能有过这样的感受，不少后进生在课堂上学习知识时表现得沉闷不语，无动于衷，而在某些活动中却生龙活虎，聪明伶俐；不少顽皮生，在课堂受纪律约束时没有学习的兴趣，而一到课外却判若两人，表现得淋漓尽致。可见学生是否有精彩的表现，关键在于教师。

假若教师在教学中能创设宽松和谐的氛围，设计生动有趣的表现活动，让学生有积极参与学习活动的兴趣，那么学生就会有教师意想不到的精彩表现。在《杜十娘怒沉百宝箱》课例中，教师设计了一个生动有趣的表现活动：假如你是杜十娘，你会怎么样？学生们来劲了：他们三人一群，五人一伙，写的写，说的说。从中折射出学生身上蕴涵着的巨大潜力，每个学生的心里都充盈着创造的激情、积蓄着表现的欲望、扑棱着翻飞的想法，每位学生都认为自己的设想是最佳的，在他们激烈的讨论中，课堂成了他们彼此交流、合作、享受成功的乐园。

2. 尊重学生独特的表现

每个人都有自己的独特性。学生由于先天因素、家庭环境、生活经历、知识水平、学习能力等的不同，因而他们所具有的“内心世界”存在差异。也正因为客观存在的个体差异，所以在学习中，每个人的认知、情感、体验、价值观也会各不相同。教师一定要尊重学生的这种独特性、差异性，不能用教师自身的领悟或统一的标准去衡量学生的学习、学生的表现，否则，将扼杀学生的个性，湮没学生独特的意想不到的精彩表现。

（二）学生是表现的中心

人本主义心理学认为，学生具有学习潜能并具有“自我实现”的学习动机，因此，教师不是要学生怎样学，而是提供学习资源、学习手段、营造学习环境，由学生自己决定怎样学。在教学中，教师只是顾问，而非教导者，更不是操纵者。表现学习强调以学生的表现为中心，让学生在民主、和谐、宽松的氛围中活动、学习、探究，让学生无拘无束、畅所欲言，让学生爱表现的天性得到充分的展示， 在表现学习中，学生自己要引发学习动机、决定学习内容、提出学习问题、设计表现任务、规划学习进程、判断表现结果并能自觉反思完善。

1. 学生是信息的加工者

表现学习的结构或者说表现学习活动的操作程序是以问题（任务）为中心，获取、释义、生成、表现、评价五个基本阶段构成一个表现学习圈。表现学习的首要任务，就是要学会搜集、获取、整理和吸收相关信息。如在学生撰写有关论文的表现性任务中，学生要成为“自我导向”的学习者，知道自己需要什么样的信息，能自己选择与判断信息，并有较强的能力获取信息和资源，比如通过调查、收集、观察、阅读、交谈等方式获取相关信息。

学生自己还要能对所获得的信息进行选择：哪些信息应该保存，哪些信息可以删除或可以忽视，对精选出来的信息作进一步的解释与分析，明确其内涵，分辨其间的相互关系，并以某种方式对它们进行组织，并反复地进行思维加工，逐步达到对所获信息详细、深入的理解。在释义、理解、组织的基础上，学生自己要根据撰写论文的表现任务需要，通过构想、立意等高级心理活动，建构信息的意义、生成外化展示的论文，同时，还要自己考虑演讲的对象、方式、效果等。

2. 学生是表现的合作者

在表现学习中，小组合作学习是倡导的一种基本组织方式，因为即使个人的表现也离不开团体的支持和关注。为此，在表现学习的过程中，要重点组织好小组合作学习，使学生在小组合作学习活动中责任到人、协同互助、利益一致，分享经验，争取“合作共赢”，在撰写有关论文的表现性任务中，学生不是单独来完成的，而是以四人小组的形式来做的。他们一起外出调查、探究，然后合作撰写论文；最后小组推选一名同学代表自己的小组到讲台演讲。整个表现学习的过程、表现性任务完成的过程都离不开四个人的有效合作，没有大家的分工合作，就没有高质量的探究过程与结果，也不能高质量地完成表现性任务。

3. 学生是表现的分享者

在表现学习中，一方面，学生要有自身的责任感，把表现的过程看成锻炼、检验自身内化、习得、仿效的舞台。没有自身责任感的学生，没有自我调节能力，表现时总差强人意，相形见绌。我们所倡导的表现是要求每一个人都扬长避短，自我加力，拿出真才实学展示自己。同时，在表现的过程中，权衡利弊得失，选择最佳方式、吸取经验教训和提高充实自我。另一方面，学生的表现总是在一定的社会情境中展示自己的才华与品格的，因此，每一个人在表现中给别人带来了愉悦和启迪，同时，也从别人的反应态度中得到收益。在群体环境下的表现，不只是表现者的输出过程，同样也是从观察者（欣赏者、效仿者乃至评论者）中汲取养分回馈自身的过程。更何况，自我的表现和他人的表现会产生彼此分享、相互激励、共同提高的效果。

（三）教师是表现的促进者

表现学习注重学生在和谐宽松的氛围中进行学习，人人参与活动，在实践中、娱乐中主动亲验、合作、探究、获取、表现和分享。与之相适应，教师的教学行为必须体现“以学生为本”“以促进学生表现为本”的趋向；帮助学生设计表现主题；帮助学生组建优质学习小组；点拨学生学习和表现中遇到的确实需要帮助的困难；鼓励学生积极参与表现；帮助学生检视和反思自我，明确想要学习什么和表现什么；为学生提供有效的表现内容和恰当的学习方式；帮助学生寻找、搜集和挖掘有利于表现的课程资源；营造和维持学习和表现过程中的良好的心理氛围；帮助学生选择合适的评价方式，并促进学生对自己和他人进行评价；帮助学生发现自己的潜能和特长，并时常展示自我；鼓励学生学会合作，并在合作中分享快乐等。

1. 教师是表现的组织者

表现学习是在教师精心组织下的有目的的学习活动。表现学习的信息与资源、表现任务与活动、表现展示与评价等，都需要教师的积极筹划、精心组织与准备。

例如，教师通过创设特定的情境，组织学生表现学习活动。一位教师在教《雷雨》时，在学生充分阅读之后，让学生扮演周朴园、鲁侍萍等文中角色。使学生通过想象理解角色在特定情境中的地位，以及与其他角色的关系，进一步引导学生体验角色的情感。学生表演时，教室里气氛热烈，扮演角色的、作为观众的，个个都兴奋不已，如身临其境。在此情此境中，学生对角色的情感，很自然移入所扮演的角色。这种教学方式使学生的整个身心都投入到教学活动中，他们成了真正的主角。

2. 教师是表现的引导者

学生的学习是别人所不能替代的。当然，这并不是说就可以忽略教师的地位，并不是说在课堂教学中教师跟着学生转，无所事事。要想让学生成为学习的主人，要想让学生放开手脚，张扬个性，要想让学生在课堂上乐于表现、善于表现，教师的作用不可低估。可以说学生是不是能学得很有趣，是不是能学得很好，是不是能健康成长，是不是幸福快乐，都和教师有很大的关系。表现学习强调既充分确立学生的学习主体地位，又努力凸现教师的主导地位，使两者有机地统一在表现学习的过程之中。教师在深入吃透教材、开发课程资源，细心、耐心、诚心研究学生的前提下，通过表现性任务的设计、资源的组织、任务的履行、结果的展示、评价与反思等，积极引导甚至是指导学生的表现学习。

教师要具有强烈的“学会表现”意识，注意自身的教学语言、教学行为，让自己的一举一动、一言一行都成为点燃学生表现欲望的星星之火，营造一种有利于学生表现的氛围与环境，维护与激励学生爱表现的天性。

十、表现的素养

学生是天生的表现家，有强烈的表现欲。但是，学生仅有表现欲望和热情只是表现的前提。我们不仅要激发学生的表现意愿，还要培养学生的表现能力。而表现能力与心理品质、知识底蕴、表现方法、表现技能等有关，这种相关因素都有一个从低级到高级的发展过程，需要在学生表现过程中得到逐步发展。

学生的课堂表现是否出色包含两个方面：一是敢表现、乐表现的意愿；二是会表现、善表现的能力。培养学生的表现力首先要关注他们愿不愿表现、爱不爱表现，其次，要考虑他们能不能表现、会不会表现。因此，表现学习的目标应该落实在“表现意愿”和“表现能力”上，通过多样化学习，激发学生的表现意愿，最大程度地发展学生的表现能力，促使学生敢表现、乐表现、会表现、善表现，形成个体多样表现、群体共同发展的氛围，在表现过程中提升学生的综合素养，促进学生创新人格的发展。

（一）表现意愿

表现意愿分三个层次：

（1）被动表现。在老师或同学的指定下勉强参与表现活动。

（2）主动表现。自觉自愿地参与表现活动。

（3）积极表现。自觉自愿地参与表现活动，并有与众不同的独特表现。

每一位学生都有自己的躯体、自己的感官、自己的思想、自己的性格、自己的意愿、自己的头脑与思想基础、知识基础、行动的标准等。因此，在学习过程中，学生都能按自己的学习方式、自己的习惯、自己的喜好开展学习并形成独特的表现，这是别人所不能替代的。

（二）表现能力

表现能力分三个层次：

（1）模仿性表现。能模仿老师或同学的表现做出相同或相仿的表现活动。

（2）求异性表现。能在模仿性表现活动的基础上加入自己的想法，简单修饰进行表现活动。

（3）创新性表现。学生能在模仿的基础上加入自己独特的创意，并采取独特的展示方式进行表现活动。

例如，有位教师教《暮江吟》一课时，在学生初步感知诗的字词及大意后，让学生用自己喜欢的方式表现诗歌之美。学生的表现方式精彩纷呈：选择读的、选择画的、选择说的。教师问了一句：“还有别的方法吗？”准备进入下一个环节。正在这时，一个学生犹豫了一下举起手，兴奋地说；“老师，我可以唱吗？”“啊？”全场一片惊讶，包括听课的老师，大家都把目光集中到这位学生的身上，看得他都有点不好意思了。老师连忙鼓励道：“好呀，为什么不可以呢？”他想马上就唱，老师笑着说：“慢着，先把话筒给他，再给点掌声。”学生的情绪上来了，清了清嗓子，就唱了起来，全场报以热烈的掌声。

第4章

亲验与表现的基础理念

理论来源于实践，实践又可检验理论，这是理论与实践的辩证关系。认识论认为，认识对实践具有能动的反作用，正确的认识能够对实践具有促进作用。任何工作的开展，都离不开理论的指导，教育也是如此。教育理念是对教育实践的客观反映，在一定的条件下能反过来对教育实践起到指导的作用。

什么是教育理念呢？20世纪90年代，王冀生教授在《现代大学的教育理念》一文分析教育理念与教育思想、教育规律的联系和区别中，给教育理念下了这样的定义："教育理念则是人们追求的教育理想，它是建立在教育规律的基础之上的。"（《辽宁高等教育研究·现代大学的教育理念》，1999年第1期）。李萍教授等人在《教育的迷茫在哪里——教育理念的反省》一文中认为："教育理念是关于教育发展的一种理想的、永恒的、精神性的范型。教育理念反映教育的本质特点，从根本上回答为什么要办教育。"（《上海高教研究·教育的迷茫在哪里——教育理念的反省》1998年第5期）。陈桂生教授在《"教育学视界"辨析》一书中指出，教育理念是关于"教育的应然状态"的判断，是渗透了人们对教育的价值取向或价值倾向的"好教育"观念。毫无疑问，陈桂生教授关于教育理念的这一认识，已经抓住了"教育理念"灵魂性的东西，对我们把握"教育理念"之概念的本质属性是极具启发性的。叶权仪等人在《论大学校园文化与"社会责任"》一文中是这样理解教育理念的："教育理念是指学校之高层行政主管以学生前途与社会责任为重心，然后以自己的价值观与道德标准为基础，对办理学校所持的信念与态度。"（叶权仪等 《论大学"校园文化"与"社会责任"》，海峡两岸跨世纪大学文化发展学术研讨会论文，1999年5月。）迄今为止，专门研究教育理念的韩延明教授在其论文《大学理念探析》中提出的研究结论是："教育理念是教育思想家乃至整个民族长期蕴蓄和形成的教育价值取向的反映、体现和追求，是关于教育发展的一种理想性、精神性、持续性和相对稳定性的范型，具有导向性、前瞻性、规范性的特征。”（韩延明：《大学理念探析》，厦门大学高教所2000届博士研究生论文集）

综上所述，教育理念具有如下的基本特点：①教育理念是教育主体对教育及其现象进行思维的概念或观念的形成物，是理性认识的成果。②教育理念包含了教育主体关于“教育应然”的价值取向或倾向，属“好教育”的观念。③教育理念不是教育现实，但源于对教育现实的思考，是教育主体对教育现实的自觉反映。因此，理论上它们是理念载体，即理念持有者对教育的清醒认识，是他们关于教育的真知灼见。④教育理念是个其外延比较宽泛并能反映教育思维一类活动诸概念共性的普遍概念或上位概念，如教育思想、教育观念、教育主张、教育看法、教育认识、教育理性、教育信念、教育信条等都在理念之中，而理念本身也包含了上述诸概念的共性。此外，教育理念还有上述诸概念的外在形式表现出来以示其既有抽象性又有直观性。如教育宗旨、教育使命、教育目的、教育理想、教育目标、教育要求、教育原则等。⑤教育理念之于教育实践，具有引导定向的意义。

鉴于对教育理念基本特点的认识，我们似乎可以对教育理念作如下的界定：教育理念是教育主体在教学实践及教育思维活动中形成的对“教育应然”的理性认识和主观要求。

亲验与表现作为教育主体的一种主要教育教学实践，也必须有它的实践指导思想或理念，且只有在一些先进的教育思想、教育理念的指导下才能更好地把握其方向性、现实性和前瞻性，让亲验与表现成为语文教学甚至整个教育教学的新翅膀。

一、一个课程目标思想

课程目标是按照国家的教育方针，根据学生的身心发展规律，通过完成规定的教育任务和学科内容，使学生达到的培养目标。它受国家为基础教育规定的教育目的制约，是总的人才培养目标的具体体现；“课程目标是课程编制、课程实施和课程评价的准则和指南，在课程标准中属于主体部分。语文课程目标，则是从语文学科的角度规定人才培养的具体规格和质量要求。由于我国历年公布的课程教学大纲中，没有“课程目标” 这一项，要作比较的话，课程目标大致与教学大纲中“教学目的”和“教学总要求”相对应。

语文课程的总目标是基于人的终身需要以及和谐发展所必须具备的基本语义素养而提出的，它基本体现了人文性与工具性的统一，思想性与审美性的统一。具体来讲，它包含了如下一些思想：

（一）突出学生在语文学习中的主体地位

总目标关于学习语文的情感态度和价值观的表述，是从学生主体发展的内在需要出发的，不是外加的灌输，因此特别注意不脱离语文学科的特点，将价值观的引导和提高文化品位、审美情趣联系起来考虑，将学习语文的自信心作为养成良好学习习惯的先决条件。在学习方式方面，强调“能主动进行探究性学习”，也是为了突出学生在语文学习中的主体性。在能力培养方面，如第2条关于阅读能力，强调“具有独立阅读的能力”，也就是把每一个在阅读中的学生都视为一个独特的自我，这样才能做到目标中所说的在阅读中“注重情感体验”“发展个性，丰富自己的精神世界”等要求。如果是以落实所谓的“知识点”为前提，以单纯的接受性学习为过程，以知识技能的熟练为目的，就无法真正实现学生的主体地位。

（二）突出现代社会对语文能力的新要求

考虑到信息社会的特点，加上“初步具备搜集和处理信息的能力”一条，着眼于现代社会人际交往频繁的要求，口语交际方面提出“具有日常口语交际的基本能力”，强调文明交往和合作精神，改变了过去大纲将听的能力与说的能力分开，且未重在双向交流的表述。为了注重提高学生的思维品质和创造精神这些现代公民的重要素质，特加上“在发展语言能力的同时，发展思维能力，激发想象力和创造潜能”这一条，突破原来只强调听说读写能力的局限性。思维与语言关系密切，过去谈到思维能力，比较偏重于逻辑思维，诸如划分段落、概括段落大意、归纳中心思想等分析套路，都属逻辑思维训练。语文课程应使学生的形象思维和逻辑思维得到均衡发展，而义务教育阶段，是学生的想象力和形象思维发展的重要时期。让学生学会学习，很大程度上依赖于思维品质的提高，依赖于学生本就具有的创造潜能的激发，这有利于学生的终身发展。爱因斯坦说过："想象力比知识更重要，因为知识是有限的，而想象力概括着世界上的一切，推动着进步，并且是知识进化的源泉。"（《论教育》，《爱因斯坦 文集》第一卷）他又说，"我相信直觉和灵感"。如有学者通过研究发现，形象思维与自然科学家成材有密切的关系。此外，鉴于语文不仅是文化的载体，而且本身就是文化的重要组成 部分，特加"认识中华文化的丰厚博大，吸收民族文化智慧。关心当代文化生活，尊重多样文化，吸取人类优秀文化的营养" 一条，体现继承中华优秀文化传统、具有全球性的文化视野以及语文学习与当代文化密不可分的联系。

（三）突出语文课程的实践性

语文课程的基本目标是培养学生运用语文的实践能力，而提高语文能力的主要途径也是语文实践。总目标的第5条对此作了总的表述，"能主动进行探究性学习，在实践中学习、运用语文。"同时，让这一精神贯穿于汉语拼音、识字写字、阅读、写作、口语交际等诸方面能力的要求中，而大大淡化了对系统的语文知识传授的要求。如关于识字、写字和汉语拼音学习，强调能识、能写、能说，不提知识要求；关于阅读，强调丰富积累，形成语感，学会运用多种阅读方法；关于写作，也注重实际的表达和交流能力，不提写作知识的要求；关于口语交际，强调在人际沟通和社会交往的背景下，通过各种交际活动来培养。即使涉及必要的语文知识，也尽可能将它转化为能力要求来表述，注重知识在实际运用中的价值。总之，重要的不是让学生在语文课堂上接受教师的自说自话，不是接受教师给出的一个个答案，而是让学生在与教师的交流中，在与同学的交流中，经历一次次言语实践的过程。

二、亲验与表现的四大理念

（一）生本教育理念

21世纪的今天，社会已经由重视科学技术为主发展到以人为本的时代，教育作为培养和造就社会所需要的合格人才以促进社会发展和完善的崇高事业，自然应当全面体现以人为本的时代精神。因此，现代教育强调以人为本，把重视人、理解人、尊重人、爱护人、提升和发展人的精神贯穿于教育教学的全过程、全方位，它更关注人的现实需要和未来发展，更注重开发和挖掘人自身的禀赋和潜能，更重视人自身的价值及其实现，并致力于培养人的自尊、自信、自爱、自立、自强意识，不断提升人们的精神文化品位和生活质量，从而不断提高人的生存和发展能力，促进人自身的发展与完善。鉴于此，现代教育已成为增强民族凝聚力的重要手段，成为综合国力的基础并日益融入时代的潮流之中，倍受人们的青睐与关注。

（二）素质教育的理念

现代教育扬弃了传统教育重视知识的传授与吸纳的教育思想与方法，更注重教育过程中知识向能力的转化工作及其内化为人们的良好素质，强调知识、能力与素质在人才整体结构中的相互作用、辩证统一与和谐发展。针对传统教育重知识传递、轻实践能力，重考试分数、轻综合素质等弊端，现代教育更加强调学生实践能力的锻炼，全面素质的培养和训练，主张能力与素质是比知识更重要、更稳定、更持久的要素，把学生综合素质的培养与提高作为教育教学的中心工作来抓，以帮助学生学会学习和强化素质为基本教育目标，旨在全面开发学生的诸种素质潜能，使知识、能力、素质和谐发展，提高人的整体发展水准。

（三）主体教育理念

现代教育是一种主体性教育，它充分肯定并尊重人的主体价值，高扬人的主体性，充分调动并发挥教育主体的能动性，使外在的、客体实施的教育转化成受教育者主体自身的能动活动。主体性理念的核心是充分尊重每一位受教育者的主体地位，“教”始终围绕“学”来开展，以最大限度地开启学生的内在潜力与学习动力，使学生由被动的接受性客体变成积极的、主动的主体和中心，使教育过程真正成为学生自主自觉的活动和自我建构过程。为此，它要求教育过程要从传统的以教师为中心、以教材为中心、以课堂为中心转变为以学生为中心、以活动为中心、以实践为中心，倡导自主教育、快乐教育、成功教育和研究性学习等新颖活泼的主体性教育模式，以点燃学生的学习热情，培养学生的学习兴趣和习惯，提高学生的学习能力，使学生积极主动地、生动活泼地学习和发展。

（四）个性教育理念

丰富的个性发展是创造精神与创新能力的源泉，知识经济时代是一个创新的时代，它需要大批具有丰富而鲜明个性的个性化人才来支撑，因此它催生出个性化教育理念。现代教育强调尊重个性，正视个性差异，张扬个性，鼓励个性发展，它允许学生发展的不同，主张针对不同的个性特点采用不同的教育方法和评估标准为每一个学生的个性充分发展创造条件。它把培养完善个性的理念渗透到教育教学的各个要素与环节之中，从而对学生的身心素质特别是人格素质产生深刻而持久的影响。个性化理念在教育实践中首先要求创设和营造个性化的教育环境和氛围，搭建个性化教育大平台；其次在教育观念上它提倡平等观点、宽容精神与师生互动，承认并尊重学生的个性差异，为每一位学生个性的展示与发展提供平等机会和条件，鼓励学习者各显神通；再次，在教育方法上，注意采取不同的教育措施施行个性化教育，注重因材施教，实现从共性化教育模式向个性化教育模式转变，给个性的健康发展提供宽松的生长空间。

三、一个建构学习理念

建构主义思想可以追溯到18世纪拿破仑时代的哲学家维柯，他认为人只能清晰地理解自己亲身建构的东西。从哲学角度看，建构主义扎根于康德的理性主义和经验主义；从教育学角度看，建构主义主要体现在杜威的实用主义教育思想上；从心理学角度看，建构主义思想的代表人物是皮亚杰和维果茨基。近年来，建构主义理论在世界范围内广泛传播，是我国目前新课程改革的重要理论依据，并逐渐掀起一场建构性教学的革命。

最早提出建构学习理论的心理学家是瑞士的皮亚杰。皮亚杰的儿童认知发展理论认为：儿童是在与周围环境相互作用的过程中，逐步建构起关于外部世界的知识，从而使自身的认知结构得到发展。在此基础上，美国心理学家布鲁纳、奥苏贝尔等在认知结构、认知加工、认知主体的主动性等方面进行了探索。苏联心理学家维果茨基强调认知过程中学习者所处的社会历史背景的作用以及“活动”和“社会交往”在人的心理发展中的重要作用。这些研究和观点构成了建构学习理论的完整理念体系。

建构主义是由行为主义发展到认知主义以后的进一步发展。行为主义认为，学习是通过强化建立刺激与反应之间的联结（S-R）。教师传授客观世界的知识，学生获取与教师完全相同的知识。行为主义无视教学中学生的理解及其心理过程。认知主义与行为主义不同之处在于重视学生的理解及其认知过程，教学的目标在于帮助学生习得客观事物及其特征，使客观事物内化为学生的认知结构。建构主义主张，世界是客观存在的，但是对于世界的理解却是由个人自己决定的。人是以自己的经验为基础建构现实，个人的经验是自己创建的。由于每个人的经验不同，于是人们对外部世界的理解便不同。学生是以自己的方式建构知识的。因此，建构主义更关注学生以原有知识为基础建构新的知识。建构一方面是对新信息的意义建构，同时又是对原有经验的改造和重组。建构主义把“学习”定义为：学习者通过新旧经验的双向相互作用，而建构自己经验体系的过程。

第5章

亲验与表现的方法论

5

语文教学不仅是一门科学的实践活动，更是一门极富艺术性的实践活动。随着教育教学实践的不断深入，人们对语文教学的认识更趋合理。目前，建构主义是教学理论的主流思想，在其倡导下，以“学生为主体，教师为主导”的教学理念逐渐为广大教师所接受，并在教学实践中推动、实现学生的全面发展。

一、亲验与表现的基本原则

教学原则是对教学实践的总结，反映客观的教学规律，是教学的指导思想。亲验与表现作为一种语文教学、学习的方式，它必须遵循语文教学所固有的学科特点和教学规律，只有这样，亲验与表现才能作为一种范式显示其生命力。

语文教学原则不同于一般教学原则，它除了包含教学原则的共性特点外，还具有语文学科的个性特点，即教学原则的个性化理论概括。

教学原则受限于人们对教学规律的认识和对教育目的的理解。由于教育目的会随着社会发展而变化，人们对教学规律的认识也会不同，因此，教学原则的概念表述就会有差异，表现出主观性、发展性、时代性的特点。除了如“文道统一”“语言训练与思维训练相结合”等原则以外，在新课程改革的今天，人们对语文教育的认识更加深入，对语文教学规律的把握日趋自觉，从语文课程的性质和特点出发，结合新课程对语文教学所提出的新教学要求和教学目标，制定出具有时代性的语文教学原则。

（一）遵循身心发展原则

语文是一门重要的基础学科，可以说，一个自然人，他的整个生命历程都伴随着学语文、用语文。语文的工具性要求学生掌握这一思维和交际的工具，能够进行生活、工作和学习。语文的人文性在语文教材中体现为所呈现的自然之美、人性之美、创新之美、真理之美，能够使人形成正确的人生观、世界观和价值观。

不同学段的学生具有不同的身心发展特点，即使是相同学段，学生的身心特点也有很大的差异，包括智力水平、认知方式等。在亲验与表现的实践中，就应该从教育对象的实际出发，动态地理解学生的身心发展差异，了解学生在不同时期所表现出的不同学习特点，以及面对不同教学任务时的心理反应。学生的学习都是基于现有知识经验之上的不断同构和异构，都是以已有的知识、技能、学习方法为学习起点，使自己的认知结构在“平衡—不平衡—平衡”中得到发展。亲验与表现的实践中，教学节奏的快慢，教学任务的详略，教学环节的繁简等都要联系学生身心特点，做好调控。随着技术的发展，多媒体技术显示了其强大的生命力，引入画面生动形象、情境交互动态的媒体，可以刺激学生的多重感官，取得新的突破。

（二）突出学生主体原则

传统的语文教学，充斥着教师的“精讲”和“剖析”，以及课后无穷无尽的重复练习，课文的韵味，作者的情感，早已被老师肢解得消失殆尽。传统的语文教学把促进学生掌握基础知识、增强应试能力作为主要教学任务，违背了语文教学培养人、发展人的宗旨，从而失去语文教学应有的教育意义和价值。亲验与表现的语文教学方式不以独断的分析取代学生的实践活动，而是放手让学生自己去学习，亲身体悟语言学习的过程，充分展示生命个体的学习能力，倡导“自主、合作、探究”的学习方式。这是语文教学的本质追求。

《新课程标准》也明确提出：“学生是学习和发展的主体。语文课程必须根据学生身心发展和语文学习的特点，关注学生的个体差异和不同的学习需求，爱护学生的好奇心、求知欲，充分激发学生的主动意识和进取精神。”亲验与表现，为了体现学生的主体性，主动把课堂还给学生，让学生成为语文学习的主人。在亲验与表现教学、学习过程中，学生对语文学习产生兴趣，不单是因为课程内容的丰富以及教师的学习引导，更重要的是因为学生自身的学习动力，它来源于自由的学习氛围、积极讨论、自主探究和主动的创造性。

亲验与表现的课堂以学生为主体，否定了教师的“独角戏”，但并没有削弱教师在教学全局中的主导作用。教师是学生学习的组织者、引导者、协助者，这些角色要求教师要有适时“点拨”的艺术，即在关键之时，给学生予思维引导、思维提示，然后让学生自己解决问题。

（三）强调结合生活原则

陶行知先生说：“教育即生活。”与社会生活相结合的原则，就是要求语文教学要密切联系社会生活，开发现实社会中的教学资源，促进语文学习。

传统的语文教学是“灌输式”教学，这种传统的“书本—学生—书本”的教学模式，仅限于语文课本知识的学习和交流，隔离了语文教学与社会生活的联系，严重束缚着教师和学生自由发展的空间。亲验与表现的方式要求语文与社会生活相结合的原则，是对传统教学理念的一次革新，使新的语文教学能够与社会生活紧密相连。语文教学离不开社会生活，社会生活为语文教学提供了丰富的教学资源。如：杂志、报纸、网络、手机等已经进入人们的生活；书城、博物馆、展览馆等成了人们休闲的好去处；广告、商标、招牌等成为语文学习的途径。总之，要提高语文教学效果，教师不能仅限于课堂，要让学生到大自然中去，到社会生活中去学习语文。

（四）体现情感教育原则

语文教学与情感教育相结合的原则，是由它们自身的特点和重要性决定的。语文课程中的文学作品，无论是诗词歌赋，还是小说、散文都包含着丰富的情感因素。因此，语文教学的过程就是借助语文教材这一情感载体进行情感传递交流的过程。在语文课上，教师自身的丰富情感体验能够感染学生，引起学生的情感共鸣，教师有情感地教，学生就能有情感地学。《新课程标准》准确指出：“语文课程应重视提高学生的品德修养和审美情趣，使他们逐步形成良好的个性和健全的人格，促进德、智、体、美的和谐发展；课程目标根据知识和能力、过程和方法、情感态度和价值观三个维度设计，三个方面相互渗透，融为一体，注重语文素养的整体提高。”情感教育在语文教学中的重要性，于此可见一斑。

在亲验与表现的方式之下，教师要充分挖掘语文教材中所蕴涵的情感因素。通过语文知识的学习，理解有关事物的本质属性，把握生活的规律、准则，同时可以愉悦性情，这样的情感教育，往往深切真挚。此外，情感教育需要内化的过程。教师要调动自己的教学情感，去诱导学生的情感与作者的思想感情进行交融和沟通，把文章中所渗透的情感迁移到自己的情感中来，以提升学生内心情感体验的素养。语文教学中情感教育功能的发挥，具体表现为学生愿意接受学习，主动参与学习，从用公开的学习行为和态度表示对学习内容的价值评价，到建立自身的价值体系，再到形成个体的世界观和性格化的人生模式。

二、亲验与表现的基本方法

随着教育改革的发展，教学方法会随着教学实践的深入而变化。一般地说，教学方法是为实现既定的教学目标，在教学过程中师生共同活动时所采用的一系列办法和措施。这个界定具有以下几方面的含义：

第一，教学方法是以教学目标为指向的。教学方法自始至终是围绕教学目标展开的，目标不同，方法可能也就大相径庭；即使目标相同，也可选择不同的方法来达到目标。

第二，教学方法是在教学过程中展开的。教学方法是与教学的实际进程紧密结合在一起的，离开了教学进程，方法也就不称其为教学方法。也可以说，教学方法是教学过程中的一个组成部分，但它不能涵盖教学过程的全部内容，它只有存在于教学过程才有意义。

第三，教学方法是教师和学生之间相互联系的活动方式，是教师发出信息和学生接受信息的途径，它是师生双边活动的过程。在这里，教法与学法是统一的。教师无论是对教法的选择和运用，还是对学法的指导与实践，无不贯穿着这种统一。两者相辅相成，相得益彰。叶圣陶先生曾说过：教是为了不需要教。这里“教”是前提，“不教”是目的；要想达到“不需要教”，就须先“教”。教的过程既传授知识又教给方法。

教学方法有以下几个特点：

其一，相对性。任何一种教学方法，既有优点，也有缺点，不存在绝对好的方法或绝对不好的方法。正如苏联教育学家巴班斯基所说的：每种教学方法就其本质来说，都是相对辩证的，它们都既有优点又有缺点。每种方法都可能有效地解决某些问题，而对解决另一些问题则无效；每种方法都可能会有助于达到某种目的，而妨碍达到另一些目的。

其二，针对性。教师在进行教学时，要针对不同的对象和特点、不同的目的和要求，采取不同的态度，选择不同的教学方法。一般来说，教师往往使用那些掌握得比较好的教学方法。教师对教学方法掌握得越多，就越能找出适合特定情况的教学方法。同时教学设备的多样化、现代化也为教学方法的选择提供了可能。

其三，综合性。教学方法是教师教的方法和学生学的方法的综合体。教师教的方法，在于示范、启发、训练和辅导；学生学的方法，在于观察、仿效、运用和创造。并且，各种方法在运用中，需与其他方法相互配合，取长补短，这样才能达到预期的教学目标。

其四，多样性。教学内容、目的是多样的，教学方法也势必是多样的。从今天来看，教学方法多样化的趋势正在进一步扩展，一些新的教学方法正在随着教育教学改革的推进而涌现出来，原有的一些教学方法也正被赋予新的含义和光彩。

亲验与表现是一种以学生为主、教学并重的教学方式，因此，亲验与表现主要包含如下五种具体的方法：自主学习、笔记学习、合作学习、发现学习、探究学习、角色扮演、问题讨论。当然，这样的区别只是相对的，并没有严格的界限。

教学方法的选择，是任何教学活动都需要的。在选择时，教师一般需要考虑以下因素：教学内容、教学目标、学生特征、教师自身特点、教学资源、教学组织形式、教学媒体、操作步骤等。

（一）自主学习

自主学习是一种以学习者为中心的教学方法，在这种教学方法中，学习者可以对自己的学习活动进行事先计划和安排，对自己的学习活动进行调节、修正和控制，对自己的学习结果进行监察、评价、反馈。它是一种独立的学习、主动的学习、认知监控的学习。

自主学习不能等同于自学。两者最明显的区别是自主学习存在于学校情境，是在教学条件下进行的，是以班级上课制为组织形式的，而自学常与“教学”无关。此外，两者在动机、方法、时间、效果、指导等方面，也有着较大差异。

罗杰斯倡导的“非指导性教学”，是自主学习的重要理论依据。这种教学理论以罗杰斯的人本主义心理学为基础，为自主学习提供了理论支撑，使自主学习从传统的“指导教学”中分离出来，成为一种相对独立的教学方法。

很难确定自主学习的教学步骤，大体上包括学生自主确立学习目标与计划、实行自主学习、自主评价学习效果、教师引导概括总结几个环节。对这几个环节，要注意在教学中灵活加以应用。

教师在应用自主学习进行教学时需注意塑造良好的课堂环境，为学生提供合适的学习材料，营造良好的课堂心理氛围，根据不同学生的不同情况采取多种指导方式，鼓励学生参与课堂管理。

自主学习的优点在于：学生有较多独立学习的机会；能较好地体现以学生发展为本的教育理念；师生、生生之间易于建立起平等协作的关系；有助于学生非智力因素的培养。其局限在于教师的工作量较其他教学方法要大；教学结构松散，教师难以掌控；实施自主学习，受限制的条件和因素较多；教师的指导难以真正到位等。

（二）笔记学习

善于读书的人，读书时总是离不开笔的。古语曰：“则无穷妙绪，皆如雨珠落大海矣。”

用简练的文字把读书看报时的心得、体会、随想、偶感、试析、初评、疑点、问题等思维火花或一闪而过的感想、看法、观点、思想等及时记下来，就是写笔记。写笔记，坚持难度较大，但创造成分多，价值也比较大。中外很多有名的著作，其实都是由笔记整理而成的。如康德的《纯粹理性批判》、恩格斯的《家庭、所有制和国家的起源》、列宁的《哲学笔记》、顾炎武的《日知录》等。报纸上常见的“读史札记”也是其中的一种。

写好读书笔记，能加强学生记忆力，促进学生在读书时积极思考，开动智慧的机器，把读书时的一隅之得、一闪之念用笔及时记录下来，便于整理出书中的要点和线索，为进一步研究提供方便。

笔记的写法比较灵活，形式上可零可整；内容上可多可少；篇幅上可长可短。

首先，要养成随时记录思想“闪念”的习惯。我们读书的过程是积累思维的过程，在这个过程中经常会闪出一些思想火花。这些火花可以是片段的，也可以是系统的，虽然是“一得之见”，但它们却是我们深入思考的起点和契机。许多人正是从这种不起眼的“一隅之得”中逐渐深入，开拓发展，以致最后形成一种较完整的思想。若把这些零散的资料加工补充、整理拓展，很可能就是一篇好文章。

当然，运用札记读书法要做到恰到好处，不宜过于频繁地放下书本去写评点，否则就难以对作品形成完整印象，有舍本逐末之弊。

其次，在记录自己的心得体会时，要在对读物内容融会贯通的基础上写，写出自己的想法很重要，落笔前要经过反复酝酿，认真考虑，有所思才有所得，有所得才有所写。不能心血来潮，信手涂鸦，乱发不着边际的议论。这样才能培养我们的思考力，启发创造力。要勤于思索，勇于探求，最主要是多问几个为什么，不要人云亦云。内容上要精粹，文字要简练，以质为本，这样方便整理。

另外，所记的札记不应是为做而做，不能做完撇在一边了事，要注意加工整理。这些零散的资料经过补充、加工，很可能就是一篇好文章。

总之，养成写读书笔记的良好习惯并掌握其方法技巧，是提高学习效益、加快知识积累的一个不容忽视的读书手段。这种方法看似笨拙，做起来也似乎慢些、苦些，但是其效果将会更好些。“好记性不如烂笔头”，瞬间的火花，也能燃成熊熊大火。

（三）合作学习

合作学习是近年来受到国内教育者关注的一种教学方法。一般说来，合作学习是一种共同协作的学习方式，它以小组合作为基本形式，通过小组成员围绕共同目标彼此进行合作，从而促进学生的发展。

合作学习的理论依据甚多，较有代表性的有德国的交往教学论。这种教学论将交往看作教学的核心乃至全部，认为师生交往、生生交往是教学的重要方式。苏联的合作教育学，将合作看作教育的全部方式，并上升到教育学的高度来鸟瞰教学现象，这为合作教学提供了重要的理论支撑。

合作学习在实际应用中要注意把握以下几个基本环节：一是精心进行教学设计，对合作学习目的、内容、方式等做较为周密的预设；二是可以依据学生的年龄、性别、学习能力、知识水平和技能等合理划分学习小组；三是明确各成员任务分工，各尽其职；四是各小组按照预先布置的学习任务，进行讨论、探索，教师深入参与小组活动，充当咨询人和参与者的角色；五是在学生进行小组交流的基础上，教师可进一步进行归纳讲解。

在合作学习中，教师还应该注意引导学生认识合作学习的意义，激发学生参与合作学习的热情；注意选择适宜于进行合作学习的课题；对学生进行合理分工，让每个学生围绕同一个目标做不同的事情，在“共同”“不同”的合作过程中，提高学习效率；根据实际情况，确定合适的合作方法；要注意给学生留有充足的学习时间；要注意深入到小组当中，了解学生合作学习的情况，并及时加以指导和调控。

合作学习的优点表现为能够培养学生的合作意识，培养学生的集体观念、集体意识，培养学生多渠道获取信息的能力，有助于形成新型的师生关系，有助于提升学生的竞争意识，有利于学生良好心理素质的养成。其局限表现为教师难以掌握指导合作学习的知识和技能，难以保证合作学习的效果，难以对合作学习做出准确的评价，学生较难掌握合作学习的技能和技巧，难以保证学生均衡地参与合作学习。

（四）发现学习

所谓发现学习，就是教师向学生提出有关问题，引导学生亲自搜集有关资料，通过积极思考，自己体会、“发现”概念和原理。它是一种以培养学生亲身阅读、独立思考、发展探究性思维为目标，以基本材料为内容，使学生通过再发现的步骤来进行学习的教学方法。布鲁纳指出，发现不只限于寻求人类尚未知晓的事物的行为，它包括用自己的头脑亲自获得知识的一切形式。学生所获得的知识，尽管都是人类已知晓的事物，但是，如果这些知识是依靠学生自己的力量引发出来的，那么对学生来说仍然是一种“发现”。因此，教学不应当使学生处于被动地接受知识的状态，而应当让学生自己把事物整理就绪，使学生自己成为发现者。在教学中运用发现学习法，其灵活性和自发性都很大，没有固定的模式，要根据不同学科和不同学生的特点来进行。

一般来说，发现学习法大致包括以下几个步骤：第一，提出和明确使学生感兴趣的问题。第二，使学生对问题体验到某种程度的不确定性，以激发探究的欲望。第三，提供解决问题的各种假设。第四，协助学生搜集和组织可用于做结论的资料。第五，组织学生审查有关资料，得出应有结论。第六，引导学生运用分析思维去验证结论，最终使问题得到解决。总之，在整个过程中，教师要向学生提供材料，让学生亲自发现应得的结论或规律，使学生成为发现者。

布鲁纳认为学生是教学过程中的一个积极的探究者，因此，教师的作用就在于帮助学生形成一种能够独立探究的情境，而不是提供现成的知识，在于促进学生自己去思考并参与知识获得的过程，而不是建造一个活的小型图书室。在布鲁纳看来，教师的主要作用在于：鼓励学生有发现的自信心，激发学生的好奇心和求知欲，帮助学生寻找新问题与已有知识的联系，训练学生运用知识解决问题的能力，协助学生进行自我评价，启发学生进行对比。发现学习法主要适用于以下三种情况：第一种情况是，在概念教学时，教师先呈现概念的例证，但不直接告诉这些例证的共有本质特征，教师要求学生辨别，提出假设，检验假设，一直到他们概括出一类事物的共同本质特征。学生在提出和检验假设时，教师可以作出肯定或否定的表示。第二种情况是，在教的规则或原理方面，教师只提供规则或原理的例证，而不呈现规则或原理本身。第三种情况是，利用先前学得的知识去解决新的问题，通过新的问题的解决，进一步发现新的规则并学会解决问题的策略。

（五）探究学习

探究学习是在20世纪50年代美国的“教育现代化运动”中掀起的，由美国著名科学家、芝加哥大学教授施瓦布倡导提出的。他认为学生学习的过程与科学家的研究过程在本质上是一致的，因此，学生应像“小科学家”一样去发现问题、解决问题，并在探究的过程中获取知识、发展技能、培养能力，特别是创造能力，同时受到科学方法、精神、价值观的教育，并发展自己的个性。

探究学习具有主动性、开放性、实践性等特点，在探究学习中，学生学习呈主动状态，在很多情况下自行设计并控制学习进程，学习的场所有时也会从课内扩展到课外，从学校扩展到社区，并且学生是通过亲身实践而不是单纯的理论讲解获取知识技能的。

探究学习有着较为深厚的理论基础。布鲁纳提出的发现学习理论以及相关的教育实践主张，可以说是探究学习最为直接的理论来源。而建构主义的知识观、学习观、学生观、教学观，也为探究学习的开展提供了重要的理论支撑。大致说来，探究学习主要分提出问题、决定探究方向、组织探究、收集并整理资料、得出结论、采取行动等步骤开展。

与其他教学法相比，探究学习的应用要更为复杂，在实施过程中，要注意把握几个方面的问题：要尽量给每个学生探究的机会，避免由个别人支配探究权；要注意在时间、空间、设备等方面为学生提供探究的支持条件；探究问题的设计要引发学生学习兴趣，联系社会实际生活；要注意为学生提供适时的、必要的、谨慎的、有效的指导；要考虑学生原有的认识水平和基础，引导学生积极反思；要注重分析探究时学生独特的感受、体验和理解；要重视学生之间的相互合作与交流，注意根据不同学段学生的身心特点提出不同的探究要求。

（六）问题讨论

问题讨论法是以讨论为核心组织教学活动的教学。它是建立在心理需要理论、发展理论、社会互赖理论、文学对话理论等一系列理论基础之上的。

问题讨论法一般要涉及以下几个步骤：第一，确定讨论的问题，对问题的确定，既要考虑知识上的要求，又要考虑技巧上的要求；第二，选择讨论内容，讨论的问题一般说来应该是有分歧的、是学生个人的努力短时间内难以完成的、与教学的重难点有关的、带有一定开放性的；第三，根据教学要求进行合理分组，从教学实际出发，围绕讨论问题，对学生进行混合、固定或其他形式的分组；第四，明确讨论形式，讨论可以采用开放或半开放等不同形式，但要根据实际加以选用；第五，组织实施讨论，教师将学生分成不同小组，按照预先的设计组织学生进行讨论；第六，概括总结，教师引导学生对讨论中的不同认识进行归纳与梳理，并形成正确的看法和结论，同时认识在讨论中蕴含的思维方式等。

问题讨论在应用中，老师要考虑学生的接受水平，事先要做好充分准备，要设想学生可能出现的不同情况及解决策略，要注意讨论时间的掌握，注意讨论进程的调控，选择的问题要能切实引发学生的讨论兴趣。

问题讨论的优点与局限都很明显。其优点在于能够激发学生学习积极性，学生借助讨论掌握的知识较为牢固，学生能逐渐掌握讨论技巧，形成相互合作的团队意识等；其局限在于对教学管理提出了新的难题，缺少教学经验的教师难以驾驭，花费的时间较长等。

三、亲验与表现的教学模式

“教学模式”一词最早是由美国学者乔伊斯和韦尔等人提出的，1972年他们出版了《教学模式》一书，提出教学模式是“系统地探讨教育目的、教学策略、课程设计和教材，以及社会和心理理论之间相互影响的，可以使教师行为模式化的各种可供选择的类型”。稍后，美国学者冈特·施瓦布等在《教学：一种模式观》（1990年）中认为，教学模式就是“导向特定学习结果的一步步的程序”。他们认为，教学就是构造课堂环境，对能力、兴趣、需要各不相同的学生的学习进行有效组织的过程。教学模式则为组织教学环境提供一定的结构、程序和步骤。

教学模式是在一定的教育思想、教学理论、学习理论的指导下，在一定环境下展开的教学活动进程的稳定结构形式，是开展教学活动的一套方法论体系，是基于一定教学理论而建立起来的较稳定的教学活动的框架和程序。教学模式是教学理论的具体化，同时又直接面向和指导教学实践，具有可操作性，它是教学理论与教学实践之间的桥梁。

一个完整的教学模式应该包含以下五个因素：

（1）理论基础：指教学模式所依据的教学理论或教学思想。

（2）教学目标：指教学模式所能达到的教学结果，即能够在学习者身上产生何种效果。不同的教学模式总是为某种教学目标而设计的，而不是完全通用的。

（3）操作程序：指教学活动的环节步骤以及每个步骤的具体操作方法，当然，这种程序并不是一成不变的。

（4）实现条件（手段和策略）：为了发挥教学模式的效力，教师在运用教学模式时必须对各种教学条件进行优化组合，要遵循一定的原则，采用一定的方法和技巧。

（5）评价：由于每种模式有自己适用的条件和教学目标，因此，其评价的标准和方法也会有所不同。

教学模式的发展趋势是：由单一向多样化教学模式发展；由归纳型向演绎型教学模式发展；由以“教”为主向着重“学”的教学模式发展；教学模式日益现代化。

亲验与表现作为语文教学的一种实践选择，它也有自己的模式，并具有教学模式的特征，具有操作的可行性，能更好地组织实践，服务语文教学，促进学生语文能力的全面发展。

（一）亲验与表现教学模式的理论内涵

亲验与表现教学模式，它的主体对象是学生，它的过程是任务驱动，是教师以

“学案”“任务”来统领学生的学的整个过程。

建构主义认为学习是学生在自己头脑中主动建构知识的过程，因此，教学不应该是知识的传递与接受的过程，而应是包含学生主体对知识的亲自处理、转换和内化。我国现代教学论也确立了教学中学生的主体地位。钱梦龙就曾提出“学生是语文学习的主体”，一切教育教学活动，只有通过学生这个主体作用才能见其成效。学生亲自参与语文教学就是这种崭新教学理念的产物，是现代教学思路的具体体现。

由于亲验与表现承认学生的主体地位，因此，教学氛围是轻松融洽的，能够激发自由的师生、生生互动，不断增强学生的主体意识、参与意识和责任感。学生在教师制定的“学案”的引导下，产生学习动机和渴求心态，积极参与教学中的阅读活动，主动自愿地获取知识，并整合信息，交流互动，亲身感受学习的乐趣，增强成功的信心，提升学习能力，展现和释放学生的巨大潜能使语文教学朝最优化方向发展。

亲验与表现的教学模式还以建构主义教学理论为基础，在教学设计（学案）中以具体的教学任务为线索，把教学内容蕴涵于精心设计的教学任务之中，学生在任务的驱动下，通过自主阅读文本，查字词典、资料，自主解决疑难问题，或小组讨论，或旁批笔记。在教师的指导、帮助下，学生充分利用教师设计、准备的教学资源，亲自探索，互助合作，找出问题解决的方法，最后以任务完成来实现自己的知识和技能的建构，从而提高自己分析问题和解决问题的能力。总之，亲验与表现就是以学生为主体，通过学生的探究，交流合作，分析问题，解决问题，策动学生学习语文的成就动机，从而提高学生的自主学习能力和人文素养。

亲验与表现教学模式的优势主要体现在：

1. 易于增强学生的成就动机

亲验与表现的教学模式，通过把复杂的教学内容转变成一个个具体的学习“任务”，学生就易于接受、操作、掌握。每一个任务的完成，都会获得一份成就感，这种或大或小的喜悦，增强了学生继续学习的兴趣。在此教学中，一个个语文学习的“任务”是语文教学的载体，它的实质是通过“任务”来激发、加强和维持学生的成就动机。可以说，学生进行语文学习的动力不是源于“任务”，不是源于教师，而是源于学生自身，是学生完成任务时额外得到的那种成就感。成就动机才是学生操作任务的真正动力系统。

2. 有利于改善师生关系

以往的课堂，常常存在的一种普遍现象就是教师讲、学生学，教师以个人的权威在事无巨细地讲解着，学生作为被传授的对象机械地记录着，最后以完全相同答案的呈现作为学生学习结果的评价标准。这样的教学模式，缺乏师生之间的交流，势必会造成教与学的脱节。亲验与表现教学要求改变这种传统的师生和教学理念。学生是教学的主体，教师则是为学生提供学习资源，提供学习的指导、帮助和支持，师生之间进行的是交流和讨论。这样，教师就有更多的机会来了解学生，以此来调整自己的教学，以利于形成和谐融洽的师生关系。

（二）亲验与表现教学模式的基本特征

亲验与表现教学的基本特征是："学生为主体，任务为主线，教师为主导"。

1. 学生为主体

亲验与表现教学模式，它的教学过程实质就是学生通过亲验与表现的两种学习方式完成教师在教学设计中设置的任务，建构属于自己的知识与技能。人们认识到，学生的知识并不能单靠教师灌输而获得，应是学生在教师的引导下，主动建构而形成。因此，任务的设计就要考虑给学生提供足够的思考空间，驱使学生自己去探索、去发现。教学中，学生所掌握的知识与技能，只是外显的语文学习的具体成果，实质的内容是运用这种学习方式，学生增强了学习能力，逐步养成主动学习的习惯。学生对任务的完成，充满了许多创新的可能。不同学生对任务的不同定位，选用不同的学习资源都会实现不同的意义建构。建构主义的学习理论强调教学要以"学生为主体"，因此，任何教学都要体现学生学习的自主性、创新性和协作性。

2. 任务为主线

实施亲验与表现的教学模式，任务的设计是关键。它把学生需要学习的知识和技能，进行科学合理的组织，融入有效的学习任务中，因此，任务的设计要以教学内容和教学目标为中心。要设计典型的语文学习任务，切不可为了实现所谓的"完美"任务，而偏离语文教学目标。任务只是完成教学目标的手段，而不是目的。此外，为了能够极大地调动学生完成任务的积极性，任务设计要突出任务的真实性。这与学生的阅读经验有关，任务越贴近学生的学习生活，就越能使学生感到重要、有意义。但是设置的任务不能太简单，也不能太具体。太简单，不具有挑战性，易于完成；太具体，又不利于学生思维的开拓。抑或太难，也不能激发学生积极思考，分析问题，完成任务。同时，语文知识的学习应尽可能地调用原有知识库中的旧知识来完成新知识的意义建构。

3. 教师为主导

任务是知识与技能的载体，教师要精心设计教学任务，以兼顾学生的个体差异。在这里，教师是充当任务设计者的角色。学生面临问题困境时，教师不是急于讲解，而是引导学生分析问题，明确完成任务需要哪些知识，自己具备了哪方面的知识。学生对问题的全面把握，可以激励学生主动学习，而教师作为引导者的作用也在于此。由于学生学习能力各不相同，掌握的知识数量会有差异，因而任务完成情况就会有所不同。教师要适时地帮助学生进行阶段性或总括性的评估，以帮助学生理清知识体系，完成学习任务，达到教学目标。因此，教师是教学任务的设计者，完成教学任务的引导者，以及任务完成的评估者，这些都是教师主导作用的体现。

（三）亲验与表现教学模式的手段策略

1. 重视动手动口，培养学习兴趣

传统的语文课堂教学，教师的活动远远多于学生的活动，许多教师总是担心自己的教材分析不够透彻，学生听到的信息不够全面，而把大量的时间都“运用”在自己反反复复的讲解上。其实际收到的教学效果与预期大相径庭，难怪许多教师总是无休止地抱怨和责备。事实上，教师要相信学生的学习能力，引导学生动手实践，在活动中汲取知识和学习方法。

首先，教师要鼓励学生进行语文的动手、动口练习。比如阅读文本时做旁批、写读书笔记等，有精妙的语句、段落，强调学生多多诵读。语文是工具性的，掌握这个工具需要不断的练习。而且，语文学习的主要任务是培养语文能力，由知识转化为能力，反复训练是一种重要方式。因此，读、写练习是语文教学中必不可少的环节，教师应该把训练和讲解有机地结合起来。

其次，教师要鼓励学生对语文素材进行表演。许多语文教材内容，如寓言故事《揠苗助长》，外国文学《变色龙》等都可以进行课本剧的改编和表演。把静态的文字描述转变成动态的肢体动作，化抽象为具体，寓情于其中而形于外。这个过程展示的是学生对课文内容的理解，同时凸显了学生的主体活动，诱发了学生学习语文的兴趣。最后，学生的实践活动可以扩大到课外活动，延伸到社会中去，把校内知识与社会实践结合起来，积极参与社会活动。为将来进入社会做好心理准备，实现语文教学的真正目的。

2. 鼓励提问质疑，增强参与意识

“疑”是思维的开始，是学习的助推器。解决较小的疑问，则需要较少的努力，也就获得较小的进步，而面对较大的质疑，相应地会取得更大的进步。教师要以同等的态度对待学生的质疑，学生的任何理解、想法和感受，只要言之有理，有感而发，哪怕是不成熟的见解，教师都要予以肯定和鼓励。学生提出疑问，往往会挑起争辩，他们那种捍卫自己立场、观点的意识，刺激着学生积极自觉地思考。这样，学生在课堂上的思维就会处于一种紧张、活跃的状态。而且，教师要特别关注有害怕出错、担心批评、耻笑心理的学生，他们尤其需要增加质疑的勇气，需要给予他们思维成果的尊重。

教学中，教师要积极关注学生面对语文教学内容时所表现出来的质疑态度，适时地鼓励学生发表不同的见解，特别是那些有别于教师和教材的见解，切不可轻易否定或回避学生的质疑。让教学内容跟着学生的思维走，指导学生深入地理解教材，理顺作者的创作思路，从而达到对课文内容的准确把握。

教师有意识地培养学生的质疑能力，学生就会从无疑到有疑，从小疑到大疑，在不断质疑和解疑的过程中获得进步，同时也会让学生体验到自身的主体作用和主体价值。

3. 注重交流合作，突出学生主体

语文课堂上多进行合作交流，可以形成一种和谐、民主、自由、竞争的学习氛围。合作交流可以培养学生自己发现问题、解决问题的能力。鼓励学生与教师、与同学之间的多向交流，形成认知矛盾，强化意见冲突，促进发散思维，围绕问题从多角度加以思考，各抒己见。因此，学生积极性增加，学习效率提高，学生在相互启发性的讨论中，主动思考，发表自己的意见，促进学生口头表述能力的提高。

在讲解《史记·项羽本纪》中的著名篇目《垓下之围》时，学生对项羽乌江自刎畅所欲言，有的同学认为他是“生当作人杰，死亦为鬼雄”的英雄豪杰；有的认为他应该听从乌江亭长的劝导，“留得青山在，不怕没柴烧”，应重整旗鼓卷土重来；有的同学认为他失败的原因是“时不利”；有的同学则认为他的命运悲剧是因为他的性格悲剧造成的，并旁征博引，用他鸿门宴上“妇人之仁”放虎归山，火烧阿房宫之“匹夫之勇”失尽民心等论证，各执其理，持之有据。

另外，小组交流讨论也能激起学生之间较为广泛的信息传递。在教学信息反馈中，教师可以针对学生间的共性问题进行评论和讲解，可以对存在的分歧进行辅导。以小组形式的交流，参与面较广，学生顾虑少，可以实现主体参与，发展学生的主体性。实践证明，讨论交流是改善语文课堂教学模式，改变以教材为本、教师为主的传统教学思想的一种方式。

4. 尊重学生劳动，强化成就感受

主体参与式语文教学是学生提出质疑、寻求答案、解决问题的一种教学活动，

发挥教学内容的中介作用，凸显教师和学生、学生和学生之间的讨论活动，强化学生的主体地位，促进学生的全面发展，

学生是学习活动的主体，学生在兴趣与任务的驱动下，主动学习，充分利用各种资源完成学习任务，吸收新知识内化为自己的认知结构中的一部分。其中的学习，学生付出了大量的时间和精力，他们的劳动成果应该得到老师的充分肯定。在他们的问题、见解、作品等甚为不佳的时候，那怕我们老师只是表扬他的辛苦，学生内心也会感受到老师对自己的尊重与温暖，而这丝丝的尊重与温暖就会燃起学生努力学习、积极进取的欲望。可见，在教学中，教师要尊重学生，让学生作为学习主体去学习，独立探求知识，亲自体验知识形成过程的成就感，从而肯定自己主动参与的学习活动。比如，在写作教学中，写作的内容可以由学生决定，喜欢写什么主题，喜欢从什么角度来写，以及想要传达怎样的情感，学生都可以自由做出适合自己的写作计划。教师只需为学生提供写作交流的平台，让学生陈述自己的写作思路、写作计划、写作成果，充分感受学习的快乐。

5. 强化知识储备，提高有效引领

相对于传统的课堂讲授法，亲验与表现教学模式具有一定的挑战性。虽然从教学安排的程序和内容上来看它是结构化的，但由于学生体会的个体性和多样性，使得亲验与表现教学在本质上经常是非结构化的。这就要求教师对此应有充分的准备。这种准备首先是相关学科知识的深度和广度，教师只有具备较深厚的知识功底，开阔的眼界，才能对课堂起到正确有效的引领，才能激发学生学习的兴趣，保护学生的热情；这种准备还包括允许学生挑战教师，即便是优秀的教师，其学识也是有限的。亲验与表现教学鼓励学生进行多维的创造性思维，而不拘泥于寻找和探讨所谓唯一正确的答案，由于亲验与表现教学的这种开放性，教师不免会在其中经受暴露自身有限性的考验，对此，教师应有充分的心理准备。另外，亲验与表现教学中教师经常要扮演和担负双重角色，一种是作为组织者的导演角色，一种是作为参与者的普通一员，因此，亲验与表现学习氛围中，受到全面触动的不仅是学生，还有教师。这就要求教师具有较健全的人格，具有良好的道德修养，具有爱学生的宽阔胸襟，既能从组织者与导演者的视角及时发现与反映问题，又能在必要时以参与者的身份真诚与学生交流，做到罗杰斯所说的自身真诚一致。

（四）亲验与表现教学模式的操作程式

1. 设计学习任务，创设教学情境

备课的时候，教师从课程标准、教学文本的体裁特征、文本在教科书（还有单

元）的地位和要求、文本价值和语文课堂教学的价值等因素出发，设计学习任务，也即我们老师所谓的教案、学案、教学设计。在设计中，要考虑学习任务合理性、代表性、创新性，任务不能太琐碎、太具体，任务也不能太笼统、太宽泛，前者会造成任务解决的思路和结果过于呆板同一，后者即造成任务解决的思路和结果不易把握、难以定论。同时，任务又要具有一定的完整性。不能把一个具有探究性的完整任务分割为详细的步骤，也即子任务。另外，要处理好任务呈现的前后顺序，不能孤立地设计任务，避免任务的简单重复。同时也要避免用任务涵盖所有知识与技能的做法。例如，在当堂写作任务设计中，写作任务要根据文本的核心内容，或是文本的体裁特征来设计，且要联系生活，联系学情实际。随意设计，会打击学生的学习兴趣，使学生心生厌烦情绪。实际上，任务设计就是让学生在解决具体问题的过程中得出一般的知识结构或学习方法，以此迁移到相似问题的解决和任务完成中，这是亲验与表现教学模式里主要的一环。

有了合理的教学设计，就要营造良好的学习氛围。教学情境是教师依据教学内容有意识创设的符合教学对象特征的“问题”情境，目的是营造一种融洽的课堂氛围，使各种影响因素都处于一种和谐状态，以利于教学的有效开展。

建构主义的教学观认为，教学应该与具体的情境相联系，直观逼真的形象能够吸引学生的注意，激起学生无限的想象，使学生原有认知结构中的有关知识、经验与表象能被用于新知识的建构。语文教学，教师可以适当利用多媒体创设与学习内容相关的情境，但绝对不可多用、滥用，因为，语文学习，特别是阅读，它更需要一种静谧的情境，亲验者才能更好地全身心投入。比如，我们学校的“语文阅读实验室”的设计布置，就选在学校报告厅大楼的上层，取其环境的“静”，教室四周就只有大书柜，之间只有简洁的课桌，它给学生的感觉就是静谧，是一个可以用心读书的地方。总体而言，亲验与表现教学的情境创设与其他教学法或教学模式相比，更趋向于简单，它旨在学生能够自然而真实亲身阅读，独自发现问题、解决问题。

2. 了解学习任务，自觉亲验学习

亲验与表现的课时结构一般采用“N+M”的模式。“N”指完成一个教学文本，学生所需的自主亲验学习的课时；“M”指完成一个教学文本，学生所需的交流讨论、亲验表现的课时。“N”“M”是设为1个课时好呢，还是设为2个课时好呢？甚至是设为3个课时呢？这需要教师根据文本容量、文本价值、任务难易来定夺。

在“N”课时的自主亲验学习的时间里，老师发给学生学案（学习任务），简单讲解完成任务的要求，然后巡视，以便学生询问，帮助解决问题。教师仅是发挥引导、促进、激励的作用，切不可“代劳”，直接将语文任务情境中暗含的问题或者解决问题的方法呈现给学生。学生接受任务后，或独自学习，或互相讨论。学生在完成任务的过程中，需要亲自阅读，借助工具书等资料，做旁批、笔记，分析任务问题中的关键要素，找出各要素之间的联系，明确要做的事情，以及要解决的问题。比如，发现学生需要解决的问题是学生以前没有接触过的，需要现在的学习才能解决，这是任务驱动学生学习的关键所在。这就需要教师引导学生对新旧知识作比较，建立新旧知识的联系，从而确立解决的方法。

3. 分组质疑讨论，表现读写成果

在“M”课时的交流讨论、亲验表现的时间里，教师要给学生充分“表现”的时间，让学生把在“N”课时里完成任务的情况，学习过程中发现的问题，收获的成果，通过表述成果、提出问题、朗诵词句、当堂写作等“表现”形式来表现自己的学习成果、学习的存在。同时，针对学生发现的问题，教师还要适时引导其他学生对该问题进行讨论、评判，引导学生形成问题解决的正确方法或步骤。对于重难点问题，教师可以引导学生作具体的分析，举出实例，并作适当的演示来探讨其解决方法。特别对于任务完成后的成果展示。学生可以将自己的结论清晰地表述出来，让其他同学理解、接受自己的想法和观点，并采用一些令人信服的证据来充实、论证。这样做的目的并不是让每个人都获得一个任务事实，而是对教学任务、任务中所包含的语文知识进行更深层次的理解。因为，了解他人解决问题的方法，可以获得对自己方法的批判性评价和进一步的完善，同时也培养了学生学科语言的交流能力，发展了学生的思维。

4. 反思学习过程，进行学法总结

在学习任务完成后，要求每位学生回过头来对完成任务过程进行反思，这是对自己在此过程中的表现进行再认识的过程。反思的过程，有一定的难度，对于学生来说，他们缺少这样的意识，即使是年龄较大的学生，如果没有反思的习惯，也不会主动对任务完成过程进行反思。教师可以引导学生进行认知重构，以达到对新知识和技能的意义建构，形成学法。最后，教师可以对学生完成任务的过程进行总结，指出收获与存在问题，进行补充和提高性的说明。

亲验、表现的过程，可以驱动思考，实现合作，使学生不断处于接受教育的状态中，促使学生主动学习。

四、亲验与表现教学的意义

（一）培养学生综合运用知识的能力

知识在学的时候是死的，在用的时候是活的。当今，知识不等于能力这个事实已经尽人皆知，在学校与社会上，知识与能力分离的现象也并不鲜见，我们也知道知识得以转化为能力受制于个体与环境的许多因素，也许亲验与表现的学习只是促成这种转化的一个有利因素，但亲验与表现的学习一方面可以检验“讲授—接受”的旧式学习学到的知识的有效性，另一方面又为知识的运用或知识转化为能力提供了机会，这是非常可贵的。

（二）提高学生的自我和人际觉知能力

在亲验与表现的学习当中，几乎总要涉及个体与他人的关系。讨论交流中会有自己与他人思想观点的共享和碰撞，成果展示中会有自己和他人情感的互动，即便是即席发言也有现场的气氛、同学的反馈和自身的感受……所有这些都是传统的学习所不具备的。所谓他人与环境是自我的一面镜子，在这种亲验、表现的学习当中，学生个体可以更好地觉知自己和他人，不但能充分地意识到自己和他人的优势与长处，也能细致、具体地意识到自己和他人的短处与不足，增进移情和共感能力，通过变换角色等练习，使自己能够设身处地地从交往对象的角度看问题，学会换位思考。同时像接纳自己一样去接纳其他同学，增加学生个体在人际关系中的敏感性和觉察能力，真诚地为同学提供自己恰当的认识、温暖的情感和有效的帮助。这是形成健康人格的重要历程。

（三）提高合作、竞争的团队意识

现代社会人才的能力标志之一就是善于将自己融入集体，即具有与人合作的能力，因为这是一个团队作战的时代。成功的合作不仅取决于良好的意愿，还取决于必要的沟通与合作技巧。一些涉及团队间竞争的亲验、表现的学习使学习者深切地体验到合作的愉快和美妙，直接感受到集体的力量，并且认识到要在竞争中取胜，需要相当的合作技术和艺术。这里面包含有许多因素，如团队的文化导向，团队的工作方式，团队成员个性与能力的特质，团队成员间的心理互动，有否公认与有效的领导者，团队中是否还有小团体等。虽然这些因素作为知识在课堂讲授中已然了解，但是作为亲验者、表现者，学生在设计情境中的意识、注意、记忆、情绪和行为等多项心理功能都将处于更高的激活水平与协调状态。

（四）具有一定人生设计作用

亲验与表现学习可以帮助学生了解自身的需要，认识与澄清自身的价值，引发个体自我探索的兴趣，引发个体思考世界与人生的热情，在某种程度上具有人生设计的作用。一个人的情感体验和外显行为是通向内心需求的两条路径。传统的“听讲—接受”式学习虽然也能引发学习者的道德感、美感和理智感等，但由于少有亲验性的参与，也就缺少必要的刺激因素，学生的动机和需求几乎无法外现。而学生探索自身的动力与探索外部世界的动力同样强烈，“我是谁？”“我想做什么？”“我能够做什么？”这些问题是那样的神秘而迫近。因此，亲验与表现学习对学生认识自身的价值和需求具有很好的帮助作用。

（五）促进学生健康人格的形成

亲验与表现学习能促进学生自我意识的整合或同一性的发展，培养健康完善的人格。青年学生处于人生转折的重要阶段，是极易产生冲突与危机的时期。德国学者斯普兰格把青年时期形象地称之为“第二次诞生”，美国学者埃里克森也认为青年时期最重要的任务就是解决自我的同一性问题，以便获得和谐完整的自我意识。我国一些教育家认为，现代的青年学生面临着生理和心理上的巨大冲突。心理冲突常常会引发紧张、焦虑等负面情绪，并导致行为上的犹豫和行为效率的下降。传统的“听讲—接受”式课堂对学生的心理冲突触动很少，即便直接提供相关知识（如心理健康；青年成才等）的一些课堂学习，对学生的帮助也仅仅停留在认知层面上。亲验与表现学习要求形式在情感和行为上的参与，这就可以帮助学生通过自己亲身在场的内心体会和行为表现洞察到自己的心理冲突，也可以帮助教师观察和识别出一些学生的问题和困难，从而引导学生直面冲突，放弃无谓的紧张、焦虑，鼓励他们在学习与生活中切实亲验，积极表现，促进自己健康人格的形成。

第6章

亲验与表现的课题实践

6

“中学语文‘211式亲验阅读’教学研究”（NO：2010tjk431）是一个以“回归学生主体，聚焦亲验阅读，鼓励学生表现，重视读写并重”为宗旨的教学研究活动。这种激发学生走进文本深处的语文教育研究，以其理论上的前瞻性、实践上的针对性，为目前推行的课程改革以及正在进行的课程改革、教师培训提供了有益的经验与借鉴。

一、中学语文“211式亲验阅读”教学研究

课题“中学语文‘211式亲验阅读’教学研究”（NO：2010tjk431）是广东省教育科学领导小组办公室于2011年3月批准立项的广东省教育科研“十一五”规划研究项目。历时三年，于2014年8月结题（本节主要包括立项通知（图6-1）、结题证书（图6-2）、开题报告、结题报告、成果鉴定）。

广东省教育科学规划领导小组办公室

立项通知

陈雁鸣同志：

经广东省教育科学规划领导小组批准，你申报的课题被批准为广东省教育科研“十一五”规划2010年度研究项目。

根据《广东省教育科研管理办法（试行）》要求，接此通知后，请尽快确定具体的实施方案，在二个月内将实施方案经单位科研管理部门审核后报我办。

课题名称：中学语文“211式亲验阅读”教学研究

课题批准号：2010tjk431

成果形式：论文及报告

完成时间：2012年7月

广东省教育科学规划领导小组办公室

二〇一一年三月二十[illegible]日

图6-1　课题立项证书

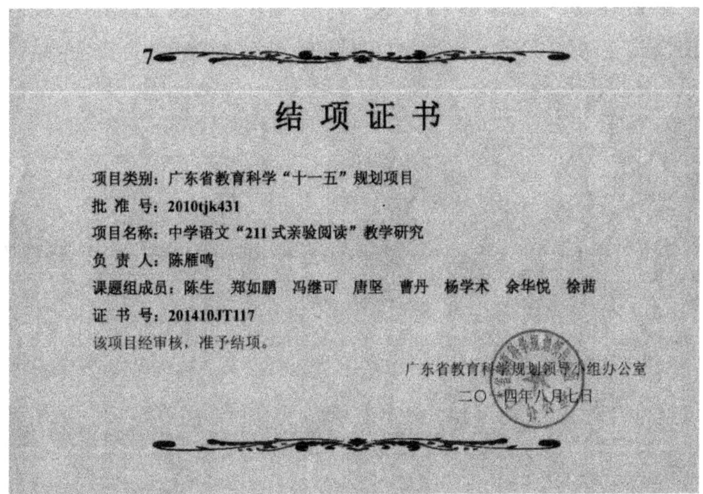

结 项 证 书

项目类别：广东省教育科学“十一五”规划项目

批 准 号：2010tjk431

项目名称：中学语文“211式亲验阅读”教学研究

负 责 人：陈雁鸣

课题组成员：陈生　郑如鹏　冯继可　唐坚　曹丹　杨学术　余华悦　徐茜

证 书 号：201410JT117

该项目经审核，准予结项。

广东省教育科学规划领导小组办公室

二〇一四年八月七日

图6-2　课题结题证书

"中学语文'211式亲验阅读'教学研究"开题报告

（一）课题概念界定

"211式亲验阅读"是指学生对新的阅读文本在品读、感悟的基础上，从字词到语段，从读音意义到语法修辞，从文本内容到文本意义都是自己亲躬体验性地查找、思考和比较，并能够用合适的语言文字及时记录下来，再在课堂中与同学分享。"2"指对文本的品读、感悟；前"1"指对感悟的记录；后"1"指把自己得到的感悟拿出来与同学一起讨论、分享。

（二）本课题的选题背景

知识经济的兴起、信息化冲击和新课程标准的推出给教育提出了新的挑战。谁拥有创新精神和创新能力，谁就将领导世界的潮流。信息技术改变了学习者的行为方式，"可持续发展"的观念又要求培养具有高度科学素养和人文素养的人。这些，都要求把学生置于一种动态、开放、生动、多元的学习环境中，提供给学生更多的获取知识的方法和渠道。传统的"三中心"（教师中心、课堂中心、书本中心）教学模式已经远远不能适应信息社会的需要。特别是在国外的教学非常重视学生的个性发展，国内的教育发达地区不断推出各种科学的、符合人的个性发展的语文教学模式的背景下，作为语文教师的我，甚至本地区的同行，都深感责任重大，正努力思考、寻找语文课改的新路径。因此，落实全市教育工作会议的精神，形成学校"十一五"发展规划的抓手，结合目前我校积极开展的素质化教育和课堂教学素质化要求，努力探索实施新课标下素质化教育的途径、方式和方法，寻找语文情境教学的最佳途径，逐步完善校内语文学科素质化教学模式的构建，这就是本课题的选题背景。

（三）本课题研究的意义

1. 理论意义

（1）探索语文阅读教学方法的优化与传授方式，提高语文课堂有效学习的策略；

（2）构建优质高效的语文课堂教学形式；

（3）建立提高课堂教学效益的"新课程语文课堂教学优化学法体系"。

2. 实践意义

（1）组织、实施中学语文"211式亲验阅读"教学研究，符合新课程改革的精神。“211式亲验阅读”关注学生的语文思辨能力，关注学生语文学习的进步和发展。“211式亲验阅读”是指学生对新的阅读文本在品读、感悟的基础上，从字词到语段，从读音意义到语法修辞，都有自己亲躬体验性的努力查找、思考和比较，并能够用合适的语言文字及时记写下来，再在课堂中与同学讨论。“2”指品读、感悟；前“1”指记写；后“1”指讨论。一段时间的教学后，学生所获得的具体的进步和发展应该表现为对阅读材料的有效理解，而这种有效理解应该是正确的、比较深刻的理解。此外，“211式亲验阅读”的有效性还应从学生在课堂中的思考问题、回答问题和写作中的事理性、逻辑性等方面表现出来。“211式亲验阅读”与新课程的核心“一切为了学生的发展”和郭思乐教授的“生本教育”理念有先天的联系，它的研究也自然就有了厚实的理论沃土。

（2）组织、实施中学语文“211式亲验阅读”教学研究，对解决雷州一中，甚至雷州市语文学科教学实践中存在的困惑有着积极的现实指导意义。语文教学中，我们的教学往往还是老师说得多，学生自己想的、写的少，即使在全国语文教学提倡新教法、新学法多年后，还有一些“华而不实”的陈旧教学方式。同时，老师们往往发现学生在解决问题时，思路较窄，分析没有条理、深度等。究其原因，大家都不约而同地认为主要在于学生的阅读面过小，阅读量过少，阅读带有太多的被动性，从而导致阅读结果无效。而学校、老师在高考上线人数这一指标压力下，也不得不避重就轻，使本属于语文学科的最基本学法——亲验性的读、写、听、说等阅读活动让位于机械的题海训练。

因此，研究中学语文“211式亲验阅读”教学方法对提高我校学生语文素养，对提高学生高考成绩，践行素质教育有着具体的现实意义。同时，这一课题的研究对本地区的语文教学研究也具有导向意义，更是让语文学科在教法、学法上回归本真的有效探讨。

（3）组织、实施中学语文“211式亲验阅读”教学方法研究，让学生成为学习的主人，把阅读活动变成人的主体性和能动性的不断生成、发展、提升的过程，提高学生的语文思辨能力。这有利于转变学生的学习方式，有利于提高学生的学习能力，有利于提高教学质量，使学生适应未来社会发展的需要。

（4）组织、实施中学语文“211式亲验阅读”教学方法研究，帮助教师更新自己的教育理念，并通过教学实践的总结反思和自我调节，优化教学行为，提高教学能力，有利于教师的专业化发展。能培养一批观念新、业务素质高、实验操作能力强的教学骨干教师。

（5）组织、实施中学语文“211式亲验阅读”教学方法研究，有利于学校改变教学管理制度。通过探索语文阅读教学结构、教学方法、学习方式的优化，可以提高雷州一中语文学科的教学效果，进而建立雷州一中语文学科阅读教学的新模式。

（四）本课题的理论依据

1. 现代教学论

美国著名心理学家和课程理论权威布卢姆的教育目标分类理论，将教学的目的和要求按教育目标分类理论加以具体化，使语文教学建立一个由低级到高级的、有层次的、可掌握的、可测验的和能评价的知识和能力体系。

现代教学论认为教学过程既是一种特殊的认知过程，也是一个促进学生身心发展的过程。课堂教学实质上是一种在知识接受的基础上，促进学生素质全面发展的活动。教学应转向思维成果（知识）的追求上来，并通过这一转变，使学生不仅获得情感、意志等心理体验，使教学成为培养学生创新精神、实践能力以及有效促进学生发展的活动。

2. 生本教育理论

生本教育是郭思乐教授提出的一种为学生好学而设计的教育，也是以生命为本的教育，它既是一种方式，更是一种理念。以这种理念为指导，在祖国内地、香港、澳门等地100多所中小学、职业中学、幼儿园内进行实验，成效显著，获得意义深远的理论与实践成果。生本教育同时是一片肥沃的思想土地和智慧田野。它的特点是突出学生、突出学习、突出探究。它让每个学生都有话说、让每个学生都有收获；老师在认真倾听学生讨论、发言的基础上进行“点火”，让学生的思维进行碰撞、让智慧之火熊熊燃烧、让学生的潜能得到发挥与拓展。

3. 新课程理念

新课程理念的灵魂是“为了每一个学生的发展”，语文课程具有丰富的人文内涵，具有很强的实践性，积极倡导自主、合作、探索的学习方式，充分体现“以人为本”的思想。以往以学科为本位的语文教学是一种“目中无人”的教学，从根本上失去了对人的生命存在及其发展的整体关怀，从而使学生成为被动的、甚至被窒息的人。由以学科为本位转向以人的发展为本位的情境教学，强调了语文教学要促进每个学生的身心健康发展；强调了语文教学要满足每个学生终身发展的需要，培养学生终身学习的愿望和能力。使学生在教学情境中唤起自我需求，以自己的方式对教材进行诠释、理解、改造和重组。

4. 思维发展理论

心理研究表明，疑，最易引起思维的不断深入。学生的思维是自我探索的思维。真正的思维不是他人给予自己问题，而是自己发现问题；不是别人指出解决的方法，而是自己探索、分析、寻找解决的方法；不是别人拿来一个结论，而是自己经过思考得出结论。这一思维发展过程是培养学生综合素质的过程。

5. 终身教育理论

终身教育理论的兴起，预示着学习化社会的到来。在这个学习化社会里，学习贯穿人的一生，它既是手段，也是目的；它既是为未来的生活做准备，又是为了不断丰富人生的经验，提升人的境界，从而使人日臻完善。情境教学在学生自主学习、主动探究、合作交流等方面具有很大的优势，能更好地实践和丰富终身教育的理论。本课题研究过程中将紧紧围绕现有素质教育理论，切实体现学生主体作用，在课堂教学实验中体现新课程理论和研究性学习等理论。

（五）本课题的原则和方法

1. 中学语文“211式亲验阅读”教学研究的原则

（1）基础研究和应用研究相结合。

① 确立反思性研究意识，重新审视阅读教学的理论研究。在基础研究方面，加强对“211式亲验阅读”教学基本理论的反思。既要看到已经取得的成绩，也要意识“211式亲验阅读”教学可能还存在一些问题。比如“211式亲验阅读”教学的概念与分类、“211式亲验阅读”教学原理、“211式亲验阅读”教学的实施原则、评价和“211式亲验阅读”教学与教师队伍专业化等理论问题之间的相互联系与不足。这些问题都有待于进一步深化认识。

② 加强对应用性教学方法的研究。我认为应针对“211式亲验阅读”教学应用过程中存在的问题提出一些具体的可以判别的标准和手段，如具备什么样素质的教师可以使用“211式亲验阅读”教学模式，如何实现“211式亲验阅读”教学个性化，什么样的课文教学需要“211式亲验阅读”教学模式等，这些问题还有待进一步去研究。

③ 将理论研究和实践研究结合起来。理论研究的深化必将带来实践的变化，同时也需要实践对理论正确与否的检验，实践研究也需要转化为可供他人思考、操作的理论。因此，需要将两者相结合。

（2）横向拓展和纵向深化相结合。

① 注意将原点辐射和多点聚焦相结合。“211式亲验阅读”教学研究由阅读

教学为核心向其他语文考点知识教学，甚至其他学科的教学进行辐射，由内而外的扩展。

② 将跟踪热点与纵深发展结合起来。“211式亲验阅读”教学研究要坚持动态思维的特点，做到与时俱进。当前，随着新课程改革的开展，课程标准的实施，教学评价的建构，对教师专业化的呼唤以及对生命教育的回归，出现了诸多研究热点，为“211式亲验阅读”教学研究提供了诸多研究命题。但是，要使“211式亲验阅读”教学研究的基础更加厚实，必须加强对其本体的研究。

2. 中学语文“211式亲验阅读”教学研究的方法

（1）定性研究和定量研究相结合。综观情境教学研究，可以发现主要是定性研究。定性研究是一种整体性的、注重过程的、弹性的、“自然式”和“人性化的”的探究方法。但是，情境教学实验若在进行定性研究的基础上另辟蹊径，将定性研究和定量研究结合起来，效果一定会更好。

（2）历史研究和现状研究相结合。近30年来，情境教学研究主要是立足现状研究，针对教育教学现实提出的问题而进行有针对性的研究课题。但是，由于缺乏历史的观照，有时总让人感到情境教学研究缺乏历史的厚重感，容易让人感到情境教学研究可能会走不必要的重复路，可能仅沾沾自喜于“新经验”和“新名词”的创造而造成的一定的学术泡沫。

选择阅读读本、设计阅读活动的方式、检查学生的阅读成果、组织小组阅读成果竞赛、比对学生的学习能力和学业成绩的研究就成为我们研究的主要方式。

（六）本课题研究的变量分析

1. 变量控制

从语文学科的本质属性看，开展本课题的实验研究，具有语言与思维的统一性、思想内容的人文性、实验过程的可操作性的特点。研究的重要环节之一是对涉及的变量进行科学的界定与控制。本研究主要涉及两个方面的变量，一是语文课内外文本阅读的教学模式，二是学生语文学习优良个性、品质的形成及素质的提高。前者属于研究的自变量，我们作系统的操作，后者属于研究的因变量，我们要进行科学的观测。

（1）自变量：中学语文探究性学习教学法，包括探究性学习课堂操作法、探究性品读法、探究性记录法和探究性听说法。

（2）因变量：学生自主选择文本能力的提高，学生笔记能力的提高，学生书写能力的提高，学生分析能力及思维品质的提高，课堂结构的优化，语文教学质量的提高，教师教研意识的增强。

（3）无关变量：学生的年级、年龄、性别的差异，学生实验情绪的变化，第二课堂的影响。

2. 样本分组

在高中部各年级随机选择三个实验班，其他班为对照班。在实验班开展语文“211式亲验阅读”实验，用以检验不同量的实验因子的效果情况。

3. 条件控制

实验班和对照班具有基本相同的特点（初测无显著差异），接受基本相同的教育条件；实验班接受“实验研究的基本内容”部分所描述的教学,而对照班接受常规的语文教学。通过中测、末测看其阅读分析、写作水平有无显著差异。

（七）课题研究的内容

1. 研究中学语文“211式亲验阅读”教学情境的创设

学生的学习是在一定的情境里发生的，新课程十分重视教学与生活的联系。关注情境创设，关注教学与学生生活实际的联系，已经成为许多教师在教学设计中的一个重要内容，都把它看作是落实新课程理念的重要组成部分。但是如何对情境做适当的教学加工，使之真正地有助于促进学生的理解，成为教学的一个有机组成部分，从而提高语文阅读课堂教学的有效性，还有很多值得我们去仔细研究、提高的地方。

2. 中学语文“211式亲验阅读”教学中自变量与因变量之间的联系

新课程标准不仅特别关注学生学习方式的改变，还关注认知目标的达成，关注学生的情感、态度价值观等方面的积极发展。阅读学习方式的多样化，为学生语文思辨能力的提高提供了可能。研究表明：不同的学习目标要求不同的教学方法，而不同的教学方法有不同的认知贡献。方法无所谓好与坏之分，任何一种教学方式都有它的价值，检验的标准在于它是否最利于达到目标。脱离目标去评价一种教学方法的有效与低效是不恰当的，也是没有意义的。相反，如何根据不同的学习目标，指导学生选择最适合的语文读本和阅读方法，才是提高学生语文思辨能力的关键。因此，我们必须研究中学语文“211式亲验阅读”教学活动中教师的有效介入，如何以最小的劳动获得较大的阅读效益，还有 “211式亲验阅读”教学活动中的时间与效果、方法与效果之间的联系与调整等。

3. 阅读课中学生的参与热情与参与的有效性问题

都说“兴趣是最好的老师。” 中学语文“211式亲验阅读”课堂中，老师应普遍关注学生的参与热情，生生间的交流（包括课堂中的提问、讨论，组织活动等），还有学生在每一堂阅读课里都选择了一些什么样的读本。因此我们注意到下列问题是非常值得研究的，如：

（1）形式上的热闹与实质性的学习目标的达成。

（2）怎样组织有效的合作探究。

（3）在选择阅读内容时如何处理学科核心知识与学习兴趣之间的关系等。

4. 成果形式

阶段性成果：课堂教学模式、教学案例、教学反思、优质课、经验总结、论文。

终结性成果：论文《中学语文“211式亲验阅读”教学方法》、《中学语文“211式亲验阅读”教学方法研究报告》

5. 组织形式

（1）总课题组。

课题组负责人：陈雁鸣

课题组顾问：陈　生（雷州市教研室副主任）

郑如鹏（雷州一中语文特级教师、正高职称）

（2）各年级负责人：曹　丹（高一年级）

余华悦（高二年级）

唐　坚（高三年级）

（八）课题研究实施步骤

1. 课题研究的阶段性安排

课题小组从向学校申请的经费中拿出部分购买有关理论丛书，并进行深入阅读研究，在阅读实践中不断探索有效的阅读方法，做好数据收集、整理、分析等工作，按照预期主要阶段性成果的计划安排完成调查报告、论文等任务。

本课题研究自2009年6月至2012年7月，分三个阶段进行：

（1）第一阶段：准备与实施阶段（2009年6月—2010年6月）

成立课题研究小组，选定课题主要负责人和各年级的负责人，设计探究式阅读课在教与学两个方面的基本方法并进行课堂实践。同时，各参与人员阅读相关理论资料，做好初步的数据收集工作。

（2）第二阶段：课题实施阶段（2010年9月—2011年6月）

对收集的数据进行初步分析，对课内课外的阅读探究方法进行修正补充。同时，对探究式有效阅读进行一次问卷调查，写出调查报告。申请课题立项。

（3）第三阶段：结题阶段（2011年9月—2012年7月）

收集整理资料，撰写课题实验报告、案例、论文等，收集相关的软件、专著，并形成实验成果集。申请鉴定验收，做好结题工作。

2. 预期研究成果

（1）2009年6月—2010年6月，拟定“中学语文‘211式亲验阅读’教学的基本研究方法”、研究活动具体分工和督查项目工作表，收集的数据组。

（2）2010年9月—2011年6月，课题组成员写出《中学语文“211式亲验阅读”教学指导方法》，并对非毕业班学生做“‘211式亲验阅读’方法指导”“笔记的方法”“笔记的利用”等专题讲座，阅读成果展示，写《调查报告》。

（3）2011年9月—2012年7月，结题，形成论文《中学语文“211式亲验阅读”教学方法》与《中学语文“211式亲验阅读”教学方法研究报告》，在全校进行语文阅读学法推广。

3. 课堂成果

（1）“211式亲验阅读”教学方法。

老师的教：

① 教学设计的准备。

② 学案的设计。

③ 课堂进程设计。

学生的学：

① 大量阅读。

② 亲自查阅工具书。

③ 亲自记录批注、感悟。

④ 亲自表达自己观点。

（2）“211式亲验阅读”能有效形成学法。

①“亲验”让学生感觉到语文学科有事可做。

②“211” 让学生感觉到语文学科有章可循。

③ 能有效形成学法，生成课堂动态。

（3）“211式亲验阅读”能提高学生的语文思辨能力。

（4）“211式亲验阅读”改变了教师的观念，让学生成为学习的主人。

“中学语文‘211式亲验阅读’教学研究”结题报告

“中学语文‘211式亲验阅读’教学研究”从立项开始，我就认真做好开题工作，整个实验过程边研究边改进，2011年7月开始，在研修班导师的指导、学校领导的支持和课题组老师的共同努力下，经过三年的探索与实践，课题实验进展顺利且如期完成。现将本课题的研究报告如下：

（一）课题提出的背景

知识经济的兴起、信息化冲击和新课程标准的推出给教育提出了新的挑战。谁拥有创新精神和创新能力，谁就将领导世界的潮流。传统的“三中心”（教师中心、课堂中心、书本中心）教学模式已经远远不能适应信息社会的需要。特别是在国外的教学非常重视学生的个性发展，国内的教育发达地区不断推出各种科学的、符合人的个性发展的语文教学模式的背景下，落实我市教育工作会议的精神，改变我校语文教学效率低下，寻找语文阅读教学新途径，逐步完善我校语文教学模式是雷州一中语文老师的重任。

1. 基于当前语文教学改革的思考

随着教育教学改革的不断深入，对学生的能力要求越来越高，考试中不仅考课内的文段，更考课外的篇章，而学生对课内知识容易把握，对课外的篇章却把握不准。长期以来，对于阅读教学我们更多的是停留在静态的着眼于文本内容要点、段落大意、中心思想、作者观点和写作特点的归纳等，可见，传统中学语文阅读教学已不能满足当前教育改革教学对学生的要求。

《新课程标准》指出：“在积累的过程中，注重梳理，根据自己的特点，扬长补短，逐步形成富有个性的语文学习方式”；“学习用现代的观念和发展的眼光审视古代作品的内容和思想倾向，提出自己的看法”。这就要求具有工具性的语文学科在培养学生语文阅读能力方面能不能直接为数学、物理、化学、历史、政治、地理等学科的自学提供最直接的帮助，帮助的程度有多大？因此，如何加强学生自主探究的阅读能力的培养，已成为我们语文老师教学研究的当务之急。

2. 基于当前中学生阅读现状的思考

《新课程标准》要求学生要有一定的阅读量，即除课本外，“一年内课外自读五部以上文学名著及其他读物，总量不少于150万字。”这种量的积累是需要一定的时间作保证的，但是，当前的情况是，中学生的学习时间非常紧张，以高一学生为例，要完成各科的作业，一般需要2～3个小时，进入高二、高三，需要的时间会更长。紧张的应考学习使学生无暇拿出更多的时间来进行阅读，即使有的学生能挤出一些时间来阅读，那也是匆匆浏览，没有时间深入思考。

文史不分家。政治、历史等书籍的阅读对于提高学生的语文素养是非常有益的，但是，面对即将到来的高考，还有高一第二学期就开始文理班分科，理科学生就会自然的放松对政治、历史等学科的学习，即使是文科学生，也难以深入阅读有关政史类的书籍。面对高考，无论文科生，还是理科生，几乎没有太多的时间来进行语文的课外阅读。

有鉴于此，改变传统的语文阅读教学模式，让学生学会阅读方法，对阅读篇章进行自主的个性解读是现今语文阅读教学的不二选择。

（二）课题概念界定

德国第斯多惠说：一个不好的教师向学生奉送真理，一个好的教师教会学生去发现真理。教学中教师的一切引导、启发、讲解、点拨，都需要通过学生的独立思考、选择和应用，才能内化为他们的智慧和能力。只有改变教师越俎代庖的状况，改变过于周到繁复的指导与规范，改变授予标准答案而无视学生个性体验状况，才能让学生有较多的参与机会与参与行为，学习才能亲自体验、亲自感悟、亲自质疑问难、亲自发表见解，把书本知识变成自己的精神财富，从而实现主体对外在世界与自我的超越。

“211式亲验阅读”是指学生对课本、课外读本等阅读文本在品读、感悟的基础上，从字词到语段，从读音意义到语法修辞，从文本内容到文本意义都是自己亲躬体验性地查找、思考和比较，并能够用合适的语言文字及时记写下来，再在课堂中与同学研讨分享的一种阅读模式。“2”指对文本的品读、感悟；前“1”指对自己的阅读感悟的记录；后“1”指把自己得到的阅读感悟在同学间互相传递、录入、研讨和分享。

（三）指导思想

坚持以马列主义、毛泽东思想、邓小平理论和“三个代表”的重要理论为指导，全面贯彻党的教育方针，全面实施素质教育，以新课程标准为依据，以发展学生创新思维和学习潜能为动力，以提高学生阅读水平和作文能力，提高学生语文素养为目标，从本校及学科实际出发，促使我校语文老师在语文教学和学生在语文学习两个方面获得成功。

1. 课题研究为全面提高学生语文素养服务

素质教育是全面提高和发展学生综合素质的教育。坚持素质教育的基础性、主体性、自主性、创造性和发展性是实施素质教育的前提。其中，开拓学生的阅读视野，培养学生正确的阅读习惯和方法，激发学生的作文兴趣和创造性思维，提高作文能力是本课题研究的方向。

2. 课题研究为创新语文课堂形态服务

新课程标准确立了知识与技能、过程与方法、情感态度与价值观三维一体的课程目标。观念是行为的先导，新课程理念应当成为进行语文教案设计的基本原则。教学从本质上说是对话和交流，而教师和学生的对话是最主要的形式，因此教案设计要“以学定教”，以学生的学习实际作为教案设计的出发点，但不能因此忽视教师的教学水平和教学风格。本课题研究要从“师本到生本”的理念、“教参套用到多元参照”的备课、“满堂灌到自主学习”的课堂等方面创新语文课堂形态服务。

3. 课题研究为教师的专业成长服务

课题研究按功能划分，可以分为理论性课题研究、应用性课题研究和开发性课题研究。学校的课题研究多数是应用性和开发性研究课题，即：应用基础理论研究得出的一般原理和原则，针对具体实际问题，提出比理论性研究更有针对性和可操作性的教育教学方法与策略。爱因斯坦说：“提出一个问题比解决一个问题更重要。”新课程改革对教师提出了更高的要求：教师不仅是课程的实施者，同时也是教育教学的研究者、课程资源的开发者。这一理念在促进教师观念根本性转变的同时，力求把广大教师推向教学研究的前沿，真正实现教学和科研的结合。因此，本课题研究从我校教学实践出发，结合语文学科的特点，可以提高课题组老师的教研能力，促进学校语文教师的专业成长。

（四）课题研究的理论依据

本课题研究与实践的理论依据主要有“教学做合一”理论、生本教育理念、新课程理念等。

1. 现代教学论

美国著名的教育心理学家布卢姆的现代教学论认为，教学过程既是一种特殊的认知过程，也是一个促进学生身心发展的过程。课堂教学实质上是一种在知识接受的基础上，促进学生素质全面发展的活动。教学应转向思维成果（知识）的追求上来，并通过这一转变，使学生不仅获得情感、意志等心理体验，使教学成为培养学生创新精神、实践能力以及有效促进学生发展的活动。

2. 新课程理念

教育部提出的新课程理念的灵魂是“为了每一个学生的发展”。它具有丰富的人文内涵，具有很强的实践性，积极倡导自主、合作、探索的学习方式，充分体现“以人为本”的思想。它突出学生、突出学习、突出探究。它让每个学生都有话说、让每个学生都有收获；老师在认真倾听学生讨论、发言的基础上进行“点火”，让学生的思维进行碰撞、让智慧之火熊熊燃烧、让学生的潜能得到发挥与拓展。它由以学科为本位转向以人的发展为本位，强调语文教学要促进每个学生的身心健康发展，强调语文教学要满足每个学生终身发展的需要，培养学生终身学习的愿望和能力。“211式亲验阅读”教学在学生自主学习、主动探究、合作交流等方面具有很大的优势，能更好地实践和丰富终身教育的理论。

3. 思维发展理论

心理研究表明，疑，最易引起思维的不断深入。学生的思维是自我探索的思维。真正的思维不是他人给予自己问题，而是自己发现问题；不是别人指出解决的方法，而是自己探索、分析、寻找解决的方法；不是别人拿来一个结论，而是自己经过思考得出结论。这一思维发展过程是培养学生综合素质的过程。

（五）课题研究的目标

1. 理论目标

通过对“中学语文‘211式亲验阅读’教学研究”的研究、实践，摒弃陈旧的教学理念，在阅读教学方面形成新的教学思路和方法，提高语文教学的质量，为我校的语文教学，特别是语文阅读教学探索新的教学模式，有效地提高学生的语文素养和语文成绩。同时，带动其他老师，特别是课题组的老师树立教学教研理想，努力学习理论，投身教改，自觉走上教师专业发展之路。

2. 实践目标

（1）努力学习新的教育教学理念和先进的教学方法，促进自我教育观念的转变和教学方法的提高，优化教学过程，增强教学效果，整体提升教学水平，形成富有个性特色的个人教学模式。

（2）通过本次课题研究实践，掌握一定的课题研究理论和方法，促进自身专业化发展。

（3）形成“211式亲验阅读”课堂教学模式，培养学生掌握科学的阅读方法和习惯，提高学生的阅读能力，并加以推广。

（六）课题研究的主要内容

1. “211式亲验阅读” 阅读对象的选择

在阅读过程中，老师要对学生阅读材料的选择加以适时的引导，保证阅读材料的思想性、科学性和典范性。

“211式亲验阅读”实验一开始，我就为学生编制了《雷州市第一中学学生阅读推荐书目》，同时，依据高中三年的课程编排，结合学校语文阅读实验室图书配置的实际，编制了《雷州一中学生阅读对象阶度表》，从而让学生的阅读排除了盲目性，使之变得科学、经典、有推度。

多读科学作品可让学生人在课堂，神游世界，了解自然；多读严肃文学可激发学生了解现实，关注民生，为弱者说话。多读经典作品，犹如聆听大师的教诲，与大师接触交流，在耳濡目染中受到大师的影响，使自己的学识和文学品位快速提高。

2. “211式亲验阅读”教学研究的变量分析与总结

“211式亲验阅读” 的方法就是在广泛阅读的基础上进行摘抄与批注。因此，有了阅读的对象，老师就要教会学生掌握正确的摘抄与批注的方法。比如用笔记本简要摘录自己感兴趣的历史事件、生活素材、精彩文段、名人名句等，对读本中陌生、不懂的字词随手记上自己查找的结果，在读本相关语段的空白处随手批写读书感受、疑难问题。同时，教会学生对自己的摘抄、批注进行分类，并用相应的符号加以区别，以便于整理、记忆。此外，高效阅读还离不开课堂的表述训练。

3. “211式亲验阅读”与语文能力的关系

写作是语文能力的最高表现，是一种高度综合的智力活动，它反映了一个人的知识范围、认识水平和思维品质，而“211式亲验阅读” 又能为读者扩大知识范围，提高认识水平和锤炼思维品质。中学生自主阅读与作文能力提高有着最为直接的供需联系，因此，对本课题的研究主要从以下几个方面入手。

（1）素材积累。中学生自主阅读可积累生活素材，有利于作文时借鉴、活用；亲验阅读可积累名言警句，有利于作文时的引用；亲验阅读可积累语感，有利于作文时驾驭语言文字；亲验阅读可积累表达形式、章法结构，有利于作文时模仿。

（2）思辨能力。高考中，一篇满分作文的结构布局、语言表达固然重要，但我认为写作文其实就是写做人，作者在文章中所反映的生活阅历、认知水平、价值取向、人生体悟比写作技巧更重要，而要让文章体现作者这些深刻认识，就需要作者具备较强的思辨能力（即对事物的辨别、分析、推理与判断能力）。

（3）材料取舍能力。有了材料和立意，如何进行写作文的思考呢？面对众多的材料，努力寻找材料的共性，再从共性寻找其与社会生活的联系，从而得出深刻、新颖、富于时代旋律的立意；有了立意，就应在已确定的立意和文体要求的基础上，对材料本身以及众多材料之间的逻辑进行审定、梳理，使材料最大限度地为立意服务。可见，拥有材料固然重要，但对材料进行科学取舍更需要能力。

（4）练笔积累。孔子云："知之者不如好之者，好之者不如乐之者。"培养学生坚持练笔，并使之成为一种习惯，日积月累，在写作文方面就可以达到"下笔如有神"的境界。一个人如果没有写作的欲望和冲动，很难想象他出口成章，下笔千言。

练笔伊始，我告诉学生，练笔很简单，可叙可议，不拘一格，自己的所见所闻所感均可拿笔就写，不理质量，自己的就行，追求量的积累。批注、周记、口述都属于练笔的形式。

高二（13）班的林奋同学在她的周记练笔中有这样的话："就像我写周记一样，学期刚开始，我知道每学期都要求写周记，我又不想在老师要求交周记时再绞尽脑汁去想，那样的话不仅费神而且不一定写得出来，于是我坚持每周写一篇。有时看到一些有趣的现象得到了一点启示，也尽快写下来，当初是想可以用来抵消下次没有写的周记，就这样有时每天写一篇，有时写两篇，有时一篇也没有写。渐渐地我写的周记也就多了起来……

"这次发周记的时间有点慢，没有写周记手倒有点痒痒的，这也许就是练笔习惯的魅力吧！"

（七）课题研究的原则和方法

1. 中学语文"211式亲验阅读"教学研究的原则

本课题属于应用性研究，侧重于以我校非毕业班的学生为主要研究对象，提高自身的理论和教研能力，提升自身的阅读课堂教学设计和课堂驾驭能力，走"学习—实践—研究—思考—发展—实践"的研究路线。因此，主要遵循以下原则：

（1）以校为本的主体性原则。让本校学生始终成为阅读学习的主体，使学生主动地参与作品的阅读探索、发现和认知的过程，自觉建构作文能力，促进创新思维的发展。

（2）理论与实践相结合的原则。理论和实践相结合原则是指进行本课题研究要把理论学习、概念认识和实际操作、作文实践科学地结合起来，把提高学生的理性认识与阅读、写作的行为习惯结合起来，使他们学以致用。贯彻理论和实践相结合原则的基本要求是：①理论学习要结合实际，切实提高学生的理论认识水平。②注重实践，培养阅读、写作的真实行为能力。

（3）整体性原则。语文素养是一个多侧面、多层次的主体结构，阅读、作文的能力更是如此。在这个结构中，任何一方的素质欠缺，都会削弱整体结构的功能，影响素质能力的整体水平。因此，教学材料、方法、模式必须促使每个学生的阅读、作文能力在全面发展的基础上形成各自独特的个性。

2. 中学语文“211式亲验阅读”教学研究的方法

为确保课题研究的科学性和实效性，课题的研究主要采用了如下方法：

（1）文献研究法。文献研究法主要指搜集、鉴别、整理文献，并通过对文献的研究，形成对事实科学认识的方法。

（2）定性研究和定量研究相结合。定量研究是指搜集用数量表示的资料或信息，并对数据进行量化处理、检验和分析，从而获得有意义结论的研究过程。它通过对研究对象的特征按某种标准作量的比较来测定对象特征数值，或求出某些因素间的量的变化规律；定性研究是根据社会现象或事物所具有的属性和在运动中的矛盾变化，从事物的内在规定性来研究事物的一种方法或角度。它以普遍承认的公理、一套演绎逻辑和大量的历史事实为分析基础，从事物的矛盾性出发，描述、阐释所研究的事物。

（3）问卷调查法。问卷调查法也称“书面调查法”，或称“填表法”。用书面形式间接搜集研究材料的一种调查手段。通过向调查者发出简明扼要的征询单（表），请示填写对有关问题的意见和建议来间接获得材料和信息的一种方法。

（4）行动研究法。行动研究是指教师在教育教学实践中基于实际问题解决的需要，将问题发展成研究主题进行系统的研究，以解决问题为目的的一种研究方法。

（5）个案研究法。个案研究法是指对某一个体、某一群体或某一组织在较长时间里连续进行调查，从而研究其行为发展变化的全过程。

（6）经验总结法。经验总结法是通过对实践活动中的具体情况，进行归纳与分析，使之系统化、理论化，上升为经验的一种方法。

（八）变量的设计与控制

研究的重要环节之一是对涉及的变量进行科学的界定与控制。本研究主要涉及两个方面的变量，自变量与因变量。语文课本、课外文本阅读的量及课堂教学模式属于研究的自变量，学生语文学习优良个性、品质的形成及素质的提高属于研究的因变量。

1. 课题研究变量的设计（见表6-1）

表6-1　课题研究变量的设计

自变量	因变量	干扰变量
（1）学习观念、方法和内容。 （2）阅读的环境。 （3）阅读文本的数量。 （4）旁批、笔记的数量与质量。 （5）分享阅读成果的主动程度	（1）阅读方法的养成。 （2）阅读品质的高低。 （3）语文思辨水平。 （4）作文能力高低。	（1）课程设置活动内容、结构。 （2）社会实践条件影响。 （3）循规蹈矩、陈旧、崇拜权威，过早下结论，害怕失败等思想。 （4）学生的意志、毅力

2. 课题研究变量的控制

（1）样本分组。在高中部各年级随机选择三个实验班，其他班为对照班。在实验班开展语文“211式亲验阅读”实验，用以检验不同变量实验因子的效果情况。

（2）条件控制。实验班和对照班具有基本相同的特点（初测无显著差异），接受基本相同的教育条件；实验班接受“实验研究的基本内容”部分所描述的教学，而对照班接受常规的语文教学。通过中测、末测看其阅读分析、写作水平有无显著差异。

（九）课题研究的实验假设

1. 阅读能力是语文能力的四大能力之一

学生语文素养的形成往往得益于平时的阅读视野、阅读方法、阅读数量。“211式亲验阅读”就是通过读、写、辩等具体学习形式，让学生在老师的学法指导下，掌握科学的阅读方法，在学生的反复亲自体验下，形成学生的认读记忆、理解整合、分析鉴赏、活用表达等能力。

阅读方法掌握与语文能力提升示意图：

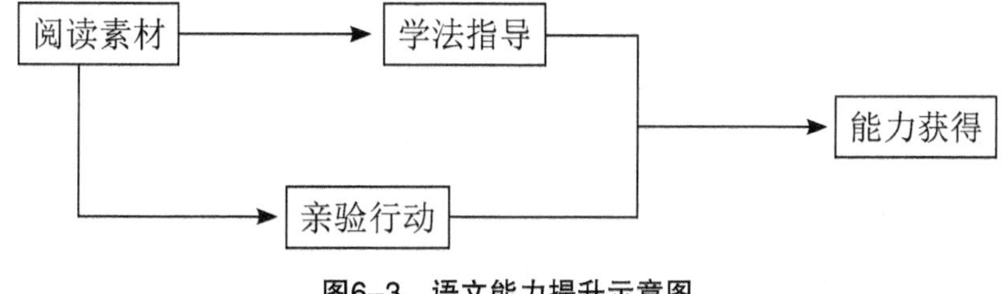

图6-3　语文能力提升示意图

2. 提高阅读能力关键是激发创造性思维

创造性思维就是一种开创性的探索未知事物的高级复杂的思维，是扩散思维和集中思维的辩证统一，是创造想象和现实定向的有机结合，是抽象思维和灵感思维的对立统一。它与一般的单一思维形式是不同的。这种思维方式，遇到问题时，能从多角度、多侧面、多层次、多结构去思考，去寻找答案，既不受现有知识的限制，也不受传统方法的束缚，思维路线是开放性、扩散性的。它解决问题的方法不是单一的，而是在多种方案、多种途径中去探索，去选择。创造性思维具有广阔性，深刻性、独特性、批判性、敏捷性和灵活性等特点。

“211式亲验阅读”就是通过学生自觉的读、悟、记、辩等多元学习形式激发创造性思维，促进学生阅读的兴趣，形成阅读习惯，积累经验和语感，提高阅读能力，提高语文素养。

（十）课题研究的主要过程

1. 准备阶段（2009年6月—2010年6月）

自2009年6月份起，我就与学校领导进行沟通并取得领导在精神和经济上的大力支持，成立了课题研究小组，聘请我校教育专家、正高级中学语文教师郑如鹏作为指导专家，并对课题研究的任务进行了具体分工，确保人人负其责，个个有任务，事事有人干，为课题实验的有效推进提供了强有力的保障。同时组织课题组成员对我校高一年级学生进行了“关于我校学生对作文教学期待的调查”“关于我校语文阅读实验课的调查”两项调查，并写出《希望在实验中延伸——关于雷州一中学生语文阅读与写作情况的调查报告》，为课题研究方案的设计和各项准备工作的顺利完成奠定了基础；就课题研究的对象班级与学校领导及学校教研室、教导处研究、沟通，最后决定把高一（1）班、高一（9）班等十个班作为实行课题研究的对象，高一其他班级作为课题研究的比对量；对学校的语文阅读实验室进行重新的布置，特别是与语文科组长冯继可老师一起制定了《语文阅读实验室管理制度》。经过课题组成员的共同努力，准备工作如期完成，课题组成员也从中得到了理论知识与研究方法的启发，自身的专业发展也得到了促进。

2. 实验阶段（2010年9月—2011年6月）

（1）理论学习。组织课题组成员认真学习“教学做合一”、生本教育、新课程标准等相关理论，观看我在学习期间从外地带回的生本课堂、优质竞赛课等录像，体会教育前沿理论的方向性及其对当今教学模式、教学方法所产生的深刻影响，让课题组成员真正做到思想上重视，行动上积极。为了不断丰富课题组老师的理论知识和提高研究水平，我还购买了多套高等教育出版社在2008年6月出版的“教师专业发展丛书”、《叶圣陶教育文集》和与新课标相关的资料，安排课题组老师在研究的过程中学习、讨论，不断总结、提高。

（2）设计比对项目，收集相关研究数据。为了让课题研究更具可比性，我们课题组制定了《雷州市第一中学语文阅读实践实施方案（节选）》（由冯继可老师执笔），编制了“随身读本登记表”、“学生语文自主读写与各类成绩跟踪比对表”、“学生亲验读写检查表”，从高一到高二每个学期的阅读对象（教科书、随身读本、阅读室的资料）都做了规划。

数据的收集以教学班为单位，由语文科任老师负责，数据的比对分析由余华悦、唐硕仁、唐炳田、唐文涛、徐天成、蔡科兴等六位老师负责。研究期间，通过数据分析和学生的谈话反馈，写出《中学语文“211式亲验阅读”的有效指导》，纠正研究前期在教学指导中的失误，有效提高了后期研究中的阅读、写作的效果。

为了提高课题研究效率，我还要求课题组的老师每月集中学习研讨两节课，交流个人学习心得，积极研讨中学生自主阅读与作文能力提高的内在联系。通过这样的集中研讨交流，拓宽了课题组教师的视野，提高了每位教师理解教材、设计学案教案、驾驭课堂的能力，提高了教师的专业素养，促进教师的专业成长，有效提高了中学生的阅读能力，提高了课堂教学的质量。

（3）用听课、评课促进课题的研究。课题组老师互相听课、评课，既是互相学习，又是互相批评。通过听课、评课，发扬了优点，看到了不足，提高了老师们的课堂教学能力，为课题研究中的纠偏和顺利完成提供了机会，为老师的专业发展提供了探讨交流的时空。在整个课题研究时间内，有针对性的听课、评课共有43节。

（4）专题讲座。2010年10月和2011年4月，分别为我校的高一年级学生做了两次关于“如何提高语文阅读能力”的专题讲座，每次讲座连续3个晚上，每个晚上2小时，听讲学生人数约有2700多人。

（5）开展阅读成果展示活动。为了促进课题向纵深发展，我分别在高一、高二的第一学期末段举行了两次“雷州市第一中学语文‘211式亲验阅读’实验成果展示”活动。活动期间共展示高一、高二年级学生有代表性的语文课本、随身读本和读书笔记1456本，充分展示了课题研究中学生的阅读与写作收获，也展示了学生在学习过程中不断成长的心智路程。由于我的课题研究在我校郑保书校长与雷州市第二中学郭乃宁副校长的一次见面中为郭校长所关注，展示活动中，除了学校要求高一及高二全体同学、语文科组全体老师和个别领导参观外，还请来雷州市第二中学的郭乃宁副校长。课题成果展示活动备受我校郑保书校长、雷州市第二中学郭乃宁副校长的赞许。

3. 总结阶段（2011年9月—2012年7月）

（1）开展校际交流活动。由于雷州市第二中学郭乃宁副校长的关注，2011年10月，我带着课题组的个别老师到雷州市第二中学给高一年级的语文老师做了关于阅读实验的讲座。2011年11月，我又领着徐茜老师，带着阅读活动课例《合欢树》到客路镇客路中学进行帮教活动，充分展示了我的课题研究的成果，展示了雷州市第一中学的语文教学水平，为兄弟学校和面上中学语文教学教研的发展做出了应有的贡献。徐茜老师的课例《合欢树》还在雷州市高中语文优质课竞赛中以93分的成绩获得特等奖。通过校际交流，有效地提高了课题组老师的研究能力和水平。

（2）做好课题验收的准备工作。整理实验过程中的有关资料，聘请我校教育专家郑如鹏老师加以指导，共同研讨，收集整理课题研究成果，撰写课题的结题论文与结题报告。

（十一）课题研究的成果

1. 形成了富于操作性的“211式亲验阅读”模式

“211式亲验阅读”是指学生对课本、课外读本等阅读文本在品读、感悟的基础上，从字词到语段，从读音意义到语法修辞，从文本内容到文本意义都是自己亲躬体验性地查找、思考和比较，并能够用合适的语言文字及时记写下来，再在课堂中与同学研讨分享的一种阅读模式。“2”指对文本的品读、感悟；前“1”指对自己的阅读感悟的记录；后“1”指把自己得到的阅读感悟在同学间互相传递、录入、研讨和分享。

阅读不是“读”的孤立，而是读、思、写相结合的综合活动。“211式亲验阅读”模式就是在广泛阅读的基础上进行摘抄与批注。因此，阅读的具体指导就是教会学生掌握正确的摘抄与批注的方法。比如课本，要求学生对课文读了一两遍后，对不懂的字词，要利用工具书，在课本字词的相应位置或空白处随手记上自己查找的结果（读音或意义），对自己认为“好的”“美妙的”字、词、句、段，用记号画出来，并在旁边写上自己的感悟性文字（旁批）或疑问。课外读本的阅读也是如此。同时，要求学生用笔记本摘录自己感兴趣的历史事件、生活素材、精彩文段、名人名句等。此外，教会学生对自己的摘抄、批注进行分类，并用相应的符号加以区别，以便于整理、记忆。在“写”的方面对学生的具体要求是：写包括课本、随身读本的感悟批注，还有读书笔记、周记、作文等（语文教科书、随身读本要求平均每页的感悟批注不少于50字，每周的随笔周记字数不少于600字），学生每学期书写量要达到3万～4万字。所有这些要求都通过学习小组的组长、科代表和科任老师的检查来落实。“读”与“批注”、“摘抄”虽有先后，也就是先读后写，但是，大多时候，是边读边写，读写同时进行。以上体现了“211式”中的“2”与前“1”。

为了落实“211式”中的第二个“1”，对课内文本的处理，主要采用“N+M”课时模式（N既是课时数，又表示是学生按照老师的要求自主学习的课时；M也是课时数，又表示是师生共同探究、展示的课时，即后一个“1”），如果自主学习一课时，展示探究一个课时，即表示为“1+1”；如果自主学习两课时，展示探究一个课时，即表示为“2+1”；如果自主学习一课时，展示探究两个课时，即表示为“1+2”。对于课外读本，主要采用“阅读+分享”的模式。阅读是个人阅读或小组共同阅读同一文本，先利用课外时间，读、记、写，这是“2”与前“1”；后以小组、班、级为单位，组织阅读分享活动，即后一个“1”。

作为中学生，在阅读过程中，不宜贪多求成，要循序渐进，形成良好的摘抄与批注的习惯，只要持之以恒，日积月累，就可以拥有丰富的材料和练笔积累，量变促进质变，从而提高语文阅读能力。

2. 生成了具有生本特色的阅读课堂教学课型

三年的理论学习和课题研究中，我努力钻研，不懈地探讨，形成了自己的以合作探究和交流讨论为核心的生本特色的“211式亲验阅读”课堂教学课型，并在学校语文学科教学实践中推广。

散文阅读案例《故乡的榕树》阅读活动方案、《故乡的榕树》阅读活动引导和《我的母亲》阅读活动方案、《我的母亲》阅读活动引导的活动设想就包括合作探究和交流讨论两个环节。合作探究环节以平时的学习小组为单位，以老师印发的《活动引导》为辅助材料，通过课外自主学习、小组合作探究去理解文章内容、感悟乡情；交流讨论环节以学生品读、涵咏为切入点，濡养学生的语言品味和鉴赏能力，提高学生的感悟与思辨能力，训练学生的作文表达能力。充分体现了中学生自主阅读的体验性和生成性。从活动设计上看，学生的学习是自主的，每一个学生的学习都有独立的空间，有选择的权利，老师并没有把眼光只停留在文本上，而是着眼学生能力的提高和精神品质的发展。给学生一个空间，让他们自己往前走，它与生本教育理念是统一的。

审美是建立在情感活动基础上的感受美、识别美、鉴赏美、表现美和创造美的过程。《故乡的榕树》《我的母亲》这两篇文章的教学设计充分利用文本的特点，让学生亲自感受文本的景美、人美和情美。从学生的当堂表现来看，体现了学生与文本的情感共鸣，而这种共鸣因为有了生命主体参与，又可以进一步激发主体的生命体验，使他们在本质上产生道德情感——对自己家乡的热爱之情。这种审美和道德情感体验是那种缺乏体验主体的牵强附会的德育渗透无法做到的。

2010年下半年，我指导徐茜老师设计的课例《合欢树》在雷州市高中语文优质课竞赛中以93分的成绩获得特等奖就是最好的明证。

此外，我针对诗歌阅读还设计了《置身诗境，缘景明情》教学方案、《置身诗境，缘景明情》学习方案、《诗歌单元学习方案》、《时评读与写》，这些都贯穿着我的亲验阅读和探究展示为核心的生本特色课堂理念。

3. 促进了我校学生语文阅读能力和语文学业成绩的提高

三年的“中学语文‘211式亲验阅读’教学研究”，使学生的语文素养得到大大的提高。学生们掌握了“211式亲验阅读”的学习方法，积累了大量可供借鉴、活用的原始素材，积累了可供驾驭语言文字的语感，积累了可供写作文模仿的表达形式、章法结构，积累了充分的作文练笔；培养了作文所需的思辨能力和材料取舍能力。

（1）成功举办了两次学生亲验阅读的成果展示。2010年12月、2011年12月，分别在高一、高二的第一学期末段举行了两次“雷州市第一中学语文亲验阅读成果展示”活动。共展示高一、高二年级学生有代表性的语文课本、随身读本和读书笔记1456本，充分展示了课题研究中学生的阅读与写作收获，也展示了学生在学习过程中不断成长的心智路程。

（2）学生作文能力显著提高。

2011年1月，课题组对实验班高二（1）~高二（9）（原高一（1）~高一（9）班）和非实验班的学生进行阅读水平和作文能力测试，结果显示实验班的测试成绩总体水平高，而且成绩分布离散度较小，由“课题实验班与非实验班阅读水平和写作能力测试成绩比较表”可知实验班学生的阅读水平和作文能力强，学生的测试成绩显著提高〔t（=3.463）> $t_{0.001}$（=3.373），$P < 0.001$〕。实验班的变异系数及标准差均较非实验班小。说明通过本课题研究，实验班学生的阅读水平与作文能力均得到发展，测试成绩得到提高。

课题实验班与非实验班阅读水平和写作能力测试成绩比较见表6-2。

2011年3月，高二学生（课题实验班）参与高三的湛江二模测试，语文科平均成绩为94.5，比去年（2011届）的高二学生（实验班）的语文科平均成绩91.7高了

表6-2

	平均分 t^*	标准差	变异系数（%）	优秀率（%）	及格率（%）	人数
实验班级	81.8	5.36	6.43	10.3	100	430
非实验班级	77.6	6.85	7.97	3.8	96.3	865

注：测试题目为同一份试题。t^*检验，两者比较，$P<0.001$。

2.8分。学生语文素养及测试水平均得到提高。

（3）学生作文喜获丰收。学校教研室一起出版了学生习作《读书真好》《“高唱我心中的祖国”获奖作品选登》阅读实验成果系列丛书；高一（9）班黄进樊同学的作文《“怪”老师》参加首届广东中、小学生作文PK大赛荣获特等奖，获得二等奖的有袁子珺等13位同学，获得三等奖的有谢齐民等7位同学。

学生写作能力的发展是本课题研究的落脚点。读写结合，以读促写，以写促读，极大地调动了学生的创作积极性，极大地展示了学生作文的个性和才情。

（4）完成并发表多篇论文。本课题研究过程中，经过课题组成员与本人的努力，共发表如下两篇论文：《希望在实验中延伸》（2010.10.已发表于《现代教育论丛》第九期 92-95页）、《以学生为本位，读悟写说并重》（已发表于《中学语文》2014年8期25-26页）。

（5）带动了一群热衷语文教学探究的教师。课题研究不仅是平台，是挑战，更是机遇，是教师成长、学生发展的机遇。我在设计课题实施方案的时候，并不单单考虑自己，也考虑了作为语文科组带头人之一的我应该为年轻老师的发展提供平台，并吸引了12名教师加入课题实验的行列，从教学教研入手，定期组织学习，定时收集教研成果，培育优秀教师。

在我的努力下，课题造就了优秀教研组长，成就了一群优秀青年教师。余华悦老师已是独当一面的高二年级语文备课组长，徐茜老师已成为语文科组的年轻王牌老师，去年参加雷州市高中语文优质课竞赛以93的高分获得特等奖，其他老师也在说课比赛、论文撰写等方面得到不同程度的发展。现在，雷州市第一中学的语文科组朝气蓬勃，一支“有朝气，有才气，肯钻研，敢钻研”的教师队伍基本形成。既提升了语文教师在学科老师中的形象，也提升了雷州市第一中学语文学科在校外的形象。

（6）积累了丰富的课题研究经验。一个富于生命活力的课题，必定因其科学性、实效性和可预期性而吸引老师的踊跃参与。通过这一课题的研究，从立项到中期研究报告到结题的全过程，使课题组的每一位老师都明白课题研究是怎么回事，课题立项如何进行，课题实践如何推进，课题成果如何积累等，使得他们对课题研究不再茫然。他们今后无论是个人独立研究还是与人合作研究，必能独当一面。

（十二）本课题研究的结题思考

1. 课题研究存在的主要问题

（1）教学设施不够完善影响了研究的纵深推进。学校硬件设施虽说齐全，但并未实现每个教室都装有多媒体平台，因此利用现代教学技术提高中学生自主阅读与作文能力提高的关系的研究有时还难以顺利实现，特别是图片阅读课难以进行。

学校语文阅读实验室里的图书更换大多时候跟不上学生阅读速度的需要，老师在设计分组阅读时，同一本书在量的要求上也达不到，这与学校的资金投入不足有很大的关系，直接影响了课题研究的纵深推进。

（2）课题研究的能力有待提高。由于是第一次进行课题研究，只凭热情，经验不足，对事情的发展缺少预见，给研究工作带来不少困难，再加上资料的研读不足，理论欠缺，对收集的数据分析不够深入，影响了课题研究的深度。还有个别老师学校事务颇多，有时布置下去的研究任务不能按时完成，从而影响到课题研究的进度，也挑战着我这位课题主持人的执行能力。

（3）课题研究效益的长远性与高考备考利益的目前性的矛盾。这一矛盾不单单存在于一部分老师中间，也存在于学生中间。这种思想的存在使得课题研究的执行迟缓，有时甚至处于一种只说不做的状态，特别是学生不予配合，老师让他做这，他偏偏做那，问紧了，“考试分数要紧。”这是最大的存在问题。

2. 今后的设想

（1）在课题研究过程中加强理论的学习，用“请进来，走出去”方式加强学习的广度和高度，加大对教师培训的力度。

（2）作为课题主持人，要尽最大的能力做好与学校领导沟通的工作，使领导在第一时间了解课题实验推进的进度和实情，看到课题研究的曙光、老师的工作热情、课题研究的效益，从而加大资金、硬件的投入；老师看到领导的关注和支持，为课题研究加力。

（3）课题研究中，做好个别老师和学生的思想工作，宣传课题研究的科学性、必要性、效益性，妥善解决课题研究中课题研究效益的长远性与高考备考利益的目前性的矛盾。

（4）“中学语文‘211式亲验阅读’教学研究”这一课题的研究虽然结题了，但对课题继续提升、推广的工作不应该停步，要把课题研究得出的成果，特别是有效阅读的最大方法、自主阅读的课堂模式继续加以践行、推广，在实践中完善，在总结中提升，在校内甚至校外推广，让课题促进教学，教学验证课题，形成一套行之有效的可操作的能长期实行的阅读与作文教学的行动策略，促进我校语文学科教学质量全面提高。

中学语文“211式亲验阅读”教学方法

雷州市第一中学 陈雁鸣

语文是一种基础工具，是承载和传播人类文明的工具，语文教学的终极目的是教会学生以语言为工具，学习前人的知识成果，广泛地吸取思想智慧，自由探索知识的未知领域。有关研究表明，学生的阅读能力在解答数学应用题中起主要的作用，学生可以借助语文阅读能力去理解数学应用题，语文阅读能力强的学生数学成绩相对要高一些。由此可见，语文阅读对于中学生学习其他学科的知识是非常重要的。但目前的语文阅读教学普遍不甚理想，学生的语文阅读能力偏低。当今的信息越来越多，越来越复杂。一个人，如果没有一定的阅读能力，是跟不上当今社会的发展的，因此，阅读教学在语文教学中占有举足轻重的地位。

叶圣陶先生说：“语文是工具，自然科学方面的天文、地理、生物、数、理化，社会科学的文、史、哲、经，学习和表达都要使用这个工具。”新课标也指出，中学生需要借助语文阅读去理解其他学科知识，任何一门课程的内容都离不开语文，语文阅读教学存在什么问题？需怎样来改进？

我们国内把阅读分为三种类型，即发展性阅读、功用性阅读和消遣性阅读；国外把阅读分为五种类型，即探测性阅读、理解性阅读、评价性阅读、消遣性阅读和创造性阅读。通过深入的比较，发现我们的“功用性阅读”“消遣性阅读”要求远远高于国外的阅读类型。而这两种阅读类型几乎成了我们中学生唯一的阅读。相反，国外的探测性阅读、创造性阅读在我们的语文教学中却相对较少。这与我们当前的教育机制有关，与我们的老师、学生的目标追求有关，即与考试无关的不会做太多的涉及，这是比较现实的。当然，随着教育改革的不断推进，这种情况将有所改变，但目前还没有得到根本的改善。由于我们采用的是比较功利和消遣的阅读方式，长久的引导，导致我们中学生普遍缺少深入阅读的兴趣，更谈不上探究什么阅读方法。这是值得我们每一位语文教师深思的问题。

什么是阅读？阅读就是通过视觉系统接受书面语言传递的信息，理解书面语言的意义、内容、思想感情的一种复杂的心理过程。

中学语文“211式亲验阅读”教学，其中的“2”指对文本的品读、感悟；前“1”指对自己的阅读感悟的记录；后“1”指把自己得到的阅读感悟在同学间互相传递、录入、研讨和分享。它是以信息论为理论指导，以学生的探究过程和发现创造为目标的阅读教学方法。阅读介质包括两个部分，一是教科书，二是课外书籍（传统的书籍、报刊，还有网络资讯、多媒体等）。这些阅读材料、文本，它是一个个系统信息群，亲验阅读作为学生获取信息的一种手段，通过它，学生从识别信息、解码信息、过滤信息、压缩信息到组合信息，使无序信息条理化，使隐性信息显性化，进而衍生出新的信息，达到对文本的有效理解与把握。亲验阅读过程中，学生不能单纯地把观察的重点放在文本的字词、句式、修辞上，重要的是关注文本中含有什么信息，哪些是重点信息，如何利用这些信息等。总之，阅读过程是认知信息的过程，而不仅是识别语文知识的过程。这就是“211式亲验阅读”与过去的阅读教学法的本质区别。在新课标的指引下，我们要教给学生的就是这种亲身阅读、独自处理信息的能力。

教师在指导学生亲验阅读的时候，是通过指导学生学会利用工具书解决问题，通过设计恰到好处的问题引导学生寻找信息、利用信息、发现问题、解决问题。同时，从“读写结合”入手，利用文本作为引例，以短文写作作为手段来进行作文教学，让课堂成为学生学习展示的平台。

（一）把学生当主体，建构自主学习与讨论探究的课堂模式

语文新课标明确提出：“积极倡导自主、合作、探究的学习方式，学生是学习和发展的主体。语文课程必须根据学生身心发展和语文学习的特点，关注学生的个体差异和不同的学习要求，爱护学生的好奇心、求知欲，充分激发学生主动意识和进取精神，倡导自主、合作、探究的学习方式。”

中学语文“211式亲验阅读”教学要求以学生为主体，先学后教。在文本学习过程中，主要采用“N＋M”课时模式（N既是课时数，又表示是学生按照老师的要求自主学习的课时；M也是课时数，又表示是师生共同探究、展示的课时），如果自主学习一课时，展示探究一个课时，即表示为“1＋1”；如果自主学习两课时，展示探究一个课时，即表示为“2＋1”；如果自主学习一课时，展示探究两个课时，即表示为“1＋2”。对于课外读本，主要采用“阅读＋分享”的模式。阅读是个人阅读或小组共同阅读同一文本，先利用课外时间，读、记、写；后以小组、班、级为单位，组织阅读分享活动。

学生由过去被动学习到现在的自觉学习、主动发展，这是中学语文阅读教学中真正意义上的变革。这种语文阅读教学模式对语文教师提出了更高的要求：（1）老师提出的，引导学生亲验阅读某一文本的问题，既不能过于具体，又不能过于笼统。这就要求老师自我全面发展，统观全文，明确文本的位置与性质；（2）开放的课堂，随机的质疑，学习过程出现不可预知性，这就要求老师不仅要有机智敏捷的反应能力，还要有较强的知识智慧、宽容平等的待人心态等能力素养；（3）教师不应是权威和真理的裁判，而应是学生学习的协助者和合作伙伴。

（二）让阅读成常态，促进课内文本与课外文本的双线落实

随着素质教育实施的不断深入，对学生的能力要求越来越高，考试中不仅考课内的文段，也考课外的文段。课内的文段，由于学生学习过，往往能做好题，而课外的文段，由于陌生，往往答不到点子上。特别是高考语文科目，考试的文本都是课外的，这也给当下的学生、老师造成错觉，都考课外的了，还学课本里的干嘛。于是，现在的高一、高二的老师在处理语文课本里的文本的时候，第一要务是教完文言文，剩下的现代文每一单元挑一两篇来教，赶上没时间了，挑出来的这一两篇也不教了，交代学生读一遍就行，大多时间应付的是考题训练和月考。这是现在语文教学的现状，为了追求高考成绩的收获，不仅我们老师忽略教科书的阅读教学，学生更是把语文课本当闲书，弃在一边，不屑于阅读。

苏霍姆林斯基说："让学生变得聪明的办法，不是补课，不是增加作业量，而是阅读、阅读、再阅读。"学生知识的获取、能力的提高、思想的启迪、情感的熏陶、品质的铸就很大程度上来源于阅读。可以说，对于一个人，在其一生的学习、工作和生活中，阅读是其生存的能力之一，因而，它对个人的成长、成才、成就影响都非常大。从这个意义上讲，让阅读成为常态，特别是在中学语文教学中，如何引导、落实学生进行课内、课外的双线阅读无疑是必须而紧迫的。

中学语文"211式亲验阅读"教学不因高考而丢弃课内文本的阅读，它采取单篇教学阅读、多篇比较教学阅读和学生自我阅读的形式，有计划、有时间、有任务、有检查地让学生全面亲自体验性地完成教科书内的文本阅读任务，最大限度地促成亲验阅读成为学生语文学习的常态。课内文本的阅读，其重要性及意义不言而喻。其实，从某种意义上讲，课外阅读比课内阅读更为重要。因此，中学语文"211式亲验阅读"中重视课内文本阅读的同时，又把课外阅读作为语文教学任务的一个重要部分。课外阅读主要采取学生自由选择文本和小组共同研读同一文本两种形式，在文本的选择上，既有老师提供的书目，又有学生自己的个性喜好选择。在学生学习上，两种阅读都强调学生的亲自体验，先读、写，再交流、展示。

单篇教学阅读，老师可以引导学生掌握阅读方法，养成阅读习惯；多篇比较阅读有助于调动学生学习的积极性，使学生认识到各类文章有何异同，从而增强他们的语文阅读能力；学生自我阅读可以训练学法迁移，检验语文阅读能力。可能有人担心，把大量的时间拿去让学生读书会不会影响我们语文课的教学？课文中很多有思想价值的东西，很多知识性的东西老师不去讲解学生怎么能获取呢？语文课还有上的必要吗？我认为，这取决于我们的观念，取决于我们是否相信学生。语文教学不应是说教，它应该是引导，引导学生学会利用时间，学会亲自阅读，在阅读中能自己体会、感悟，边读边批，边读边记。它比教师干瘪、照搬的说教要好得多。亲验阅读是学生亲身实践的个性体验的过程，学生读多了，语感就有了，也就会有感而发了，而且是发自内心的。实际上，学生语文水平的提高很大程度上来自课内、课外的读和写。

中学语文“211式亲验阅读”还可以采用以写促读的方法，让学生有目的、有意识地去读。比如，布置一些关于自然类、文学类、社科类的选题，然后让学生去读书、去查阅资料、去调查研究，从而使得学生想读书，爱读书，能读书，真正提高我们的语文教学水平、提高学生语文学习的水平。

（三）以亲验为方式，重视知识查找与感悟批注的读写结合

中学语文“211式亲验阅读”重视学生对于文本的思辨性思考，重视读写结合，但并不排斥对语文知识的学习。学语文当然要注意字词的读音、字形、词形等，但它们不属于阅读教学的范围，更不是阅读能力本身，它的目的不是为了学习语文知识。中学语文“211式亲验阅读”强调亲自体验，自觉学习，学会通过工具书解决一般性语文知识，拒绝把语文知识性学习作为阅读教学的能力训练内容。在自觉掌握阅读文本中的一般性语文知识的基础之上，以围绕阅读目的准确、快速、有效地把握文章的相关信息为基本原则，不断提高自己筛选、认知、处理语言信息的能力，进而培养自身的创造性。在这里，阅读是被当作一种终身受用的技能看待的，它符合当前以学生为本、以发展学生为最终目的的教育理念。

于漪老师曾说过：“语文的重要组成部分是读和写，不读不写就是对语文学习的釜底抽薪”。只读不写犹如纸上谈兵。适当的加上一些写的训练能更好地促进学生的阅读。面对阅读文本，亲验阅读要求学生利用工具书，通过自己亲自查找，解决生字生词等知识性东西。然后，依照文本体例特点，寻找信息，通读文本，找出

自己喜好、认为美妙的文句，并进行批注，写出喜好的原因、美妙之所在。阅读是对信息的筛选与接收，批注则是信息的思考、倾吐，思考、倾吐是否合呼一定的法度，则以筛选、接收有很大的关系。因此学生学会边阅读边思考，边思考边批注，这样是能够有效提高学生的阅读能力、思辨能力和写作水平的。唐代杜甫的“读书破万卷，下笔如有神”、西汉杨雄的“能千赋，则善于为之矣”都很好地说明了“读”“写”的关系，因此，只有边读边批，读写结合，才能更好地提高学生的阅读能力，培养学生的语文素养。

比如课本，要求学生对课文读一两遍后，对不懂的字词，要利用工具书，在课本字词的相应位置或空白处随手记上自己查找的结果（读音或意义），对自己认为“好的”“美妙的”字、词、句、段，用记号画出来，并在旁边写上自己的感悟性文字（旁批）或疑问。课外读本的阅读也是如此。同时，要求学生用笔记本摘录自己感兴趣的历史事件、生活素材、精彩文段、名人名句等。此外，教会学生对自己的摘抄、批注进行分类，并用相应的符号加以区别，以便于整理、记忆。在“写”的方面对学生的具体要求是：写包括课本、随身读本的感悟批注，还有读书笔记、周记、作文等（语文教科书、随身读本要求平均每页的感悟批注不少于50字，每周的随笔周记字数不少于600字），学生每学期书写量要达到3万～4万字。所有这些要求都通过学习小组的组长、科代表和科任老师的检查来落实。“读”与“批注”“摘抄”虽有先后，也就是先读后写，但是，大多时候，是边读边写，读写同时进行。

这样的边读边写、读写结合，不单单用于课内文本的阅读，也用于课外阅读里，还要推而广之，用于平时的生活感悟笔记上。总之，一个目的，就是千方百计让学生阅读书本，感受生活，再用自己的语言将自己的感悟及时地记录下来。

（四）以表现为形式，突出个性解读与写作训练的能力养成

中学语文“211式亲验阅读”教学在“N＋M”课时模式的共同探究、展示的课时里，以学生的自主表现为课堂表现形式，重点在于突出学生阅读过程中的个性解读和写作能力训练。它的基本流程是：①学生发言，与同学分享阅读中自己的发现与思考成果；②问题切磋，交流评价，反馈阅读质量。通过其他同学的质疑、补充，进一步提高阅读效能；③当堂读、写，把阅读和读写练习再次结合起来，强调能力的反复训练与养成。这种的课堂，学生的表现非常活跃，提问特别多，老师、学生的问答不能是简单的对错判定，更多的是平等的协商与讨论，从而养成学生正确的提问方式：先陈述自己的观点、理由，再询问老师的看法并与之讨论，如不同意教师的意见，再进一步质疑。

“学贵有疑，小疑则小进，大疑则大进，疑者觉悟之基也。一番觉悟一番长进。”这是明代学者陈献章的话，朱熹也认为“读书始读，未知有疑，其次则渐渐有疑，方始是学。”可见，有疑才有发现，有发现才有自我，才有个性，才能养成良好的阅读习惯和提高阅读的主动性。

在当堂读、写的环节，老师可以就文本的体裁特征，设计当堂写作训练，让设计有所依托，写练有所模仿，方法可以借鉴。比如教授高一年级的《荷塘月色》一文时，我就在当堂写练这一环节，就《荷塘月色》中的“曲曲折折的荷塘上面，弥望的是田田的叶子。叶子出水很高，像亭亭的舞女的裙。层层的叶子中间，零星地点缀着些白花，有袅娜地开着的，有羞涩地打着朵儿……”这一段设计仿写。文本中优美的文段、句式、整齐的句群、贴近生活的主题都可以设计成当堂写作训练任务，每篇文本都如此，不断的积累，学生的写作水平必定会得到有效的提高，而学生的阅读能力也会在自己亲自探索过程中一步步的提高。

广东省教育科学规划项目成果鉴定

“中学语文‘211式亲验阅读’教学研究”这一课题是针对当前语文课堂教学存在问题进行深入分析和当地中学语文教学现状而提出的，它的研究在中学语文教学实践中具有重要价值和创新意义。课题研究历时近四年，有近2000名学生及20位教师参与，取得了可喜的成果。课题研究成果具有重要的理论意义与实践意义，为贯彻新课程标准，推动中学语文课堂教学改革与创新，改变当地中学语文教学现状做出了积极的探索和贡献。课题具有时代性、学术性和很强的实践性。

“中学语文‘211式亲验阅读’教学研究” 的主要特点如下：

（1）科学性较强。坚持从实际出发，从问题出发，贴近时代，贴近生活，将研究的重心放在语文阅读教学如何实施的具体方法上，遵循亲验化、个性化、具体化、可操作的原则，教学设计案例既体现文本特色，又亲近学生，学生的亲验学习成果丰富，研究问题真实，结论可靠、可信，符合中学生成长规律。

（2）规范性较强。坚持理论与实践研究相结合，组织、顾问、操作管理相结合，指导具体，研究有序，资料丰富，概念清晰，论证合理，逻辑严谨。

（3）有创新价值。提出了具体的“211式亲验阅读”方法——品读、感悟、记写、讨论，具有很强的可操作性。让学生重新认识语文学科——有书可读，有事能做。课题在中学语文的学法研究上有不少创新之处。

（4）应用性较强。实验操作较简便、易行，方法正确，实验研究信度高，效果显著，在雷州市产生了一定的社会效应。该成果对解决当前语文教学的尴尬处境起着重要作用，为雷州市甚至本地区的语文教学改革提供了理论和实践的依据，有广泛的应用和推广价值。

课题研究存在的主要问题：

（1）教学设施不够完善影响了研究的纵深推进。学校未能实现每个教室都装有多媒体平台，语文阅读实验室里的图书更换大多时候跟不上学生阅读速度的需要，直接影响了课题研究的纵深推进。

（2）课题研究效益的长远性与高考备考利益的目前性的矛盾。这一矛盾不单单存在于一部分老师中间，也存在于学生中间。这种思想的存在使得课题研究的执行迟缓，有时甚至处于一种只说不做的状态，特别是学生不予配合，老师让他做这，他偏偏做那，问紧了，“考试分数要紧。”这是最大存在的问题。

课题“中学语文‘211式亲验阅读’教学研究” 在雷州市产生了一定的社会效应。2012 年10月，在雷州市第二中学郭乃宁副校长的邀请下，陈雁鸣老师作为课题主持人到雷州市第二中学给语文科组的老师做了《中学语文“211式亲验阅读”教学的开展》的讲座，指导雷州市第二中学开展语文阅读实验。 2013年4月，又带着课题组徐茜等几位老师到客路等乡镇中学进行语文阅读教学示范，指导他们学校进行语文阅读教学实验。在课题组老师的指导下，在他们学校老师的努力与坚持下，他们学校的语文阅读教学实践都取得很好的成效。

陈雁鸣老师主持的“中学语文‘211式亲验阅读’教学研究”在管理和经费使用中符合规定，研究成果已达到鉴定要求，并通过了湛江市课题管理小组、广东省教育科学领导小组办公室课堂管理组的成果汇报鉴定。

二、亲验与表现的课题研究成果

“中学语文‘211式亲验阅读’教学研究”历经三年的努力，取得了丰富的成果，主要包括读书笔记展示（图6-4 ~ 图6-11）、学生习作的文章、课题研究发表的论文和课题研究形成的课例四个部分。具体如下。

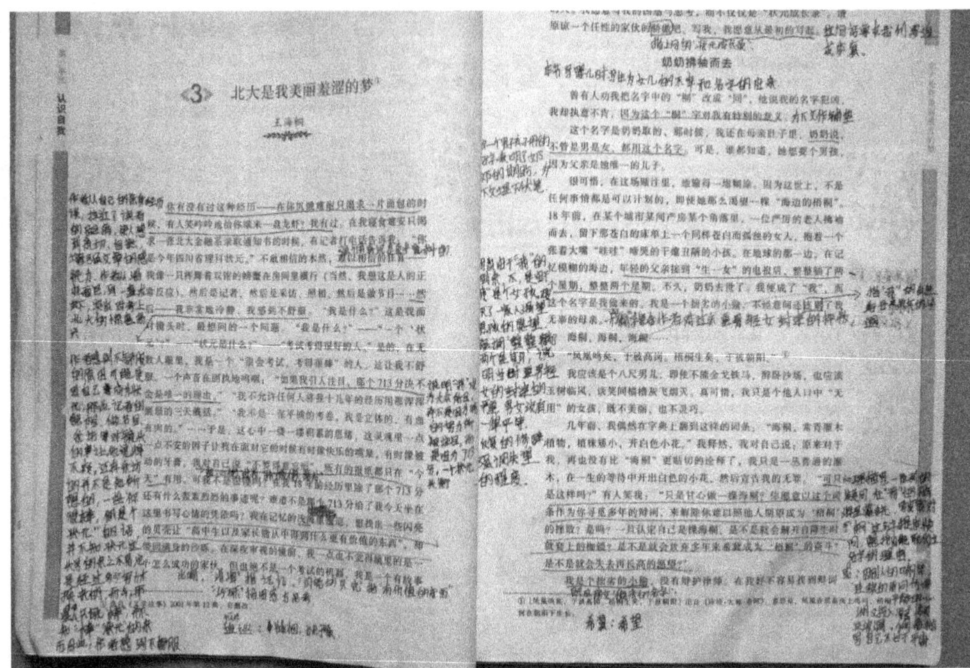

图6-4

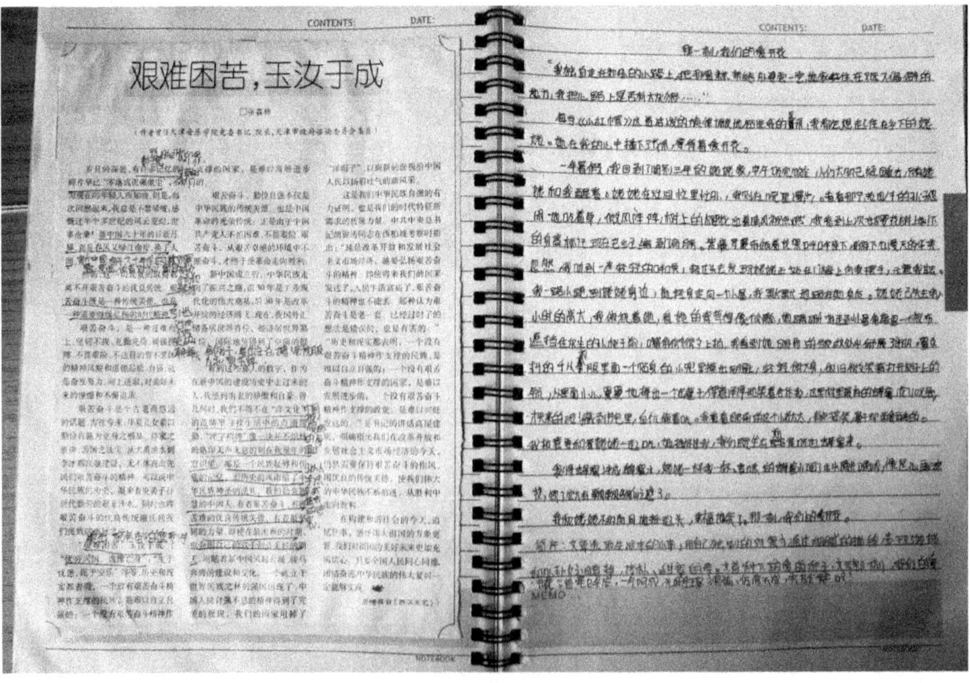

图6-5

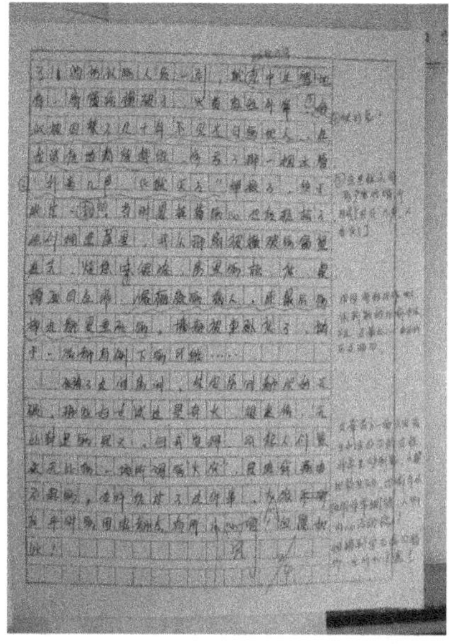

图6-6

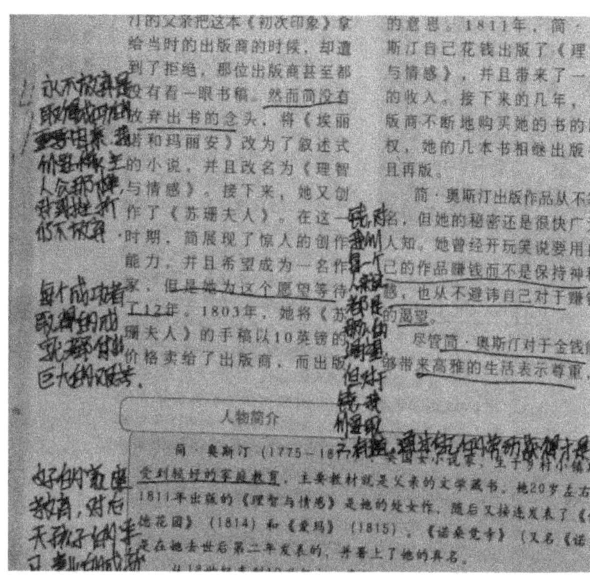

的意思。1811年，简·
斯汀自己花钱出版了《理
与情感》，并且带来了一
的收入。接下来的几年，
版商不断地购买她的书的
权，她的几本书相继出版
且再版。

简·奥斯汀出版作品从不
名，但她的秘密还是很快广
人知。她曾经开玩笑说要用
己的作品赚钱而不是保持神
感，也从不避讳自己对于赚
的渴望。

尽管简·奥斯汀对于金钱
够带来高雅的生活表示尊重，

人物简介

简·奥斯汀（1775—18
受到较好的家庭教育，主要教材就是父亲的文学藏书。她20岁左右
1811年出版的《理智与情感》是她的处女作，随后又接连发表了《
德花园》（1814）和《爱玛》（1815）。《诺桑觉寺》（又名《诺
是在她去世后第二年发表的，并署上了她的真名。

图6-7

图6-8

图6-9

图6-10

图6-11

学生在亲验与表现学习中的习作文章

习作1：
从“阅读”中收获
高一（1）班 蔡尚余

秋天，成熟的果子挂满枝头，金黄的稻穗一排排，桂花十里飘香……那才是令人兴奋不已的收获季节。然而，在这寒风呼呼、冷酷的冬天里我也能收获到一些东西。

阅读课已经上了几次，从中收获不少。起初，到语文阅读实验室读书只是为了能够多学一下人家的写作方式，学习如何去写好一篇文章。因为我曾在一些作文的前言中了解到，广泛阅读是写作的基础，尤其是阅读同龄人的作文，因为同龄人的观察、体验等都比较接近，有利于思想的沟通与交流，而且能够从中汲取营养来充实自己，久而久之，写作能力也会有所提高。

后来，我才发现，通过阅读，可以培养人的情感，这是为什么呢？因为别人通过真实情感来感动你，如果多读这类文章，就会培养起一种情感，也会为自己以后写文章奠定感情基调，写起文章来也不那么让人觉得乏味了。过去，就是因为不喜欢把真实情感写出来，才觉得写文章很难，即使是写了，也很枯燥。

其次，通过阅读那些励志、具有积极作用的文章可以增强自己的自信心，使自己变得乐观，也可以通过多练这类文章来鼓励、激励自己，充实自我。

第三，通过阅读，可以收集到许多好词好句，这对以后的写作很有帮助。还可以积累一些材料，开拓我们的视野，为今后写作奠定基础。

第四，通过阅读，才越来越发现自己的无知，才真正感受到“知识永无止境”，这样会更加激发自己的学习兴趣。

……

有人曾向大文豪鲁迅讨教过写作秘诀，他却说自己的作文是通过多看多练，没有什么心得和方法。由此可知，要写好一篇文章，首先要通过广泛阅读。

通过阅读，可以增长知识，增加才干，陶冶情操……

在这没有生机活力的冬天里，我们收获不到像秋天一样的累累硕果，但我们可利用古人所说的“三余时间”来阅读，收获不是更大么？

习作2：

让心灵在书中憩息

高一（19）班 林雪华

秋高气爽，四周都是一片冷清清的，心带有一丝忧愁的我心绪飘浮不定，此刻只有书才是我的定心剂。我已记不清是何时喜欢上了书，但看书的那种感觉至今我仍记忆犹新。我喜欢看书，我很享受看书时的那种感觉，我很享受书本给我的乐趣，书本是我心灵的寄托，是我心灵的储蓄。不管当时我的心情怎样，只要我看书，我的心灵就会憩息于书中，寄生于书的世界里。

躺在床上，我投身于书本中，正在那儿津津有味地享受着书的乐趣。但蓦然回首，原来我已经有了那么多"书友"，有那令我激情万丈的《西游记》，有那令我万分忧伤的《红楼梦》，有那令人豪气昂扬的《三国演义》《水浒传》……是的，初中三年我读了许许多多的名著，如：《骆驼祥子》《钢铁是怎样炼成的》《汤姆索亚历险记》《苦儿流浪记》《巴黎圣母院》《飘》《汤姆叔叔的小屋》等，读了这些书，我受益匪浅，我不仅了解了书中的内容，我还学到了很多东西。如读了《汤姆索亚历险记》之后，我从小主人公汤姆索亚的身上学到了勇敢、坚强、面对困难时沉着冷静，机智勇敢。由此，我读书体会到了书能修身养性的作用。

古人云："读书使人明智""读万卷书，行万里路"。是的，读书能扩宽人的视野，增长人的知识，强化人的知识。一个能博览群书的人，那么他的知识面一定很宽广。读书的好处很多，读书能修身养性，提高自己的文化修养。不仅如此，读书还可以丰富人的想像力。

我喜欢读书，我喜欢自己一个人静静地看书，自己一个人在脑海里慢慢想像着书本里人物的样子，想像着其故事情节的发生，把自己融入书本中，置身于书的世界里，让心灵在书中憩息。

最近，我刚看了一本名著，名为《呼啸山庄》。它讲述了希斯克利夫与凯瑟琳两个人涉及两代人的凄惨故事。男主人公希斯克利夫是残忍、凶狠、恶毒的人，令人很恨他，但他对凯瑟琳感情的坚守、真挚又削弱了读者对他的恨意。女主人公凯瑟琳是一个美丽的姑娘，但因当时的社会环境不能与她的意中人结为人生伴侣，必须另嫁他人，这激起了希斯克利夫对她的恨意，也导致了她以后人生的悲剧和她女儿小凯瑟琳人生悲剧的发生。上一代人的恩怨涉及下一代，这期间的恩怨纠纷真的是扣人心弦。读这本书的感觉我记忆犹新，每当我读到凯瑟琳受到希斯克利夫的伤害时，我的心总会好难受，我知道我已将自己融入书中了，书已成为了我生活中的一部分。

书是我的好友，它是我心灵的寄托。蔚蓝的天空下，我捧着书本，让心灵在书中憩息，遨游于书的世界。

习作3：
读·悟·得
高一（1）班 陈有米

近来，我读了一本《中国名人传》，真是令人大开眼界。我突然有了这样一个想法："假如没有这些人物传记的话，可能世界上的一些名人要多花几年，甚至是几十年才能够成名吧。有些名人可能就是看到以前的某个名人如何成名，然后就借鉴了别人的方法，也使自己成为名人吧。"

我不敢说绝对，也许有的人一生下来就是具有了成为名人的天赋。就像李阳吧，他就是靠 "喊"这一出色天赋成为名人的。并且李阳他自己也写了自传，供人们借鉴，使人们了解他的成功之路。

其实，人才是真正的一本书，如果你读懂了人，特别是名人，那么你的为人也会不成问题了。社会是以人为主体的，历史是人创造的，主宰这个世界的，说白了就是人！钱钟书也认为——人生是一部书。所以他写的东西只能是"写在人生的边缘上"。意思就是说，既然人生是一本书，如果你对人生的点滴感悟写下来了，那么这些感悟只能是人生这部书的眉批。因此，我们写的任何书——只能是写在人生的边缘上。

"以铜为镜，可以正衣冠；以史为镜，可以知兴替；以人为镜，可以明得失。"唐太宗李世民在1000年以前，也就是于我之前就发现了这一真理——读人。

为什么要读人，皇皇七十二史就是最好的回答。史记人，人读史，古人教今人。如此循环，才能使今人不至于重蹈覆辙，才能缩短今人成功的时间，减少在黑暗中摸爬滚打的时间。使下一代不必要从零开始，可以承接古人，薪火相传，使社会发展得更快些。

鲁迅先生也提过"拿来主义"。其实，许许多多的知识，都是学来的，世界没有那么多的天才。因此，我们要通过读书来获取知识、教训，甚至是经验。书读得越多，你的见识就越广，你积累的"人生经验"也就会越多。甚至可能拥有一个"有先见之明"的能力呢。

因此，我敢说，读书是必要的，读书可以冲击你的旧思维，使人"先进"。不久前，我读了梁实秋的作品，梁实秋是近代作家，而他的对某些事物的看法，他的思想、观点现在于我看来，还是那么的新！而且，他的某些观点，甚至与我想过的某些观点不谋而合，我好像是找到知音了。但是，我又悲哀于当代的我远远滞后于近现代的梁实秋。为了不至于远远滞后于时代，我们从现在起就应该抓紧时间去读书呀，给自己的精神进行一场革命呀，虽然读书只能得到的是蛛丝马迹。

长江后浪推前浪，是因为前浪成了后浪的踏脚石。书，你这人类社会大海中的前浪，你这个踏脚石，你这智慧的人——读你千遍也不厌倦！

点评：作者在开篇就点明自己在阅读中的见解，颇为独到，正应了文题“读、悟、得”，然后从李阳说到钱钟书，又从钱钟书说到鲁迅，从这些名人的事和话来说明“读”是借鉴、进步的基础，而要更好地借鉴，必须在谈中悟，悟中谈。

名人名言的利用和歌词的引用，也是本文的特色之一，本文作者能让观点更为明晰一点会更好。

——陈雁鸣

习作4：

柔丝般的梦

高一（1）班 陈晓琳

阅读课上曾经读到这么一句话：“你那氤氲的眼睛似乎包罗万象，即使我会迷失在里面，我也要去探索。”我的“那双眼睛”就是一块块方方正正的汉字拼成的美妙世界，徜徉于一颗颗有灵性的文字构成的海洋是我最快乐的事。

沉迷于名著的典雅，痴迷于小说的曲折，留恋于散文的优美，向往于诗歌的朦胧，还有话剧的灵活。每拿起书本，就觉得心头很温暖，就像一个无家可归的人找到了归宿。

我就像一个“饿疯”了的人，见到“粮食”就啃，但绝不啃“不健康”的“垃圾食品。”一直幻想着拥有一家书店，免费借书给志同道合的朋友，共同探讨书中的美妙，交流思想，会有很多的收获。

曾经有一次，我同学告诉我“莎士比亚的书简直看不下去”，再加上很多文人都喜欢把“莎士比亚说……”挂在嘴边，因此莎士比亚给我的印象是无聊、啰嗦。当我“逼迫”自己去看他的作品时，完全被震撼了。《罗密欧与朱丽叶》塑造出的爱情悲剧形象让人“肝肠寸断”，一个个“差一点”葬送了两个如花的青年，一场家庭的纷争拆散了一对有情人，悲凉啊！可是，拿起莎士比亚的喜剧，取遗憾、惋惜而代之的是捧腹大笑，甚至喜极而泣。《驯镖记》给我印象最深刻：一个刁蛮的大小姐在

“霸气”丈夫的磨炼下变成一个温顺的女人。没有天生的性格，只要方法正确就能改“莠”为良。莎士比亚构造的故事情节扣人心弦，他的文字更是像赋予了灵魂。枯燥无味的描写，他也能表达得有声有形，耐人寻味，总在一番推敲后看到他的才华，妙不可言啊！就这样，莎士比亚成了我的偶像。

其实，人的口味、思想、经历不同，对事物的看法也有所差异。如果不是我身边人对莎士比亚的“厌恶”，我也不会去欣赏他的作品，更不会知道他是我的榜样。有人说徐志摩是个文雅的“色狼”，而我认为他是不可多得的“情圣”。在伦敦留学间结识了才女林徽因后，诗情大发，虽然“失之东隅”，却也“得之桑梓”。那首轻柔的、唯美的、浪漫的《再别康桥》成了多少人的梦想，那首短小的《渺小》道出了多少人的心声。徐志摩的性格就是我随手写作的风格：灵感一来就像一江春水，不想写时怎么逼都是苍白的语言。

莎士比亚、徐志摩遥不可及，而我在翰墨香味中触摸了他们的灵魂，因此我是幸运的。笔在我手中，我很好奇它们在我的挥洒下的效果，就像我永远好奇合着的书本里面的内容。

那一本本透着香味的书，你身上透出的磁性紧紧地吸住了我，心坎最柔软的那块地方，永远是你的归宿。如果我是笔画，我会组建一个美妙的世界；如果我有一家书店，我会把这些美妙收集起来；如果我能读到很多精神食粮，我一定会毫不吝惜与人分享。

点评：作者从富于灵性的方块汉字谈到典雅的名著，谈到自己饥饿般的阅读，娓娓道来，读书对作者来说就如做“柔丝般的梦”，很温暖，很美妙，这就是作者读书的感受。同时，作者又以莎士比亚与徐志摩的作品为例，读到自己与别人不一样的发现，这是真正的阅读。总之，阅读给了作者最大的享受。文章语句通顺，字里行间流露着作者细腻的阅读感，也充满着“柔丝般”的诗意。

——陈雁鸣

习作5：

泛滥的书香

高一（2）班 王思思

风夹着书香拂面而过，我渴望在这和煦的阳光下，在翳郁的森林里捧着一本书，听溪水潺潺悠悠，听鸟雀的柔声细语，听素馨花恬静地开放在这风中。让书本也就这样纷飞，开放在我的窗口……

“书是人类进步的阶梯。”梦里，曾多次在书海里畅游。想想，它已伴我多年，而我的“渔船”里也载着无数的金鳞，一直向海的更深处撑浆。

“走出家门便是天涯，但不管我流浪的足迹向何方，却永远也走不出父母的爱的包围。”看到这句话的时候，我心疼了我那日夜奔波的父母，以前一直都不愿意承认的事实再也不能坚持了。原来，一直是我不够乖。是的，每个人都要走过不同的路，但唯一不变的是，家乡老屋檐下那颗牵挂的心。在字里行间之中，我学会了珍惜。

“真正有价值的东西，要通过时间来慢慢体现，会在嘲笑中升值。”每个人都曾有过失落的过往，嘲笑之中的我却想到了放弃。但这句话却狠狠地掐灭了这念头，我重拾希望。它让我明白，真正的聪明人是有立场的人，而他不会让别人偷走梦想。的确，自信是成功的保障，每个人都不甘心堕落为一粒沙子，被湮没在沙土里。

“那年夏至，沉沉的忧伤。手心里，紧紧握着发黄的回忆。”难过的时候，回忆感伤的时候，这句话引逗了多少人的眼泪。可就在泪水的空隙里，我们又找回了一丝的慰藉，伤感有了肆意的流泄。书，有时是感情的寄托所，每个人都能到那里找回一颗北极星。

在书里，我认识了居里夫人和徐志摩；跟着鲁滨孙去冒险，亦曾看黛玉葬花、凤舞九天；去过遥远的星球和陌生的驿站，看着过往的人开始远去；到过美丽的草原去看星星；看着藏羚羊高高的角开始流泪，茂密的热带雨林开始“掉发”……

在书里，我穿上民族的衣服，领略高山的豪情。我把奇岩洞“喊”出了水；懂情歌的风流草在这个季节开始舞动身姿；我走在沈阳市的寒坡，开始一遍遍地思考为何“上坡省力下坡难”的问题……

世间万物，美丽纷扬，无奇不有。我在书里，把世界游遍了，把人生也走了一回。

这年夏至，书香开始泛滥。我载着满船的“收获”，翻开了旧旧的典籍，书香迅速钻进鼻子里，我大声地念着：“梦，在大漠驰骋；狂喜的心，在河边歇息。”

天亮了，书香仍在蔓延。我看着满满的收获，撑起了桨向哈默菲斯特驶去。这一程，有书，不寂寞……

习作6：

书 香 人 生

高一（2）班 陈 佳

古往今来，书在人们的生活中扮演着十分重要的角色。书，是历史的智慧，是劳动的结晶，是人类进步的阶梯。读书，可以拓宽我们的视野，增长知识，给人享受，让人愉悦……

既然读书可以给人带来这么多的“财富”，我们何乐而不为呢？

有人说，读一本好书犹交一位良师益友，它会告诉你什么是真善美，什么是假丑恶，让你明辨是非……如读列夫托尔斯泰的《复活》，把当时社会的黑暗和人们那被扭曲的嘴脸写得淋漓尽致，最后主人公思想、精神方面得到洗涤和升华；读《寄小读者》，我们能感受到作者的拳拳深情，领会作者的殷殷厚望……

在读书的过程中，我明白了爱的博大和奥秘，因为爱的存在，才让这个社会多姿多彩。例如，王昭君，她背负着历史的使命向我们走来，她为了汉匈一家走来，为了人民的生活能够安定、和谐而走来，走过那大漠金色的草原。有时候，我曾想如果王昭君不出塞和亲，没有爱的话，汉朝会怎样？老百姓的生活又会怎样？我曾静静地打量着这段历史，领会它的博大精深……

通过读海伦·凯勒的《假如给我三天光明》，了解生命的意义，人生的真谛：人应该好好地珍惜自己的生命，珍惜好这一切，不管生活中有多大的困难、挫折，一定要咬紧牙关走下去，因为这世上没有跨不过去的坎。

同学们，经历了读书的酸辣后，总会有另一番风景吧。

通过读书，我知道了人一定要有自己的理想，并一定要坚持自己的人生信念。贝多芬，著名的音乐家，在自己小有名气的时候，不幸降临到他身上。双耳失聪，这对一个音乐家来说无疑是个致命的打击，这也就意味着他今后只能在无声的世界里生活。可是，他并不放弃自己，他要跟命运作斗争，他要扼住命运的喉咙，通过木棒走向有声的世界。就这样，不放弃自己，坚持自己的人生信念，最终谱出伟大的《命运交响曲》，书写了人生的篇章、传奇。

通过读书，我了解了人生，生命的意义；生命只属于我们一次，然而生命不是一篇“文摘”，只接收精彩，不摘录平淡；生命也不是一次彩排，不尽人意可以重来；生命不是一次的“边载”，而是一个完整的过程，无论成功还是失败，他都不会留下空白。生命是一部大书，所有的章节必须用我们的血汗来撰写。

同学们，读书可以给人带来这么多“财富”，这么多的意义，我们何不在书中找“颜如意”和“黄金屋”呢！

我愿意，以读书作砝码，用人生作天平；我相信会称出一个完美的人生。

习作7：

千年·寻梦

高一（2）班 陈小斯

赋闲午后，云气氤氲，呷一口香茗，翻开一页薄纸，扑面而来的，是浓郁的文化气息，让人陶醉。

我爱读书，尤其是史书。在那里，有“杜甫”会当凌绝顶，一览众山小的豪壮气概，有“秦王扫六合，虎视何雄哉”的帝王霸气，还有李清照“物是人非事事休，欲语泪先流”的忧愁哀叹……

我仿佛是一个执着的寻梦者，苦苦寻觅着，在这纸间存活了千年的那些人，那些事……

孔雀东南飞，五里一徘徊。

那个美好精致的女子，刘兰芝，那段悲哀无奈的恋情，他们本该幸福，最终却只给历史留下一声如杜鹃啼血般的哀叹。站在历史的末端，依稀间，仿佛还可以看见那抹纤细坚定的情景慢慢地、慢慢地投入那潭寒彻心脾的湖水中……

看《孔雀东南飞》，我感受到了一个女人的坚强，一段历史的悲哀。

一朝春尽红颜老，花落人士两不知。

有人说，黛玉是水做的女人，但我总觉得，她的爱是那么像一个不知所措的孩子，她的眼泪凉透了那段注定没有结果的爱情，让人怜惜。没有人知道，在屋外一派喜气洋洋的贺喜声中，她捧着一颗破碎的心，如何闭上她那流了一生眼泪的眼眸……

读《红楼梦》，我看到了，一个家族的没落，一段爱情的凋零。

风萧萧兮易水寒，壮士一去兮不复返。

荆轲，那个当了一生刺客，却以最英雄的方式离开人间的男人。我们怎能想像，那个男人是怀着怎样的勇气去执行那个从一开始就没有希望的任务，一切都随着他的死亡而没了答案，我们只能遗憾，那个英雄，直到死时，仍是独自一个人……

阅《史记》，我听到了一曲男人的壮歌，一段历史的悲鸣。

逝者如斯夫，那些人、那些事早已随着历史的消逝而风化，只有这些书，在记录着他们刻骨铭记的记忆。

如今，我仍在寻梦，寻那些千年不变的美好的梦……

习作8：

阅读是一种孤独

2011届高二（13）班 周剑东

曾经读过著名女作家毕淑敏的一篇名为《阅读是一种孤独》的文章，今天的阅读课也算真正体验了一下这个滋味。

阅读是一种环境上的孤独。当我捧读一本书，徜徉字里行间时，我们和作者对话，和书中的人物对话，这时我们需要清幽的环境。嘈杂环境我们固然能读进去，但不能走进去。读得进去只能粗略地感知作者的思想感情，而很难以亲历之体验，最大限度地领悟文章的意旨。走进去，这时候你便似身处“世外桃源”，获得身体上极大的精神满足。曾记否，夜深人静时，与书相拥，独坐竹板椅，伴随窗外丝雨通夜阅读，思绪在文中游走，情感在文字间宕跌，这是何等的惬意。读孔孟言，悟李杜诗，品刘墉文，赏巴金章，积智慧之沙，组文学之塔，感悟阅读之美。

阅读是一种心理上的孤独，“宁静而致远”是一种境界，阅读也同样具有一种境界；孤独心灵上的孤独能够祛除心理上的杂草，专注于文章的一句一诗，这样对文中的精华才能摄取自如，知识宝库储金才会越积越多。

阅读是精神上的孤独，古今中外，凡成大事者无不是精神上的强者，阅读作为人类获取信息的一种途径，是一种丰富人生积淀的好方法。书籍是人类至高无上的最好精神营养。世界充满欲望，在这物欲横流的世界有得必有失，但乐观的人总是认为失是为了更好地得。阅读就是这样。当你选择阅读这种“孤独精神至宝”就意味你将失去许多与友人觥筹交错，推杯换盏的时间，但作为真正愿投身附魂于书本的人来说，不会因失去这样的机会而惋惜。因为他们深知阅读是雷州市第一中学精神上的孤独，没有精神领域的孤独，也就称不上正版的阅读。

阅读是一种物质上的孤独。当一个人全方位投身于孤独的阅读境界时，其书架、床头只是孤独的书本，在其接触的物质世界中，书是其中的孤独之至。

阅读就是一种环境、心理、精神和物质上的孤独，这样的孤独是美丽的孤独，是智慧的孤独，我喜爱这样的孤独。

阅读的本质是孤独，在孤独的时候，我懂得了阅读。

习作9：

谁来拯救这个世界

2011届高二（13）班 郑嘉莹

最近，有一件事令我心寒。

浙江省乐清市发生了一次离奇的碾车事故。

六年来一直与政府官员作对，为村民土地积极维权的村主任钱云会残忍地被一辆工程车碾死了，死时双手举着，只有颈部受伤。事发现场的摄像头突然失效。虽官方说词是交通事故，但路面上一点痕迹都没有。……各种细节扑朔迷离，含含糊糊，但警方却没有做进一步调查，而是迅速定性为交通事故。

警方为什么如此迅速地想要了结此案？为什么在新闻发布会上闪烁其词，没有给愤怒的村民和不解的媒体一个正面的答案？

照此说来，就像很多人所说的，他们想隐藏什么真相，也就是说，这很有可能不是单纯的交通事故，而是一起有预谋的杀人事件，其动机最有可能是因为钱云会在土地问题上“得罪”了地方政府。

我不是什么侦探，我也不可能有能力将这起事件弄个水落石出。我只是诚恳地祈祷，祈祷好人终有好报，坏人终因其种下的恶因而遭到应有的报应，仅此而已。

我相信钱主任是个善良的人，敢跟恶势力斗争的人，他是个好人。他不同意政府的不合理征地行动，因此他告发政府官员非法夺取他们村146公顷土地，并为了他牵挂的村民们，为了村民们祖祖辈辈辛勤耕耘，早已视为珍宝的土地，一直奔波上访维护权利，持续了六年之久，直至他的心脏停止了跳动。在这六年里，由于他的“不配合”，那些打着“为人民服务”旗号的政府官员，曾将他逼进监狱，长达三年半。他真是极勇敢的人！即使面对那些有着狰狞面貌、安逸享乐、大腹便便，比魔鬼还可憎的家伙，也不低头、不屈服。即使知道危险无处不在，甚至连心爱的亲人朋友也暴露在危险中，他还是坚定地站在正义那边。就像在战火纷飞的年代，明知道自己极有可能面对敌人冷冰冰的枪口，倒在血泊中，但还是刻不容缓地奔向前线，为的是保家卫国。而钱主任，他为的是什么呢？也许只是单纯地尽自己作为主任的职责，为村民维权吧。也许是为了撕毁那些当官的所戴的假惺惺的面具吧。不知道，但是，我知道，他才是真正对得起人民，真正没有做抹黑曾经是人民的好党——中国共产党的事，真正是个正义的、了不起的大人物！

当官的禽兽们，确实太令人失望乃至绝望了。这里，我不是否认所有的官员，因为有一部分人是对得起良心的。虽然我知道，人在江湖，身不由己。官场就像一个有摇头丸、有K粉、有暴力色情元素的非法舞厅，这里充斥着太多的浑浊空气，使人分不清黑白，找不回曾经的真诚和温暖。

尽管绝望，但我多么希望他们能够记得他们是人，人是有人性的、良知的。他们真应该认真倾听他们的真心，告诉自己，自己手中握的是一条人命，一条无辜的生命，一个比自己还高尚还干净澄澈的灵魂，如果仅为了掩盖自己的滔天罪行，隐藏一个肮脏的真相，而让一条鲜活有力的生命从此不明不白地逝去，甚至来不及去拥抱自己所爱的人，那么自己真的已经堕落，已经不再是一个真正意义上的人了。多希望，真相能够最终明了。我想，这也是愤怒痛苦的村民们、钱主任的妻儿朋友以及82岁高龄本应安祥走完一生却悲痛白发送黑发的老父亲最好的夙愿了吧。

我相信，纸终究包不住火。我也相信，天使永远站在美丽一边。我还相信，好人会一直好好的。我更相信，我们的世界还不算太坏。

因此，请不要让我的信任一次次破灭，让我的心一次次冰冷冻结，好吗？

习作10：

生命的立起

2011届高二（13）班 温亚梦

一只很小的虫子，能在没有水分的茫茫大漠一代代生存繁衍，我纳闷它们靠什么活着？看了电视上的一个自然类节目，让我再一次惦记起这些小生命，并对它们生出几分崇敬来。

清晨，沙漠中的小虫们早早起床，打开房门，一只接一只地从沙丘底部它们的家爬上来，在沙丘顶上列队，一大排地立起身子，把它们光滑的背甲对着同一个方向，在太阳还没有升起的时候，会有一阵清风从这个方向吹来，抚过沙丘的表面，爬上小虫的身体。风缓缓地、软软地、悄悄地来，小虫长时间一动不动，在它们的背甲上也悄悄地凝起了水珠，这是晨风带来的仅有的一点湿润，水珠越聚越大，它们相互融洽，终于，成了一颗水滴。水滴从小虫的背上流下来，流过它的脖子、脑袋、鼻子，最后，流到它的嘴边，成了这只小小的甲壳虫一天赖以维系生命的甘露。

这是一个自然的故事，也是一次“有组织有预谋”的求水活动，它发生在一种极其渺小、极其卑微的小生命身上，它们每天都要重复着这些劳动，靠这一滴小水滴一次次地将自己的生命垫起，再垫起！

这一切似乎与人无关，只是在人类生存之外，另一种灵魂在播种。

它不会有呼啸的声音，也不会有清新的气息，不会让人痛，也不会让人快乐，它只是一群虫子和一滴水的故事。

人世间可以忽略的东西太多了，可以发现的东西也太多了，因而，突然的发现就会让人兴奋、感动和自省，一切都不再多余。小虫仅仅为了一滴水，一滴要活命的水，静静地在沙丘上立起，人呢?

我伸手摸摸自己的脊背，希望能发现有水流过的痕迹。

我们忽略的东西太多了。为什么海水是咸的，而许多的河水是甜的?为什么我们播种的同一块土地，在上面栽上梅树，它就会结出一树酸酸的梅子；而在这块地上栽种上桃苗，它就会结出一树甜甜的桃子?

虽然我们人类已经踏上过月球，探索过火星，但在今天，就在我们的身边，仍藏着许许多多的大自然之谜。

向大自然学习，仍是我们人类要做的事情。

课题研究发表的论文

论文1：

希望在实验中延伸

——关于雷州市第一中学学生语文阅读与写作情况的调查报告

【摘要】 为提高学生的语文素养，雷州市第一中学从2008年9月开始在非毕业班全面开设语文阅读实验课。一个学年下来，通过问卷调查，笔者从实验中看到了语文教学的希望，也给语文阅读实验课做了进一步的思考和建议：（1）创设多样化的阅读方式，提升阅读品位；（2）探索写作训练的习惯化、开放化；（3）展示成就、激发动机、促进读写的互相推动。

【关 键 词】 语文阅读实验　希望　思考与建议

【作者简介】 陈雁鸣，广东省雷州市第一中学语文科组长，广东省“百千万人才工程”第四期高级研修班学员（广东雷州，524200）

背景与现状

雷州市第一中学（以下简称“我校”）郑保书校长常有一句话：“只要语文学科上去了，高考胜利就有希望。”与其说这句话是对当年全体高三语文老师的鞭策与期待，不如说，它概括了偏远城镇教育教学上存在的一个现象——理化学科是强项，文史学科处弱势。因此，如何提高语文科的考试成绩就成为我校教研的大事。语文学科考试内容涉及的范围虽然很广，但归纳起来不外乎就是阅读与写作两方面，那么语文学习自然就是学习阅读和学习写作的事情了。叶圣陶先生说："阅读是吸收，写作是倾吐，倾吐能否合乎法度，显然与吸收有密切的联系。"可见，阅读是写作的基础，没有阅读的蕴蓄和感悟，就没有写作的自然倾吐与展露。只有在阅读与写作上做文章，才能提高语文学科的水平。

高中学生在高考各学科题海的围堵下，课外阅读的时间已很少，而课内阅读的时间又是有限的。因此，要想真正提高我校学生的阅读能力和写作水平，就必须为学生争取更多的时间，让学生进行广泛的自主阅读和写作训练。鉴于以上认识，我校从2008年9月开始，在高一、高二两个年级开设语文阅读实验课，到现在已有半年多时间，其现状如何，它的开设是否为我校学生的语文学习提供了帮助？带着这些疑问，也带着对当地中学生的阅读与写作现状的担忧，笔者设置了29道题目，通过了解学生的阅读和写作现状，试图找出得失，以期对我校阅读实验课提出自己的看法，帮助我校学生提高阅读能力和写作水平。

方法与对象

2009年3月1日，笔者制定了调查问卷题目，组织我校高一级黄俊秀、余华悦、卢亚菲，高二级冯继可、唐文涛、郑培诗，共6位老师，协助发放、收集问卷。本次调查主要采用问卷法，对象为高一级5个班、高二级6个班的所有同学，发放调查问卷726份，收回601份。收回率为83%。共翻阅问答卷601份，摘录典型答案56个。

问卷分析

（一）高一、高二级学生对阅读实验课的认识及阅读习惯

1. 对阅读实验课的认识

从1～3题的选项看，我校高一、高二级绝大多数同学对学校开设阅读实验课持赞同的态度，同时也明白开设阅读实验课的目的。基本上都能认识到阅读实验课的开设给自己的语文阅读增加了时间，开拓了阅读的广度，增长了自己的见识，对提高语文成绩有帮助。其中虽有24%的同学持不了解的态度，笔者认为，这与我校在这一实验的实施过程中，事前的方案设计、目标设置、实验步骤等的计划与落实不够密切有关。

此外，有接近90%的同学认为阅读实验室里的书籍不能满足阅读要求。认为阅读实验室里大多是些陈旧的书籍，个别在内容上未能及时反映时代的变化，在数量上也未能满足同学的阅读需求。究其原因，不外乎学校在书籍购置上，首先是经费不足，其次是对各类图书的购置、计划不周。

2. 学生的阅读习惯

阅读实验课里，绝大多数（84%）的同学喜欢自由阅读，阅读重点落在故事小说类、社会文化类。一个学期能完整阅读2～3本书的只有23%，阅读4本以上的有32%。有59%的人有自己的读书计划，有62%的人能从阅读实验课里找到学习语文的乐趣。第13、14题显示58%的同学有与别人分享阅读收获的冲动，他们不但给别人讲自己了解的篇章、人物故事，且能把优美的词句、观点应用于日常交流中。这就是阅读的收获，这就是读书的乐趣。

以上这些数据，在一定程度上证明了我校开设阅读实验课的正确性。若能认真总结，坚持实践，它既能把当今语文课里技术化的条分缕析试的语文教学引导回阅读感悟的根本上来，同时，又能培养学生的阅读兴趣，走出学生投入语文学科的时间最少的尴尬境地。

在阅读的细节方面，学生在阅读时所做的笔记还主要停留在机械般的摘录名言、名句这一阶段，感悟思考不多。对“阅读时，你是否有手里拿着笔，随时都可对文章进行圈圈点点或记上自己的即时感悟的阅读习惯”一项，选“有”的为19%，选“偶尔有的”56%，选“没有”的25%。在我校组织的检查过程中，笔者所看到的读书笔记，也大多是摘录，而对词、句、观点的即时感悟、分析性的记录很少。可见，学生喜欢阅读了，但该如何阅读才能提高阅读水平，老师在这方面又该如何指导，是摆在我校全体语文老师面前的一个很紧迫的问题。只有教会学生如何阅读，我校的阅读实验课才会达到预期的效果。

（二）写作训练现状

写作能力既是语文教学的重头戏，又是学生学习语文的重中之重，同时更是一个人语文水平高低的重要表现。这么重要的内容，在教与学两个方面，应是占有足够时空的。然而现实的情况却正好相反。第16题问的是“你喜欢写作文吗”，选“喜欢”的34%，选“没感觉”的43%，选“不喜欢”的23%。第17题反映出一个学生在一个学期里平均写作文5.5篇，写读后感25篇，写日记6.5篇。

这些数据都反映了我校非毕业班的学生在写作训练上的严重不足，就是《大纲》里规定的一个学期8篇作文的训练要求都未能达到。25篇的读后感也只是每星期一篇，这是老师在阅读实验课里要求的。而6.5篇的日记更说明了我校学生在语文学习，特别是写作训练自觉性上的严重缺失。于此，笔者想到本届高三（2009届）的写作训练，除模拟测试外，第一学期要求按文体分类进行，每两周写一篇作文，第二学期统一题目，每周写一篇。虽然有时由于客观原因的影响，未能百分之百按计划进行，但基本上能在时空和数量强度两个方面给以保证。而这一强一弱的对比，正好反映出毕业班与非毕业班在写作教学上各自为阵、缺少统筹的局面，带有很大的随意性，更谈不上具有持续发展的科学发展观念和规划性。

（三）学生对阅读与写作关系的认识

本次问卷的第27、28、29题调查了同学们对阅读与写作之间关系的认识，有90%的同学认为阅读与写作之间有密切的联系，有70%的同学认为阅读与写作之间的互通点是：①词句的有效积累。②情感的积累。③习作形式（文章条理、选材取材）的积累。④多种能力（观察、想象、思维……）的培养。当问到“你认为阅读与写作之间如何进行才能起到相互促进的作用时，回答的文字就更丰富、精彩了：

我认为阅读与写作应该结合起来。只有阅读而没有写作，就像一个人捡到许多零件都不知如何拼组成一个完整的机器；只有写作而没有阅读，就像一个娴熟的技术工人，没有足够的零件去拼装组成完整的机器。

阅读后进行思考、摘抄、鉴赏、可写评语，写自己的观点，或写读后感，对曾经看过的优美文章进行第二次阅读，这样会有新的感悟，新的收获。

目的性阅读，目的性写作，从阅读中寻找写作的灵感，从阅读中充实写作素材。

多阅读，有助于写作，多写作，会提高阅读兴趣。

……

这些认识，虽然说不上很深刻，但却是同学们发自内心的。他们认识到了阅读的重要性，也了解阅读与写作是互为动力、相互作用的。这一认识和做法很为重要，但更为关键的是我们老师如何更好地帮助学生把这种认识和做法转化为具体的能力和效用。如果我们语文老师未能在如何让阅读促进写作，又如何让写作促进阅读这两处下足功夫，使之具体化，可操作化，那么我们的语文阅读实验课的开设将事倍功半，甚至流于形式，成为无果之花。

思考与建议

阅读，能让人广闻博见，写作又使人流露情怀。语文能力的提高，正是这两者相互结合的结果。道理谁都知道，然而，当今中学生的阅读与写作现状却甚为严峻。在高考指挥棒的引导下，老师指导的好坏，由学生的高考成绩来评判；学生的阅读功利化，与考题有关的，多读，与考题无关的，不读。同时，随着时代的前进，知识更新速度的加快，快餐文化的影响，中学生的阅读及写作环境存在不断变化的趋势，特别是远离都市的边远城镇，这一现状就更为严重，我们雷州第一中学的情况也不例外。中学生尚处在人生观、价值观的形成期，学校、老师在这方面对他们的引导如果不科学，他们极有可能不知道怎样选择读物，怎样才能写出好文章。我校郑保书校长凭自己的睿智，在雷州大地率先开设语文阅读实验课。这一举措既体现了校长对语文学科的关注，同时，又抓住了问题的关键。都说万事开头难，再难，郑校长开了头，并且已实践了半年多的时间。从学生的问卷数据中，笔者发现同学们不但在思想上认识了阅读的重要性以及阅读与写作之间互为动力的关系，同时，在学习方法上也有了一定具体的做法。这使笔者看到了希望，这希望不仅是学生的、语文老师的，更是语文学科的。然而希望也只是刚刚延伸，而后续的工作则需要我们每一位语文教师认真的探索和研究。

“自能读书，不待老师讲；自能作文，不待老师改。”这是叶圣陶先生对阅读与写作教学特征的朴素而又深刻的描述。我校的语文阅读课的开设，其目的也就在此。为了这一目标，依据本次问卷调查的情况，我对我校的语文阅读与写作教学提出如下三点建议：

（一）创设多样化的阅读方式，提升阅读品位

我校的阅读实验课，大多时候都是学生在阅读，老师在观察，过后学生再写读后感。阅读往往处于放任的状态。虽说放任可体现学生的自主，但相当部分学生对语文阅读还是缺少兴趣与自觉，更谈不上热爱，因此，这种放任往往会造成盲目与随意，使得某些学生今天发现这本书好看，读一读，明天发现那本书新奇，又翻一翻，久而久之，会养成漫无目的、缺少专注的阅读习惯。

阅读方式怎样才可以多样化呢？语文阅读实验室是一个阅读空间，其他的语文课也是一个阅读空间。如果说阅读实验课是让学生长时间阅读，大部头阅读，是慢慢的感悟，那么其他的语文课就是让学生在短时间里有目的地展示阅读与思辨能力，而不能只把它看做讲解高考试题的阵地。平时的课前课后，饭前饭后也是一个阅读空间，虽是零碎，但只要教会学生去钻时间，也可积少成多，这样反而可以锻炼学生的阅读韧性。好多的成年人，在参加工作后，他们的知识积累大多都是通过这种阅读习惯得来的。因此，教师应鼓励学生买一本书，作为“随身读本”进行阅读，这是一个很好的主意。看完一本再买一本，它可让学生把饭前饭后的零碎空间很好地利用起来，成为课内阅读的最好补充。

阅读课的对象未必就只有书。也可以阅读图片、阅读影像、阅读自然实物、实事，更可以阅读其他同学的即兴表演，所有这些都未尝不可。从史书记载来看，孔子与其弟子大多时间都是在外面采风的，他们欣赏自然、体会生活、领悟生命。大家坐在一起，你说说，我听听，他记记，好不快栽！谁说阅读只有教室，谁说阅读唯有书本?

形式上，还可以七八人一组，进行分组阅读。这样既可兼顾书本资源的短缺，又可创造共同话题、互相讨论的氛围。

当今社会，快餐、娱乐文化充斥其间，良莠不齐，而中学生的判断能力又不强，在阅读实验过程中，倘若老师对学生的阅读内容不加以适当的引导，学生往往会把一些低级、庸俗、游戏之类的文字当成个性之作，并互相传播，热情追捧。这样，引导学生的思想向健康方向发展，提高学生的语文阅读品位，就成为语文教学，特别是语文阅读实验课的重要目标，同时也是我校每位语文老师的责任。阅读实验过程中，老师既要向学生推荐一定数量的符合中学生身心素质发展要求的书目，特别是经典作品，还可以要求学生自列书目、自定阅读计划，尽量引导他们多阅读高品位的、经典的作品。因为常读名家经典，就像与大师交流，聆听大师的教诲，久而久之，个人的思想就会受其影响，就可以快速提高自己的文学素养和品位。

（二）探索写作训练的习惯化、开放化

我校语文教学的写作训练还只是停留于平均每2～3周一次的作业性写作和个别同学的不经常性的日记写作层面，一周一次的作业性写作训练也只有高三年级才可能发生。自高一、高二年级进行阅读实验后，才有了读书笔记这一写作训练，但这一训练对相当一部分同学来说，也不是实质上的写作训练，而只是抄字训练，因为他们只是对原著进行名言名句的摘录。因此，要使写作这一行为习惯化，就必须教会学生在阅读过程中，对原著的字、词、句、内容、观点进行批判性的思考，并把自己的思考（即使是一两个字）记录于原著的旁边，这就是人们常说的“眉批”“旁批”。这种笔记训练，虽然短小，但易于操作，若老师要求到位，持之以恒，容易培养学生勤思考、敢批判、善表达的学习习惯，这一学习行为一旦习惯化，学生以后在写作上就会有话敢说，有事可写。

写作训练的开放化应侧重于写作题目的开放性。比如写作题目的范围应尽量关注广阔社会生活的方方面面，使之与现实生活联系起来，与学生身边的事情联系起来。这样，不但可以开拓学生的视野，又可以引导学生关注社会生活，从而培养他们对社会是非的思辨能力。

（三）展示成就、激发动机、促进读写的互相推动

“写作像是旅行，阅读跟着感觉走。”这是2008年诺贝尔文学获得者法国作家勒·克莱齐奥说的。这句话很形象地说出了人们对阅读与写作的认识。虽然阅读是跟着人家的感觉走，然而读多了，走多了，总会有自己的感觉。感觉如何呢？它很需要自己说说，记记。说可以提升思辨能力和语感，记又可以积累素材，提高书面表达能力，这就是阅读对写作的推动。写作总是需要消耗素材的，勤写就必须积累大量的素材，要积累素材就必须进行广泛的阅读，这就是写作对阅读的推动。因此，课内课外，老师应多给学生机会，让学生展示自己对作品的思辨能力和语言表达能力。对学生阅读过的书、阅读过程中所做的笔记、好的作文等给以展示。成果一经展示，学生就有了成就感，有了成就感，他们就会主动的阅读、写作，从而达到阅读促进写作，写作促进阅读的预期效果。

（本文于2010年10月发表在《现代教育论丛》第9期 92–95页）

论文2：

以学生为本位　读悟写说并重

——我对语文阅读教学如何落实新课标精神的思考

【摘要】《普通高中语文课程标准》要求“引导学生积极参与实践活动，学习认识自然、认识社会、认识自我、规划人生，实现本课程在促进人的全面发展方面的价值追求。”中学语文教学实践要体现新课标的精神，就必须以学生为本位，读、悟、写、说并重，把学习的空间和自主性还给学生。为此，中学语文教师应有“以生为本”的理念，问题设计应还学生以探究的时空，课堂环节应落实读、悟、写、说，课堂内外培养阅读自信与自觉。

【关 键 词】以生为本　读悟写说　中学语文教学　新课标

中学阶段是中学生人生观奠定和人格形成的关键时期，《普通高中语文课程标准（通用）》要求“引导学生积极参与实践活动，学习认识自然、认识社会、认识自我、规划人生，实现本课程在促进人的全面发展方面的价值追求。”实现“积累·整合、感受·鉴赏、思考·领悟、应用·拓展、发现·创新”五个目标。因此，中学语文教学要体现新课标精神，教师的教学实践就应该体现它独立的价值——以学生为本位，读悟写说并重。林砺儒教授在他的《我的中等教育见解》中说得好，“中等教育其自身就是目的，决非为将来某种之准备”，“中等教育的任务就是引导少年人格之放射到各个方面去。例如文学的陶冶，并非要把少年立刻造成一位名家，也不是准备将来卖文讨饭，乃是要引导他的人格活力往文学方面去……我认定理想的中等教育，是全人格的教育，决非何种职业之准备……若有人问我中学毕业生做什么，我就说也不为士，也不为农，也不为工，也不为商，是为人；也可为士，也可为农，也可为工，也可为商。” 林砺儒教授的这种把人人看做目的的观点就是“以人为本”的育人观。语文学科是中学其他学科的基础和工具，语文老师就应该努力引导学生的人格往文学方面去，提高学生的语文素养，使语文学科在培养学生健全人格这一目标上做出应有的贡献。

当今社会，资讯高度发达，要求人们不但要知识丰富，更要具备定向检索、分析、综合、利用知识（信息）的能力，而语文学科的培养目标正是为了培养人们具备这样的社会能力。读、悟、写、说是语文学科的基本能力表现，也是新课标对语文教学的具体要求，在高考语文的测试中，它们也是主轴。因此，读、悟、写、说在语文教学中占有举足轻重的地位。

其实，一个人语文水平的高低，在一定程度上反映着一个人的文学素养和学习能力；一个学校语文教学水平的高低，制约着一个学校的教学水平和人文积淀。因此，中学语文教学要以学生为本，读、悟、写、说并重，把学习的空间和主动性还给学生。

（一）语文教师应有“以生为本”的理念

“把一切为了学生作为教育原则”的生本教育，是一种完全区别于以往的“师本教育”的全新教育体系。重要的一点是，生本教育把学生“置于创新的环境之中，并给他们以时间、空间和氛围的激励，发挥学生的潜能，而不是置于一般意义的学习之中。”反观学校过去的课程安排、课堂教学、公开课，都说是在实践生本教育，但笔者认为，所有这些都不应只重视形式的变化，而应重视语文教学过程中，各个环节是否遵循了“一切为了学生”的原则，是否自觉地、有计划地为学生的读、悟、写、说提供创新的时空。因此，没有教师的理念更新就没有学生的学习创造。要让语文教师具备“以生为本”的新理念，学校应不遗余力地组织教师进行“生本理论”的学习培训，有目的、有计划地在课堂教学中贯彻“生本理念”，使之在教师的思想上、教学行为上生根发芽。同时，教师本人必须有努力成长的欲望，有为教育事业奉献的精神，自觉在教学实践中进行理论学习和探索。否则，在高考目标的追求下，在当今行政评价的制约下，不要说“生本理念”，再新的理念也只是停留于领导的会议语录里，老师研讨时的嘴边，教学检查时的一堂课里，说的是“生本”，做的是“师本”。

（二）问题设计应还学生以探究的时空

课堂是学生学习的主阵地，老师应依据教学内容创设探究的时空节点，合理安排探究活动，让学生在课堂上“动”起来，成为学习、探究的主体。在探究学习过程中，需要确定探究的问题，各主要学习环节也需要围绕问题展开。因此，问题设计是进行探究学习设计的关键环节。

1. 问题设计要有开放性

问题设计是一门艺术，每个教师都必须精心设计，使每位学生都可以参与，能够参与，并保持高涨的学习情绪。从而活跃课堂气氛，提高课堂质量，使学生的思维在问题解决中迸射出创造的火花。

比如，笔者在阅读教学“品味”这一环节中，常常要求学生“找出文本中你最喜欢的、给你启发的字、词、句、段，写出你的感受，与同学分享。”这样的设计，既不是老师指定具体问题，也不会过于限制学生的思维，它可以让学生有选择、发现的可能，不同的学生，发现的问题不同，问题的解决也不同，课堂就具备探究性和生成性。有的老师在问题设计中过于具体，限制了学生思维的发展，并且，问题一个接一个，学生没有选择的余地。

2. 问题设计要适量

问题设计要适量就是要恰到好处地掌握问题出现的频率，要留给学生充分思考的时间和空间。一节课不能提问太多，否则学生难以有冷静有效的思考。每一问题的提出，要有一定的时间停顿和必需的思考时间，促进学生有效思维。

一些课堂，老师刚提出问题，让学生思考，紧接着又让学生回答问题，学生根本没有思考的时间。问题设计不适量，为了抢时，为了完成问题，造成设计与实践严重脱节。

问题是思维的起点。通过适量、开放的问题设计，营造探究的学习氛围，引导学生在宽松的思维时空中探究、思辨，从不同角度、不同层面加深对知识的理解，实现知识的重组和思维的创新是落实新课标精神的重要一环。

（三）课堂环节应落实读、悟、写、说

听、说、读、写是语文学科的四大能力，谁的课堂落实了，谁的课堂就有效果。新课程标准就是要求老师利用各种教学手段在课堂环节中落实这些能力的训练。

以往的语文课堂，大多以老师的讲为主，就是到现在，也未能很好地做到读、悟、写、说并重。现在一些追求小组讨论的课型，在突出学生“说”的时候，却忽视了学生的“写”；在重视学生“读”的时候，却忽略了学生的“悟”。

记得自己过去备课的时候，在完成了教案后，生怕上课时被学生问倒，还在课本里写的密密麻麻，后才放心去上课。受此启发，笔者要求学生在课前利用工具书自主解决课文里的生字词，再把自己喜欢的字、词、句、段找出来，并写出自己的感悟，每页不少于50字。经实践，学生做得很不错，课堂里讨论得非常热烈，课堂效果很好。后来，笔者又用一节课的时间让学生完成课前的学习任务，充分让学生进行自主学习，第二节课再引导学生深入学习、讨论，效果更好。

有了充分的自主学习时间，学生也就有了深入阅读、交流讨论的可能。自己查找生字词，能让学生进入阅读的层面；每页不少于50字的感悟，可以引导学生深入思考、做批注。在此基础上，第二节课就可以做到学生有话可说，有事可论。同时，在课堂的后面环节，针对文本，设计相近主题的当堂文段写作训练，强化知识与学法的有效迁移与巩固。

学习是一种真实的情感体验，只有在真实的学习情境中才能使学习变得更为有效。心理学认为，语文学科的问题大多属于无结构问题，它的解决，更多靠的是经验。学生能否在真实情境自主、自觉学习，如何运用自身的知识结构解决实际问题并积累经验，是衡量学习是否成功的关键。因此，课堂环节落实读、悟、写、说又是体现新课标精神的重要一环。

（四）课堂内外培养阅读自信与自觉

新课程标准要求教学是以学为主，以教为辅，而学又是学生的自觉自主学习，是学生的事，教是老师的引导辅导。因此，作为教学过程主体的学生在自觉自主学习的过程中，就语文学科来说，应做到“读、悟、写、说” 并重，养成阅读的自信与自觉。

1. 课内培养学生的阅读自信

学生的课内阅读自信包括课堂上学生的敢读、敢悟、敢说、敢写。以往的课堂，由于未能做到以生为本，只强调老师的讲，学生缺乏足够的读、悟、写、说训练，使得学生从心理上丑于展示能力，技能上无法展示能力。新的课改形势下，老师要培养学生懂得阅读；通过文本批注，培养学生敢于思考；通过课堂讨论，培养学生敢于说话；通过写作训练，培养学生敢于书写心曲等阅读能力和阅读自信心。

因为学习是学生的事，考试也是学生的事，老师是替代不了的。

2. 课外培养学生的阅读自觉

课外阅读是新课程理念下开放式大语文教学不可或缺的组成部分，是提高学生语文素养和能力的重要途径。在课外阅读中，学生还可以间接地向社会、向自然、向生活学习，从中不断发现、丰富、完善，超越自我。因此，课外阅读又是提高学生语文读、悟、写、说的有效切入口，也是学生成长的“助推器”。

课堂内，老师教会学生阅读、批注；课堂外，老师应从学生的兴趣和心理需求出发，合理地有计划地要求学生进行课外读本的阅读、批注，写读书感悟，举办读书交流会。这些活动能够让学生在阅读中自觉体验、自主思考的，能够激发学生在阅读中投入更大的热情和智慧，是能够促进学生阅读能力提高的。这样的课外阅读要求，在长时间的坚持之下，经实践证明，是可以很好地培养学生的阅读自觉习惯的，并且是行之有效的。

贯彻《普通高中语文课程标准》的精神，既需要理念的先行，又需要实践的坚持。以学生为本位，读、悟、写、说并重，是笔者在高中语文教学课题实践中的粗浅认识，它能否体现《普通高中语文课程标准》的精神，也只是个人的一孔之见，希望实践的坚持能给以证明。

（本文于2014年8月发表在《中学语文》第8期 25–26页）

论文3：

开放阅读是提高语文思辨能力的有效途径

【摘要】“开放阅读”在时空、内容、课堂形式和目标任务等方面都充分调动了学生的主观能动性，使学生在听、说、读、写方面都能自觉学习，并得到锻炼和发展，具有很强的实践性和有效性。在实验过程中，学生对语言文字、形象事理和人类社会的各种文化现象的思考和辩证分析、说理等思辨能力都得到了显著的提高。本文着力从逻辑学习与语文思辨路径、自由博览与语文思辨基础、开放解读与语文思辨动力和读写结合与语文思辨的深广四个方面探究它们之间的关系，证明开放阅读教学能有效促进学生的语文思辨能力的发展，提高学生提出问题、分析问题和解决问题的能力。

【关 键 词】开放阅读　自主学习　语文　思辨能力

语文学科“听、说、读、写”这四个方面离不开思考和分析等思辨能力，因此，研究学生思辨能力提高与阅读行为之间的关系可为中学语文教学提供新的路径。

（一）开放阅读与语文思辨能力

“开放阅读”区别于传统语文阅读教学，它在空间上不单是教室，还有阅览室，更有学生随时随地的阅读；它在内容上不单是教科书，还有老师提供给学生的阅读书目里的书，更有学生喜欢的其他书籍；它在课堂形式上主要表现为教师引导，学生自主学习；它在目标任务上主要表现为学生在老师的引导下，自觉进行文本阅读，对文本的字、词、句进行大量的感悟批注，然后在同学间进行展示讨论，甚至进行简短的有针对性的课堂写作训练，最终获得语文学习能力；它在问题理解上表现为合乎逻辑事理的多维思考，个性解读，而不是主观臆断。这一阅读教学形态是合乎齐莫曼教授的“自主学习”教学法和心理学家罗杰斯的“非指导性教学”理论原理的。

“思辨能力”就是思考辨析能力。思考指的是分析、推理、判断等思维活动；辨析指的是对事物的情况、类别、事理等的辨别分析。语文思辨能力是指学生对语言文字、形象事理和人类社会的各种文化现象的思考和辩证分析、说理能力。它的特征表现为：一是语言判断清楚准确，语言表述层次分明、分析有条理、说理有力；二是对人文性问题所主张观点存在较大的争议，不具唯一性；三是对所主张的观点进行辩护性解释和说服性论证是维护这一观点的主要说理方式；四是思考的最终目标不是为了证明或确证一个科学的定理，而是为了鉴别和选择一个最佳的价值理念或行动准则；五是能力的高低依赖于知识的是否广博和思维的深广与否。

（二）开放阅读与语文思辨能力的关系

课题实验研究证明，开放阅读与语文思辨能力有如下四个关系。

1. 逻辑学习指明了语文思辨的常识和方向

“在别人思想的帮助下，建立起自己的思想。”（俄・鲁巴金）要想让学生进行正确思考，建立思想的前提是什么？就是先掌握思辨的逻辑常识。

（1）简易逻辑课程为学生提供了思辨的常识。

人们在思考、说话、写作的过程中，要使用概念，做出判断陈述、进行推理论证，这些都是逻辑思维的内容。而当今的中学教学是没有设置逻辑课程的，开放阅读要培养学生的语文思辨能力从何做起呢？笔者在进行开放阅读教学实验时，考虑到高一年级新生在学习过程中第一次接触“开放阅读”，面对文本，虽有老师的阅读引导，但要独自阅读思考，分析事理，写好批注、感悟、作文等，在思维的路径上是缺少方法、方向的，甚至是空白的。几经思考，认识到作为即将成年的中学生，他对事理的概念、思路应该是明确的，判断应该是恰当的，推理应该是合乎逻辑的。因此，对存在思维片面化、绝对化等思维品质欠缺的高一年级新生进行“简易逻辑常识” 课程学习是极为必要的。因此，“简易逻辑常识”就成为笔者的开放阅读实验的第一个阅读内容。

比如：学生在阅读写作中存在的概念方面的问题主要表现在词语使用不当。

A.我们的报刊、杂志、电视和一切出版物，更有责任做出表率，增强使用语言文字的规范意识。

B.家乡茅屋前的6棵树木，在我的童年，给我快乐，伴我成长。

“出版物”是集合概念，它与“报刊、杂志”是包含与被包含的关系，是“属概念”与“种概念”的关系，是不能并列的。“树木”是一个集合概念，集合概念的前头是不能带有数量词的。从逻辑的角度来看，这都属于思考、判断不清晰。

正确的判断又是合乎逻辑推理的基础。中学生在阅读理解中还常常存在判断失误的问题。比如强加因果、以偏概全、不合事理等。

“开放阅读”中的“简易逻辑常识”学习，让高一年级新生了解了一定的逻辑常识，明白了思考、分析必须正确使用概念，准确做出判断陈述，有效进行推理论证的道理。

（2）专题讲座为学生的语文思辨指明了路径。

逻辑知识是深奥的，单靠几节课程，即使是简易的逻辑知识，学生也难以明白。集中课程完结后，阅读实验的老师又特意安排个别老师开展逻辑专题讲座，要求他们尽量讲得通俗易懂，让学生更好地巩固逻辑知识，加深理解，掌握方法。

例如：李雯老师在一次逻辑专题讲座中与学生简单学习了逻辑中的“分”。

“分”是一个逻辑思维过程，也即分析的过程。它教给人们分析问题主要有三个阶段：分析、分化、分明，应关注四个方面：分析目标、分析对象、分析条件、分析结果。分析的角度可以多种多样，但逻辑的分辨、分类、分解是最基本的分。其中，李雯老师还用了“曹冲称象”（分解了对象的重量，把大象的重量由整体分解为零星）、毛泽东的“集中优势兵力打歼灭战”（分解对象的力量）和“孙膑教田忌赛马”（分解目标，把全局分解为局部）等非常生动形象的事例来加以说明。

这就是教给学生解决问题的钥匙，思考、分析问题的路径，也即思辨的路径方向。

这一专题学习赢得了实验班学生的如潮好评，归纳他们的学习感悟，有如下几点：

① 增长了新的知识。“‘逻辑’一词，我早就听过，但真正学习，这还是头一遭，这门课的知识很绕，要学好不简单。老师说，逻辑是研究思维规律的，很重要。我下决心要学好它。”（高一（3）班 蔡腾飞）

② 提供了思考、分析问题的方向与方法。“在课堂中，我聆听了老师所讲的一个个因逻辑错误而引发的笑话，感受到了逻辑知识所带来的乐趣，明白了逻辑在生活中的重要作用。”（高一（2）班 李小燕）

③ 为辨别是非，反驳谬误提供了工具。“在复杂的社会生活中，不懂逻辑的人往往会上当受骗。学了逻辑，能让人有着清醒的头脑，不但不容易上当受骗，反而可以拆穿他们的诡计。”（高一（1）班 王斌）

……

逻辑是一门工具学科，开放阅读实验把它作为高一年级学生语文阅读学习的开篇知识，它让学生初步掌握了思辨能力先决条件的概念、判断、推理等逻辑要素，它很好地为学生提供了思考、分析问题的方向和方法，为提高中学生的语文思辨能力提供了正确的思维路径。

2. 自由博览构筑了语文思辨的知识基础

中学生语文思辨能力的高低综合反映于学生对世界的观察和认知，观察和认知又具有明显的个性化色彩。面对同一事物、同一道理、同一命题，不同的人会凭自己的知识和阅历做出不同的见解。实际上，这就是人对客观世界的观察、认识不同以及思辨活动显示个性化色彩的结果。反过来，学生对世界的观察和认识越丰富，他的语文思辨能力就越强大。

（1）阅读实验室是学生获得广博知识的主要场所。

雷州市第一中学的“开放阅读”实验在学生学习文本的选择中，除教科书外，还有阅读实验室的图书和学生个人根据自己的兴趣爱好而买的书。特别是阅读实验室里的书，包括语言学科、人文学科、社会学科、基础学科、自然科学等，这些书籍有的具有语言的严密性、科学性，有的具有人文思辨性。特别是阅读实验室的图书又按一定的时间进行轮换。这样，就为学生的阅读提供了自由的、丰富的文本选择，为学生间接观察、认识世界提供了广阔的天地，为学生获得广博的知识提供了可能，从而为学生语文思辨能力的提升构筑了知识基础。

一个文本是不会只因为作者的笔法而大放异彩的，重要的是这个文本是否蕴含着深刻思想价值。一篇通讯、一篇散文、一部小说，作者为了表达思想的需要，为了抒发情感的需要，为了塑造形象的需要，通过敏锐的观察，用大量的现实素材、史料创造的一个个生动的生活场景和事件。这就需要学生经过大脑思考，做科学的逻辑分析，要辨伪存真，才能有正确、深刻的认识，并得出可靠的结论。开放阅读要求学生在自由博览的时候做到边读边记，就是要求学生对大量涌入脑袋的信息，不能全盘接受，而要分析，去伪存真，把得出的可靠结论记录下来，以便记忆、巩固、再思考。古人说："学而不思则罔，思而不学则殆。" 读书学习的过程，实际上是一个不断思考认知的过程。爱因斯坦说："学习知识要善于思考、思考、再思考，我就是靠这个方法成为科学家的。"这就要求人们阅读要有思辨能力。然而如果学生读书不广博，可能就会片面地接受别人的思想，或者误解作者的真正意图。比如作者在进行深入的事理分析时，如果学生没有相应的知识储备，就很难理解其中意思。又如，西方小说，一些作家精通心理学，他们作品充满细腻而深刻的心理分析，如果阅读的人没有一点心理学知识，读起来就觉得毫无意思。假如学生拥有广博的知识，就可以用心理学知识加以判断，指出其中的瑕疵。由此，拥有广博的知识就可以让人由此及彼、由表及里，去伪存真、去粗取精，获得正确的思辨结果，提高思辨能力。

（2）专题阅读也能提供思辨之道。

阅读实验室里的自由阅读并非学生的全部自由，更有老师组织的专题阅读（专题可以由老师或学生提供主题，然后再小组搜索资料，研读，笔记，讨论），比如图片阅读专题、诗歌阅读专题、歌词欣赏专题等。因此，阅读实验室不仅可以让学生获得广博的知识，也能让学生从专题阅读中直接获取语文思辨能力。

徐茜老师在"古诗鉴赏也要逻辑思辨"这一专题课例中，就用了苏轼的《石苍舒醉墨堂》一诗来帮助学生掌握诗歌语言中的逻辑思辨知识。

人生识字忧患始，姓名粗记可以休。

何用草书夸神速，开卷惝怳令人愁。

为什么这首诗一开始就提出违背普通常理的"人生识字忧患始"的问题呢？显然，这点弄不清，就不容易准确理解苏轼这首诗的意蕴和艺术特色。徐老师联系苏轼因多次发表与当权者政见不合的言论而受贬的经历思考"人生识字忧患始" 所包含的一连串逻辑推理，并与学生进行详细的推导（如果不识字，就不会知书识理/如果不知书识理，就不会发表多少个人言论。因此，如果不识字，就不会发表多少个人言论……）。学生理解了诗句本身所包含的推理，就可以清楚前面的问题了。

可见，学生掌握广博的历史、文化等知识，又懂得一定的逻辑知识和方法，就可以对作品中的语言文字做出正确的分析理解，提高自己的语文思辨能力。

中学语文里的人文性是一种基于对人之为人的哲学反思之上的批判态度和批判精神，语文思辨能力必须包含对人文的思考。人文教化是语文课程人文性的意义之一，它强调语文课程中特有的丰富人文内涵对学生的感染熏陶，深化学生的精神感受，培养学生对汉语汉字中所包含的民族的思想认识、历史文化和民族感情的认同。而开放阅读实验中的自由博览正好为中学生对语文人文教化的思辨提供丰富的文本和广博的知识。

3. 开放阅读提供了语文思辨的兴趣动力

思辨能力应该成为语文教育的灵魂。很难想象经过九年语文学习的孩子没有自己对事物、事理的判断，但现实就是如此的荒谬。2010年高一（9）班的黄进樊同学由于一篇《“怪”老师》的作文引起我的注意，后来找他谈话，问他为何如此在乎笔者的语文课。他说：“从小学到高中，您是第一位在课堂上肯定我的回答的语文老师。”听了他的话，笔者的心很难受，为自己是一位语文老师而感到内疚。僵化的课堂，标准的答案，不尊重学生的个性思维，缺少语文思辨是我们当地大多语文课堂的现状，但造成这种现状的原因不是学生，而是语文老师的不作为。因此，把课堂还给学生，让语文阅读充满学生的思辨，就应当让课堂成为学生表述和讨论的课堂，多给学生各抒己见的机会，从而激发学生思考问题，分析问题的兴趣，提供学生勇于思辨的动力。

（1）开放阅读有效克服了学生表达困难的因素。

课堂上，学生的表达困难，一般表现为两个原因。第一个是心理因素，就是学生缺乏自信，怕说错话出丑，过于在意别人对自己观点的评价。第二个原因是学生在说话时思维不能集中和连贯，导致说话前言不搭后语。开放阅读正好能够解决学生表达困难的第一个心理因素，因为开放阅读并不强调对文本理解、问题回答的标准划一。虽然解决问题必须要有一个标准，开放阅读是在 “正确”的前提下允许学生由于个性的差异、时空的不同、个体的不同对文本意义差异理解进行充分的表述。这样，学生在回答问题之前，就不会过多地想到自己的回答是否正确，是否与老师的答案存在差别，同学会不会笑话自己。《新课程标准》也指出：“阅读是学生个性化的行为，不应以教师的分析、讲解代替学生的阅读实践，应让学生在积极主动的思维和情感活动中，加深理解和体验，有所感悟和思考，受到情感熏陶，获得思想启迪，享受审美乐趣。”

没有学生自主的课堂，没有开放阅读观念的老师，他的课堂肯定是没有趣味的，他的学生肯定是很少回答问题的。学生少回答，少表述，自然不会形成回答、表述的习惯，在缺少表述习惯的前提下，准备表述的愿望是不强烈的，针对问题的思维活动是不能集中和连贯的。

开放阅读的文本解读有写批注、书感悟的要求，这个要求为学生的口头表述准备了初稿。它的设计正好能够解决学生表述困难的第二个问题。它要求学生在阅读过程中先批注，先写出自己的感悟，特别要求学生根据自己的喜好就文本中的某个词语或抓住某句中的一个关键词写出一段感悟性的文字，然后再进行表述交流。这样，据稿回答可以让学生克服说话时思维不能集中、连贯和说话前言不搭后语的困难，久而久之，学生可以逐渐摆脱稿子达到即兴表述自己看法的程度。习惯成为自然，困难克服了，自信来了，思考问题，分析问题的兴趣也就浓了。不少口若悬河的演说者，都是通过这样的反复练习和实践锻炼而成就的。

（2）开放阅读给了学生学习语文的兴趣动力。

文本的意义不应该是先在的，解决问题的方法不是唯一的，答案也未必是标准的、确定的，老师不应该把它们当成一个个结论灌输给学生，而应该是求同存异。正像人们常说的这句谚语：“一千个读者就有一千个哈姆雷特，但哈姆雷特不会变成李尔王。” 它揭示了语文学习中（特别是文本鉴赏）客观差异性和主观一致性的统一。因此开放阅读在教学时、自由阅读时都提倡学生在阅读过程中自主生成文本的意义理解，强调开放阅读。

比如，阅读《我很重要》时，不仅要引导学生重新认识个体的价值，思考个体与群体之间的关系，更应该引导学生深入挖掘“我”的内涵，讨论每一个人在现时的社会里怎样更好地体现自我价值的存在。这样的问题，它与学生的生活紧密联系，很容易激起学生思考、发言的兴趣。基于这种激趣，在学习必修三的《荷花淀》时，学生不仅感受到了文本所描写的自然美、人性美，还横向联系，把本文中的水生嫂与前面课文《项链》中的马蒂尔德联系起来，思考什么是真正的美。不仅如此，还有同学纵向思考新时代女性应该拥有什么样的美德。这就是兴趣的结果。

开放阅读正是抓住这一关键所在，在文本阅读过程中，强调学生自主发现问题，自主或生生共同解决问题，然后进行表述，甚至互相讨论，从而达到锻炼分析思维，提升思辨能力的学习目标。而分析思维的练就不是一蹴而就的，它必须在开放阅读过程中反复练习，才能逐渐形成层次分明、条理清晰的分析能力，并成为习惯，进而促进思辨能力的提升。

开放阅读实验中对文本、问题的开放阅读让学生在不同时空、长期反复的表述和讨论展示中享受到个人（特别是回答问题时）的自由与尊严，享受着同学间独特性、差异性和多样性阅读在课堂中、自由阅读时碰撞所产生的智慧和启发。这种阅读活动是快乐的，是让学生感到兴趣的，它给学生思考问题，分析问题带来了兴趣动力，提升了学生的思辨能力。

4. 读写结合开拓了思辨的深广维度

教学实践证明，老师的理性灌输对提高学生语文能力的作用并不大。要提高语文能力，学生必须反复地进行语文学习实践，这与陶行知的生活教育理论是相通的。开放阅读从课内到课外，从阅读到作业都遵照《新课程标准》的要求——“注意开放性、实践性、研究性和综合性”，把语文学科“听、说、读、写”的特点，特别是读、写两大特点参透到学生的学习活动中，以读带写，以写促读，两者有机结合，促进读写能力的综合提高，进而开拓了学生思辨能力的深度和广度。一个人只有首先具有思辨深度，才能延伸思辨广度、提升思想高度。在不断的反复训练和实践中，学生的思辨深广度一旦与思维的速度结合在一起，对复杂的问题就可以在短时间内快速做出判断，并形成清晰的思路。

（1）读写结合开拓了学生思辨的深度。

思辨的深度反映在中学生的身上，是指学生在思考问题的时候，要抓住客观事物的本质，深入到客观事物的内部，抓住问题的关键，从历史或时间的维度进行由远到近、由表及里、层层递进、步步深入的思考。

开放阅读实验要求学生在阅读文本的时候，要对文本中自己喜欢的字、词、句进行欣赏性的批准阅读，课堂活动中，又让学生把自己阅读的发现和自己认为最为出彩的批注口头表达出来，还有课堂上短时间的针对文本思想或学法的短文写作以及课外自由阅读感悟，科学地把“读”和“写”结合在课前阅读、课堂展示和课外自由阅读中，突出“读”“写”的重要性。一开始，学生也不知道从何写起，经过老师们和实验班的专题讲座的指导，一个学期下来，学生们不但会写了，还写得很好。对于同一文本的同一个问题，学生之间的批注真的有着本质上的不同，有的很有深度。

笔者在实验班的一次作文训练中，选用了2010年福建卷高考作文题进行审题训练，材料由两段话组成，讲的是《格林童话》诞生的经过。前一段讲述格林兄弟在考查研究民间故事与人类发展历史之间的联系，最后无功而弃的故事；后一段讲述他们的一个朋友偶然发现了这部被搁置一旁的调查笔记并将之结集出版，从而诞生了童话经典名著《格林童话》的经过。

学生们经过15分钟的思考和笔记，纷纷发表议论：“成功的背后”“是金子总会发光”“价值在于发现”“视角决定价值”“偶然是成功中的必然准备”……

学生们思考得出的这些观点反映了学生在阅读审题的过程中，语文思辨能力的进步，并主要表现在思辨的深度上。“偶然是成功中的必然准备”这一观点却从纵深的维度概括了故事中存在的本质规律，即任何偶然的成功都有着背后充分的必然准备，人们所要做的，不是等待“偶然”，而是准备“必然”。这反映了学生思辨深度的提升。

（2）读写结合开拓了学生思辨的广度。

思维的广度反映在中学生的身上，即是针对具体问题要善于全面地看待，也即多角度、多途径、多层次全面地联系地思考和分析，甚至可以跨学科的进行广泛的联系。读写作为开放阅读的主要学习行为，在课堂内外的反复训练过程中，学生通过它不但开拓了学生语文思辨的深度，也开拓了语文思辨的广度。

例如，在学习《我的母亲》这篇课文时，其中一个活动环节就是让学生“抓住关键词，体会细节里流出的大海般的母爱。（在文本中标出精彩的细节描写，四人一组相互交流，自由发言）”其中王微微同学选的是“她的手终年是鲜红微肿的。”她在课本旁边的批注是：“‘终年’‘鲜红微肿’的手不应该是一双正常的手，很多人的双手都不是‘终年’‘鲜红微肿’的，那应该是‘母亲’长年劳动造成的病状的双手。这双手写出了母亲热爱劳动、勤劳能干，也写出她不怕吃苦的优良品德。‘手’把母亲的形象无限制放大了。”王微微同学的批注不但分析了这一描写语段所蕴含的深层意蕴，还能横向联系，把“母亲” 的手与“很多人”的手进行对比，拿一双病状的手与正常的手进行对比。这样的阅读批注体现了学生在文学语言分析中懂得横向联系和纵深思考，是学生思辨能力提高的重要表现。

还有，黄李煜文同学在语文阅读实验室看了《象棋》杂志后，他在笔记中写下了：“将、帅只能在底线中央规定的一个四方框中前后左右的小步活动，这可能是中国古代的帝王大多只在王宫中生活，很少到民间体察民情对中国象棋的影响。外国的皇帝却常常领兵打仗，如法国皇帝拿破仑四出征战，英王查理亲自带兵攻打法国。国际象棋中的“后”威力之大，或许又与此有关。”感悟文段由象棋引发横向的思辨联系，抓住中外象棋与人类社会的联系，由棋到人，由棋理到文化，议论由表及里，立意深刻独到，很具思辨之力量，体现了思辨能力的广度。

（3）作文水平的提高也印证了语文思辨能力的提升。

写作是最能反映一个人的语文能力的。因此，开放阅读实验把“写”（批注、课堂短文习作、课堂内外感悟写作）作为学生学习训练的重要环节。在“写”的练习过程中，强调学生多从自然、历史、文化和社会四个方面做横向和纵向的联系，以求问题思辨更具全面性和深度。自然无语，其威力强大，关注自然，可领悟生命互为尊重和和平相处的重要性；历史厚重，极具迷惑，公正审视，可从纷繁的对错中汲取前进的智慧；文化多彩，极富底蕴，用心感受，可收获深刻的文化哲思；社会复杂，充满诱惑，分析现象，可树立积极的人生态度。正是这样的学习引导，开放阅读实验班学生的写作水平才比非实验班学生的写作水平有了可喜的进步，特别是学生文章在思辨深广度上的进步。

① 学生习作体现思辨的深广。

实验班温亚梦的《生命的立起》如此写道：

一只很小的虫子，能在没有水分的茫茫大漠一代代生存繁衍，我纳闷它们靠什么活着？看了电视上的一个自然类节目，让我再一次惦记起这些小生命，并对它们生出几分崇敬来。

……

这一切似乎与人无关，只是在人类生存之外，另一种灵魂在播种。它不会有呼啸的声音，也不会有清新的气息，不会让人痛，也不会让人快乐，它只是一群虫子和一滴水的故事。

……

我伸手摸摸自己的脊背，希望能发现有水流过的痕迹。

……

虽然我们人类已经踏上过月球，探索过火星，但在今天，就在我们的身边，仍藏着许许多多的大自然之谜。

向大自然学习，仍是我们人类要做的事情。

小小的虫子，能牵动作者的心思，那么多的思考足见作者对生命的无限关爱和思辨。

② 实验数据说明思辨能力的提升。

图6-12是雷州市第一中学开放阅读实验班与非实验班学生的作文测试分值成绩与读写训练量曲线示意图。

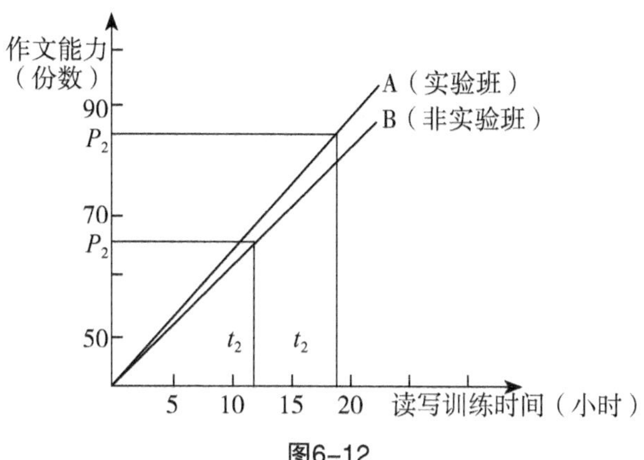

图6-12

从中可知实验班曲线陡度大，且$t_1 < t_2$，$P_1 < P_2$，读写训练量与作文分值成正比。说明读写结合的大量训练提高了学生的思辨能力和作文能力，而作文又是语文思辨能力的外在语言表现形式，一个学生的作文水平的好坏与他的思辨能力高低是成正比关系的。可以肯定地说，读写结合提高了学生的语文思辨能力，提高了作文水平，提高了学生的语文素养。

学生在“读”“写”中的这些思考与表现，显示了他们在开放阅读的各项学习活动中逐步掌握了思辨的规律，能够透过事物的现象看本质，客观、辩证地看问题，能从时间的深度和空间的广度进行思辨，开放阅读与中学生的思辨能力关系是正比关系，中学生在开放阅读中，读得越多，旁批得越多，讨论得越多，写作得越多……，他的思辨能力就越强。

（三）“开房阅读”取得了效果

开放阅读在充分把握《新课程标准》精神的前提下，科学地设计了“简易逻辑学习”“语文阅读实验室”和开放阅读、读写结合等阅读课堂内容和形式，有效地修正了学生的思辨方向，构筑了学生的思辨基础，激发了学生的思辨兴趣，开拓了学生的思辨维度，从而多向度地促进了学生语文思辨能力的发展。思辨是一种思维活动，思维品质的提高不是一蹴而就的，它是一个长期的需要付出辛劳的过程。雷州市第一中学的“开放阅读”实验很好地为学生语文思辨能力的提高打开了一扇窗户，相信在一中语文老师的不断努力下，由浅入深，循序渐进，水滴石穿，这一实验会取得更大的收获，学生的语文思辨能力也会得到更好的发展，语文素养得到全面的提高。这一课题论证，在一定的程度上为雷州市语文教学改革提供了借鉴。一是课题的顺利开展和开放阅读的效果可以给观念陈旧的老师一个生动、实在的启发；二是自主学习的课堂形式可以为雷州市语文教师的教学设计提供很好的借鉴，让语文课堂远离满堂灌和功利性；三是学生在开放阅读中自主习得的关于语言文字、人文事理的辩证分析、说理能力是对语文学科性质“工具性与人文性的统一”例证，能对部分偏颇理解语文学科性质的老师提供纠偏指导。

（本文发表于《语文天地》（ISSN 1007-8665 、 CN 23-1079/G4）2014年第9期）

课题研究形成的课例

课例1：

《故乡的榕树》教学设计

执教者：雷州市第一中学　陈雁鸣

教学策略：

以品读、涵咏、关键词为切入点，注重语文积累。濡养学生的语言品味和鉴赏能力，提高学生的感悟与思辨能力，训练学生的写作表达能力。

教学目标：

1. 品读诗意文本
2. 体悟乡情内涵
3. 仿写精彩语段

教学重点与难点

学习本文“借景抒情，寓情于景”的写法；领悟眼前景与思乡情的触发点、联系点，联想琐细平凡的故乡生活，表达真挚、浓烈而怅惘的思乡之情。

教学时数

两课时。

（预习一课时，老师指导学生依据《学案》或自主或分组讨论完成对新课文的预习；授课一课时，引导学生理清文脉、品读涵咏作者的那山那水、习写展示自己的这山这水）

教学内容与步骤

（一）导入

“举头望明月，低头思故乡。”古人用月亮来寄托思乡之情是我们已经非常熟悉的了。用榕树来寄托思乡之情会怎样呢？今早我们已用一节课依据《学案》对《故乡的榕树》进行了预习，下面让我们一起来感受这篇优美散文。

（二）理清文脉

1. 是什么触动了这位天涯游子的思乡之情，打开了他的回忆之门？

【明确】眼前的榕树、哨笛

（眼前的这颗榕树，耳边的这声哨笛，让作者想到了安居在灵魂深处的故乡，想到了故乡那棵苍老蓊郁的榕树，这种睹物思人，触景生情写作手法在很多抒发思乡情的诗歌，散文中都有用到）

2. 课文写了几个地方的榕树？

香港住所榕树　眼前（1～3）

大陆故乡榕树　回忆（4～10）

香港住所榕树　眼前（11～13）

（回答得很好。这种“眼前—回忆—眼前”的文章结构方式，这种“物—事—情”的情感抒发方式是思乡之作经常采用的方式。我们在写这类文章的时候就可以借鉴这种写法）

3. 作者围绕榕树写了哪些景、哪些人、哪些事，传达出怎样的感情？

景：榕树下的小溪、石桥、石板、石碑、小石狮子

事：划榕船、听传说、祈榕福、抹患处、乘“榕”凉、树下酣眠

人：我、小伙伴、少女、最老的老人、女人、母亲、老祖母、农人们

传达：浓浓的乡愁，深深的思念

（三）品读涵咏——那山那水

（学生品读、涵咏精彩语段，体会感悟乡情内涵，交流阅读心得）

1. 修辞手法多样化是本文突出的艺术特点，试从比喻、拟人两个方面找出几个句子，试说说这些手法的运用对写景传情有何作用。

（1）看到春天新长的嫩叶，迎着金黄的阳光，透明如片片碧玉，在袅袅的风中晃动如耳坠，摇落一串串晶莹的露珠。（形象的比喻句）

（该句表现出春天新长的嫩叶可爱至极。其一，色泽鲜亮，是沐浴在金黄的阳光里，且在喻体“碧玉”前加修饰语“片片”以状其嫩叶繁多、纯一；其二，形状优美，是摇摆在袅袅的风中。句中把嫩叶比作碧玉、耳坠，不仅表现其美丽，而且表现其亲切可人。也用到了叠音词）

（2）苍苍的榕树啊，用怎样的魔力把全村人召集到膝下？不是动听的言语，也不是诱人的微笑，只是默默地张开温柔的翅膀，在风雨中为他们遮挡，在炎热中给他们阴凉，以无限的爱心庇护着劳苦而纯朴的人们。（传神的拟人句）

（该句通过赋予故乡的榕树“张开”“遮挡”“庇护”这些动作，寓动于静，变物为人，赋予了榕树一种温柔，一种情感，为抒写榕树对于乡人的有益之处，为抒发“我”对榕树的喜爱之情增强了表达效果）

2．本文叙述明快，描写绘声绘色，议论点到即止，抒情充满激情，细细品读，会觉得自己是在读着一首优美的诗。

请从文中选取一段你最喜欢的能传达悠悠乡情的语段，紧扣一个关键词，写一则100字左右的品读感悟并与同学们分享，然后有感情的朗诵，品味作者的浓浓乡愁。

关键词：

品　悟：

（1）而我的心却像一只小鸟，从哨音里展翅飞出去，飞过迷蒙的烟水、苍茫的群山，停落在故乡熟悉的大榕树上。我仿佛又看到那高大魁梧的躯干，鬈曲飘拂的长须和浓得化不开的团团绿云；看到春天新长的嫩叶，迎着金黄的阳光，透明如片片碧玉，在袅袅的风中晃动如玉坠，摇落一串串晶莹的露珠。

（2）苍苍的榕树啊，用怎样的魔力将全村人召集到膝下?不是动听的言语，也不是诱惑的微笑，只是默默地张开温柔的翅膀，在风雨中为他们遮挡，在炎热中给他们阴凉，以无限的爱心庇护着劳苦而淳朴的人们。

（3）故乡的亲切的榕树啊，我是在你绿荫的怀抱中长大的，如果你有知觉，会知道我在这遥远的异乡怀念着你么？如果你有思想，你会像慈母一样，思念我这漂泊天涯的游子么？

小结：（学生共同的学法）

（四）拓展练笔——这山这水

（1）你心目中的故乡是怎样的？请以某一景、物或细节作为载体，从记忆深处寻找一份曾经的感动。写几句关于你的故乡的文字。

（朗读展示、幻灯展示等）

（2）课外作业：选出你认为最精彩的语段，熟读背诵，并仿写。

（五）结束

家乡的老屋，家乡的伙伴，家乡的故事……是我永远的依恋，家乡的方言更是我们心灵深处的感动。我有过这样的经历，虽然我现在没有离开县城，但在汽车里、街道上，当我听到我们那个地方方言的时候，感觉是那么的亲切，扑面而来的是家乡温暖的风。我想，当有一天，我又身处异地他乡，听到乡音时，我会怎样呢？同学们想象一下，你们会怎样呢？

同学们，的确，家乡有许多让我们感动的点点滴滴，让我们铭记这点点滴滴，因为爱这点点滴滴，就是爱家乡。

板书：

故乡的榕树

香港住所榕树 眼前
大陆故乡榕树 回忆　浓浓的乡愁，深深的思念
香港住所榕树 眼前

学习因亲验而深刻 课堂因生成而精彩

——《故乡的榕树》教后反思

学校的教学工作要求规定，每学期每位老师必须做一节公开课，作为科组长，我不但免不了，还要以身作则。经过几天的思考，我决定还是来一堂散文鉴赏教学——《故乡的榕树》。

根据学情、文本和“课程标准”的要求，我决定本课的教学目标为：①品读诗意文本；②体悟乡情内涵；③仿写精彩语段。希望通过文学作品鉴赏教学巩固学生自主阅读的方法，关注学生个体的精神生活，赋予文本以生活的意义和生命的价值。

针对课后老师们的感慨与疑问、本课的教学设计和教学效果，我对自己的课堂在目标、策略和价值等方面有如下的思考：

（一）把“教”的时间留给学生，把“学”的“亲验”留给学生

从本课的教学设计和课堂实际来看，老师“教”的时间不多，所说之话，也都是引导性语言，而学生完成学习目标的独立时间是多的，学生的学习也是自主的。学生喜欢哪一点，怎样学习，怎样表达，它让学生有选择的时间与权利。

教学策略的设计是正确的。作为切入点的品读、关键词，能够很好地调动学生的学习兴趣，让学生意识到自己是有发现的，是有存在价值的。从课堂实际表现来

看，踊跃发言、大量的个人发现、条理的问题分析，都说明这些切入点能够很好地提高学生的语言思辨能力和表达能力。

学生深刻的亲验学习得益于教案中“品读涵咏——那山那水”和“拓展练笔——这山这水”两个教学情境的创设。这一情境创设，老师的目光不只是留在文本的认知上，而是着眼于学生学习能力的提高、亲验学习的深刻感受和精神品质的发展。这样的情境创设是有价值的，它拓展了学生学习的时空，它加强了学生自我学习的亲验，引导学生与文本对话，与教师对话，与自我的心灵对话，在对话中提升学生的精神品质。特别是“紧扣一个关键词，写一则100字左右的感悟，与同学分享浓浓乡愁”这一教学环节，教学设计不仅对学生的“写”给予高度的重视，而且是写学生自我之所悟，这让学生有话可写。它实现了学生情感观照从“那山那水”到“这山这水”的迁移；“紧扣一个关键词”从写作逻辑条理这个角度训练学生不仅要会写，还要写得好；学生会写只是要求之一，会自己表达，接受同学的质疑才是最大的要求。总之，老师做到了把“教”的时间留给学生，把“学”的“亲验”留给学生。它符合我的一贯主张：学习是学生的事。它也体现了“生本教育”“素质教育”的理念。

（二）好的问题设计是精彩课堂生成的可能

以往的课堂，老师提出的问题比较具体，个别时候甚至比较多。这样处理课堂的提问，有它的好处，即节省时间，直奔焦点，但其弊端在于束缚学生的思维，不利于学生发现问题。课例《故乡的榕树》，其价值之一就是它的问题设计，能给学生更多发现的可能，在足够时间的情况下，它能让学生发现更多的问题，促进学生思维的发展，最终形成解决问题的路径和方法。

比如“品读涵咏——那山那水”环节的第一个问题：修辞手法多样化是本文突出的艺术特点，试从比喻、拟人两个方面找出几个句子，试说说这些手法的运用对写景传情有何作用。

从学生的品读行为（课本中的阅读旁批）和课堂回答的活跃来看，学生不仅能就这一问题找出好些具备“比喻”“拟人”修辞特征的句子，还能从修辞应用、句子的作用等方面对该句作出带有个人判断的分析。而不止于教学设计里老师所提出的两句。

又比如第二个问题：请从文中选取一段你最喜欢的能传达悠悠乡情的语段。

过去的课堂提问，总是老师出问题，学生来回答，而这一问题设计却是学生找出自己喜欢的问题，自己来答或是其他同学来回答。这是课堂提问的颠覆，是课堂提问价值的体现。

这就是课堂的动态生成，它是以学生为主导的，而老师只是设计、抛出了一个能驱动学生往下学习的有价值的问题。可见，好的问题设计是精彩课堂生成的可能。

（三）情感教育是深入阅读的体悟，是情到深处的认同

一说到情感教育，往往会记起以往的大会小会——灌输。其实，人的情感认知更多是心理层面的生活经历相似性认同，同时，又是人们对人对事深入了解、体悟的结果。学生的情感教育也应如此。语文课堂生活的基本形式就是以学生为主体的认知、亲验和感悟。因此，情感教育需要在阅读中体悟，在体悟中生成，而不是灌输。

课堂里，我没有讲述“热爱家乡”的大道理，而是让学生在第一课时开放、自主的时空里，深入阅读文本，寻找自己不同于别人的发现，对照文本回味自己背井离乡的求学生活，体悟家乡在自己心中的分量。这节课，因为没有录像，我做不出教学实录，但学生在“这山这水”环节的乡情骚动、热爱的情怀是每一个学生在阅读亲验中悟出来的，是情到深处的认同，是在开放自主的课堂环境里生成的。在具体的教学实施上，理清文脉、品读涵咏环节是学生情到深处认同的蕴蓄。拓展练笔环节让学生走进自己家乡的“这山这水”，写写自己对家乡曾经的那份感动，而这份“感动”生长的土壤正是学生对文本深入阅读的体悟，是情到深处的认同。这就是观照学生主体生命的生本教育，它体现了生命存在的价值，是对个人思考的尊重。

（四）课时安排与效果达成的忐忑

整体来看，我对本课的目标达成是满意的，但我很纠结于别的老师对第一课时安排的诸多看法，“特别是公开课，往往没有一个课时的学习时间。”也许，这点是我在设计本课教学时在课时安排策略上的最大失误。

一节课下来，学生写得不少，说的也很多，感觉教学目标完成了，但又多了一个疑问——成效大吗？我疑问的着眼点在于学生对乡情的表达多是一些很表象的东西，学生未能真正融入作者的情感世界中去。比如，学生都能说出通过榕树抒发思乡之情，然而，这种思乡之情到底多么浓烈、多么难以言表，大部分学生都没有体会到。尤其是对关于榕树的人、事的描写，学生的感知都是表面的。但是，我相信这跟学生的阅历有关，他们还年轻，未曾品尝过思乡之苦。

我想，如果再上这篇课文，也许应该先从学生入手，营造一种思乡的气氛，让学生先写写自己的家乡，与作者做一对比，效果可能会更好。

课例2：

（本课例在陈雁鸣老师的指导下荣获2016年湛江市初中语文高效课堂竞赛一等奖）

《台阶》导学案

执教者：客路中学 蔡炳奕

[学习目标]

1. 自读课文，自学生字词，整体感知课文内容。
2. 品细节，分析父亲的形象。
3. 写父亲，悟真情，感恩父亲。

[学习重难点]

1. 品细节，分析父亲的形象。
2. 写父亲，悟真情，感恩父亲。

[学习展示过程]

（一）自主预习

1. 给加点的字注音。

涎水（ ） 揩（ ） 尴尬（ ）（ ）

门槛（ ）

黏性（ ） 凼（ ） 撬开（ ） 硌（ ）

2. 解释下列词语的含义。

微不足道：____________________________________

大庭广众：____________________________________

低眉顺眼：____________________________________

（二）整体感知（踏上台阶 走近父亲）

请快速浏览课文,回答问题。

1. 本文叙述了一件什么事？（请用最简洁的语言概括。）
2. 父亲为了造新屋，做了哪些准备工作？

（三）合作探究（凝望台阶 感悟父亲）

1. 为什么“父亲总觉得我们家的台阶低”？

2. 分析父亲形象

（1）父亲是一个怎样的人？（请用简练的语言概括）

（2）作者在塑造父亲的形象时，运用了大量的细节描写，请你从文中找出自己最喜欢的细节并谈谈体会。

（四）拓展练笔（回味台阶　描写父亲）

（五）课堂总结

《台阶》教学实录

（一）谈话导入

同学们，有缘千里来相会。今天，老师带来一首诗作为见面礼，我们一起朗诵好吗？（学生说好）

老师PPT出示《写给父亲》并让学生朗诵：都说风/能让石头吹裂；都说雨/能将钢铁锈蚀；都说岁月/能把您的脊梁压弯。惟有您的意志 /百折不挠/千磨不变/挑起全家老小/一生的重量。（同时播放音乐《雨的印记》）

读完这首诗，你体会到了什么？（学生自由交流）这是一首赞美父亲的诗，诠释了父亲任劳任怨的一生。现在，让我们踏上李森祥先生的小说《台阶》，走进一位可亲可敬的父亲，看看这位父亲是怎样构建自己的人生高度。

老师板书课题：台阶

（二）老师PPT出示学习目标及重难点（全班朗读）

明确目标，学习更高效。

（三）对学生预习时的积极表现给予肯定

师：上课前，老师对你们的导学案逐一作了检查，我发现你们的准备很充分，首先把掌声送给自己吧。

（四）展示过程

1. 展示自主预习

师：接下来是展示时间，哪位同学先把字音展示一下？（1位女生朗读）

师：有什么问题吗？

生：没有。

师：感谢这位同学，我们一起把词语朗读一遍。（全班学生朗读）

师：还有3个词语，谁能把词语解释一下？

生：微不足道：形容事情非常渺小，不足一提；大庭广众：形容人很多的公开场合；低眉顺眼：形容做事默默无闻、任劳任怨。

师：有什么意见吗？

生：没有。

师：同学们，字词是中考考点，希望大家做好积累。

2. 整体感知

师：接下来，我们就对文本进行探究。

师：这是一篇小说，小说叙述了一件什么事？小组先讨论一下。

（小组自由交流）

师：有结果了吗？哪位同学来展示一下？

生1：本文叙述了父亲觉得家里台阶低，于是为了有高台阶的新屋进行了漫长的准备，可是新屋落成了，父亲人老了，身体也垮了。

生2：我觉得本文主要叙述了父亲为了造高台阶的房子，而辛苦奋斗大半辈子的事。也表现了过去那个时代劳动人民艰苦的生活现状以及他们坚持不懈以及顽强的精神。

师：两个同学的回答，你们更喜欢哪一个？

生：第一个

师：同意第二个举手，同意第一个举手。

师：大家要听清楚，本文主要叙述了一件什么事？第二位同学讲的是什么啦？你来说。

生：第二位同学讲的是本文的主题。

师：第二位同学概括的是主题，第一位同学的概括较为准确。小说类的概括方法也就是抓住人加事，这个人干什么事。比如：父亲用大半辈子来建造一幢有高台阶的新屋。

师：为了造新屋，父亲做了哪些准备工作？

生1：第一个是辛勤劳作，第二个是摸黑踏泥，第三个是草鞋成堆，第四个是积累月票，最后一个是捡砖捡瓦。

师：那你觉得这些内容应当在哪个自然段中找出来。

生：第10、11自然段。

师：谁能更精练地概括出来。

生2：第一个是捡砖捡石，第二个是砍柴种田，第三个是积攒角票。

师：请把掌声送给这位同学（生鼓掌）

3. 合作探究

师：父亲的准备是漫长的，那为什么父亲总觉得自家台阶低？

师：第8组同学，我总觉得你们小组很沉默，难道沉默是金吗？我请一位男生来讲。

生（男）：因为台阶是地位的标准，人家高的有十几级，自家的只有3级，被人家小看。课文有一句话，没人说过他有地位，父亲总觉得自己没有地位，想有地位却得不到地位，因此总觉得自家台阶低。

师：这位同学捕捉信息能力很强。

（师边小结，边板书：地位高　地位低）

师：美国心理学家马斯洛曾说过人的需要有五个层次：生理需要、安全需要、爱的需要、尊重的需要、自我实现的需要。可见，每个人都想得到别人的尊重。

师：父亲一生的追求就是高台阶的新屋，高台阶的新屋就是地位。父亲是文章主人公，他是个怎样的人？作者在塑造父亲的形象时，运用了大量的细节描写，你最喜欢那一细节，小组先交流一下。

（小组交流，教师巡视指导，1分钟后，教师让学生停止讨论并作答）

师：你们觉得父亲是一个怎样的人？第8小组同学来作答。

生1：父亲是一个坚忍不拔、辛勤劳作的人。在第10段中，父亲为了造高台阶的新屋，他去捡瓦片，很认真做这些事情。（师板书：坚忍不拔）

生2：父亲是一个老实厚道、要强的人。（师板书：要强）

生3：父亲是一个有志气、不甘落后的人。

生4：我觉得父亲是一个热爱家庭的人。

生5：我觉得父亲是一个执着追求的人。（师板书：执着）

生6：我觉得父亲是一个有志气、坚强的人。

师：父亲的这些品质是怎么体现出来呢？我们一起来欣赏细节描写，哪位同学先交流。

生1：我从课本66页第15段最后一句话："一个冬天下来，破草鞋堆得超过了台阶。"短短一句话体现父亲为造新屋付出的艰辛劳动，同时也体现了父亲为实现目标的执着。

生2：请同学们翻开到64页，第5段"父亲把屁股坐在最高的一级上，两只脚板就搁在最低的一级。他的脚板宽大，裂着许多干沟，沟里嵌着沙子和泥土。”这是细节描写，从父亲的玷污、干裂的脚板可以看出他平常在田间劳作的情景，表现他吃苦耐劳的品质。

师：这位同学主要是通过了什么角度来赏析呢?

（生答：外貌）

师：写了父亲哪个部位?

（生答：脚）

生3：68页第24段“父亲按照要求，每天在上面浇一遍水。隔天，父亲就用手去按一按台阶，说硬了硬了。再隔几天，他又用细木棍去敲了敲，说实了实了。又隔了几天，他整个人走到台阶上去，把他的大脚板在每个部位都踩了踩，说全冻牢了。”这是一次运用了朴素无华的语言，同时运用了生动形象的动作描写，这也是一处细节描写。通过父亲的动作“浇”“按”“踩”等一系列平凡最具有深刻意义的动词表现了父亲对刚砌好的台阶那种关爱之情。同时也刻画当时父亲那种微妙的自豪感。因为他时常想得到别人的尊重。现在砌好新台阶，很快就要建好新屋了，将父亲这种心情以及表露出来的这种感情描写得淋漓尽致。

师：这位同学主要是从哪一角度来赏析呢?

生：动作。

生4：70页第30段“那极短的发，似刚收割 过的庄稼茬，高低不齐，灰白而失去了生机。”这句话运用了比喻手法把父亲的头发比作刚收割庄家茬，生动形象地写出父亲老了，表达了作者对父亲的怜悯和同情。

师：这位同学主要是从哪一角度来赏析呢?

（生答外貌）

师：这里运用什么修辞?（生答比喻）我们赏析人物从修辞手法去赏析是非常关键。

生5：69页第28段“父亲身子晃一晃，水便泼了一些在台阶上。我连忙去抢父亲的担子，他却很粗暴地一把推开我：不要你凑热闹，我连一担水都挑不——动吗！”这句话写出父亲因为新房子劳累了一生，自己的身体越来越差，表现出父亲要强不要别人帮忙，这体现了父亲是一个自尊心很强烈的人。

师：掌声送给这位同学。（生鼓掌）这位同学主要是从哪一角度来赏析呢?（生答动作、语言）那么，老师对这些话语也非常喜欢，我就摘录下来与大家分享。PPT出示：父亲身子晃一晃，水便泼了一些在台阶上。我连忙去抢父亲的担子，他却很粗暴地一把推开我：不要你凑热闹，我连一担水都挑不动吗？

（全班朗读）

师：读完后，你们发现什么问题吗？

生1：此句有一个破折号，题目上没有。

师：还发现什么？

生2："我连一担水都挑不动吗？"是感叹号。

师：我改变后行不行。

生：不行。

师：破折号起着什么作用

生：突出父亲愤怒的情绪，父亲认为自己老了。

师：父亲挑着水，跨过台阶的时候，他会怎么了？

生：气喘吁吁

师：这个词用得太好了，大家掌声鼓励一下。

师：那位同学起来朗读"不要你凑热闹，我连一担水都挑不——动吗？"

生1：（朗读）

生2：（朗读）

生3：（朗读）

师：哪位同学表现更好一些？

（生自由评价）

师：破折号其实是表示声音延长，感叹号是加重语气，感情强烈，并不是父亲认为自己老了。这里我们主要抓住什么来欣赏的呢？

（生答：语言、动作）

师：同学们，刚才我们对父亲的形象作了分析，怎么分析，你们能把方法总结一下。

生：方法就是找细节，从一些动作、神态、语言等一系列描写中找到人物所要表达的那种情感。

师总结学法：（PPT出示并让学生朗读）细节描写是指文学作品中对人物外貌、动作、语言、神态、心理以及自然景观、场面气氛等细小环节或情节的描写。（找、读、赏、悟）

4. 拓展练笔

师：你们能用细节描写刻画自己的父亲吗？

生：能

师PPT出示练笔要求：请你运用细节描写方法刻画自己的父亲，从而表达对父亲的感恩之情。（字数60字左右）（5分钟）

（生自由写作，师巡视个别指导）

生1：（朗读自己的作品）

师：谁能来点评一下。（师投影出示该生作品）

（生点评）

师点评：这位同学的书写非常漂亮，中考作文书写非常重要，漂亮的书写可以获得高分。她主要抓住父亲圆溜溜的肚皮，可见这位同学对父亲观察很仔细。还有哪位同学来展示一下。

生2：（朗读自己的作品）

师：她是怀着一颗感恩之心来写自己的父亲。

生3：（朗读自己的作品）

师：这段描写非常细腻，父亲在干什么？

生：拔草

师：拔草过程可看出父亲工作非常认真。

师：同学们，通过你们刚才的展示让老师想起一首诗。（PPT出示并让学生朗读）

有人说，父亲是阳光，温暖我的人生；

有人说，父亲是灯塔，照亮我前行的路；

有人说，父亲是人梯，将我送上人生的高峰；

有人说，父亲是耕牛，负担起家庭重任；

我要说，父亲是一本厚重的书，值得我们用一生来品读。

师：父亲这本厚重的书，里面的故事虽然平淡，但总是耐人寻味，我们作为子女应该理解父亲、感恩父亲、用实际行动报答父亲。

5. 课堂总结

师：这一节课即将结束，那你们在这节课里学到了什么？有什么收获？

生1：以后要感恩父亲，多为父亲做些家务事。

师：你有一颗感恩的心，不错。

生2：这一节课，我学会了如何理解文章。比如：本文的题目《台阶》虽然是简简单单的两个字，却蕴含了无比深刻的含义。表面看来，它是指父亲那三级台阶，更深层一点代表着地位的标志，因此我们看事情不能只看表面，还要看到最深层的那一面。

师：掌声送给这位同学，他的感受很深刻。

师学法总结（PPT出示）：小说三要素：

环境　情节　人物（细节）

师：最后我们用最真挚的呼喊结束本节课。（PPT出示并让全班同学朗读）：爸爸，感谢您一路相伴！爸爸，我爱您！

《台阶》教后反思

《台阶》是一篇自读课文，文章以极其自然的口语化语言，展示了一个农民家庭的经济状况和一位农民父亲的人生奋斗历程。父亲为盖新屋而拼命苦干的一生，表现农民艰难困苦的生存状态和他们为改变现状而不懈努力的精神，作品兼有崇敬和怜悯双重感情色彩，读来感人至深。

这篇小说篇幅较长，在处理教材时，我遵循高效课堂的课型意识，自读课文不求面面俱到，应做到以点带面。为此，我将"品读细节，分析父亲的形象"作为教学重点，导学案的目标设计符合课标要求，涵盖知识、技能、情感三个维度，能体现学生全面发展的理念。导学内容简洁明了，由浅入深，循序渐进，符合学生的逻辑思维。如：整体感知，快速读文并用简洁的语言概括文章主要内容；合作探究，父亲是一个怎样的人？作者在塑造父亲的形象时，运用了大量的细节描写，请你从文中找出自己最喜欢的细节并谈谈体会；拓展延伸，回味台阶，描写自己的父亲。教学流程，环环相扣，井井有条。

教学过程中，我遵循"先学后教，以学定教"的原则，充分尊重学生，把课堂主动权还给学生，注重学生主动参与的有效度，合作学习的实效性，较好地体现了新课标的教学理念。分析人物形象的环节，我处理得较为成功。如："父亲身子晃一晃，水便泼了一些在台阶上。我连忙去抢父亲的担子，他却很粗暴地一把推开我:不要你凑热闹，我连一担水都挑不——动吗！"我把破折号删掉，感叹号变为问好。学生通过朗读，发现问题，通过讨论，解决问题。从而懂得破折号是表示声音延长，感叹号则是加重语气，父亲"要强"的性格被刻画得淋漓尽致。

我还注重学法指导，做到听说读写相结合。如：品细节，分析父亲形象后，我先让学生自由交流学法，然后再总结规律：找细节、读细节、赏细节、悟情感，最后设计了让学生用细节刻画自己的父亲。这一环节紧扣教学重点，对学生运用细节描写的能力进行了训练，做到学以致用，水到渠成。

当然，这节课还有许多不足：

1.小组合作力度不够

小组合作学习可以使每一个学生被关注，通过“兵帮兵、兵练兵，兵强兵”，能更大程度的发挥学生自主合作、探究的能力。这样的课堂是富有生机、灵动的课堂。但教学中，我只拘泥于形式，对导学案的问题未能精心分配到各个小组，导致交流的问题缺少深度，学生的议论无法有效地展开。整个课堂的气氛不浓，教学模式略显传统。

2.文本深度挖掘不够

岭南师范学院李斌辉教授说得好，语文课堂不能只拘泥于形式，更应注重文本深度的挖掘。我在引导学生分析父亲形象时，教法单一，缺乏对父亲这一典型形象现实意义的探讨。

（1）从人类需要层次论的角度，人都有获得社会和他人尊重的需要，提高地位赢得尊重是父亲最大的心愿。

（2）从生产力发展水平的角度，父亲创业之路如此艰难，根源在于生产力水平低下，小说深沉地回响着时代对先进生产力的呼唤。小说在讴歌父亲坚忍不拔的毅力和艰苦创业的精神，同时更有一种凄楚、辛酸的情感笼罩全篇。

3.课堂评价过于简单

课堂评价是指教师在课堂上对学生学习表现的即时性评价。课堂学习评估作为教学活动中的一个有机组成部分，往往体现着教师的教学思想和教学技能，具有很强的指导性，它关系着学生在课堂学习中的地位，对学生学习能力的培养起着重要的导向作用。教师合适的评价是学生学习动力的加速器，也是活跃课堂必不可少的助力器。本堂课，我的评价很简单，缺少技巧，缺少感染力，不免有敷衍之感。学生的情感世界并不满足这样单调乏味的评价。因此，课堂自然走向死板、沉默。巧设师生互评，生生互评，课堂效果就会事半功倍。

在今后教学中，我要做到以下两点：①应当耐心倾听学生的发言，多问学生为什么这样想。②要规范自己的评价语言，语言力求科学严谨、简洁准确，幽默风趣，杜绝口误。

4.课堂缺少高潮，略显平淡

展示过程中，有两个地方可创设情景，引领学生进入更高境界。第一，分析父亲形象时，教学模式应多样化。如可让学生写批注，可让学生自由朗读，可让学生赛读，可让学生自评互评。第二，拓展练笔，可让多位学生展示自己的作品，师生点评时可采用小组比赛的方式，让学生充分发挥自己的聪明才智。学生就能更深刻地认识到细节描写的魅力，更能真切地感受到父亲的伟大，父亲的无私。

5.课堂驾驭能力有待提高

孔子说过："不愤不启，不悱不发。"当学生处于"愤悱"的状态时，教师及时提问和适时点拨，能促使学生积极热情投入到学习活动中去。在学生"心求通而未得""口欲言而未能"时，教师尽可能恰当地从不同角度提出一些新颖的问题，激发学生"学而知不足"的求知欲。当学生自己敲出新知识的结论时，会感到无比的欣慰。在今后的课堂中，我要加强课堂驾驭能力的培养，既善于捕捉学生闪光点，又能适时点拨。

现在，我更深刻地认识到，上好一节课，不是一件容易的事情，这需要老师课前做好十二分的准备。特别是语文老师更具有挑战性。语文是一门类似生活百科的学科，它是灵活、生动、感性的，极富创造性。要想让学生在语文这一片蓝天上自由翱翔，激起他们的兴趣，让他们掌握知识，语文老师就必须在专业这一块土地上下足功夫，并且做好许多突发事件的准备。老师要不停地学习，不断给自己充电，不断进行知识整理、储备与更新。老师只有做好"自来水"的准备，才有资格去做主导者。

在今后的教学中，我将不断地学习，不断地反思，不断地总结，学会理论联系实际，使自己的课堂教学更趋成熟、更趋完美。

课例3：

（本课例在陈雁鸣、冯继可老师的指导下荣获2015年湛江市高中语文高效课堂竞赛一等奖）

《欢乐》教案

执教者：雷州市第一中学　袁　瑜

教学目标：

1. 知识与技能

（1）学会分析典型意象的深层含义，体会"欢乐是什么"。

（2）初步具备运用典型意象表达内心情感的能力。

2. 方法和过程

（1）学生借助相关资料，课前独立完成预习案。

（2）小组合作探究、质疑，教师点评，突破本文重难点。

3. 情感、态度和价值观：体悟诗人对于“欢乐”的独特体验，提升审美情趣。

课时：1课时

教学重点：分析典型意象的深层含义，体会“欢乐是什么”。

教学难点：初步具备用典型意象表达内心情感的能力。

教学过程：

激趣导入

随着网络的普及和智能手机的更新换代，越来越多的人开始用科技手段来表达内心情感。比如，我们习惯了用可爱的表情符号来表达自己的心情，千言万语都浓缩成了一个表情。有人说，谣言止于智者，聊天止于呵呵。快乐时，我经常喜欢用这些表情。（PPT展示）

那么，除了用这些网络表情，我们还有没有其他方式表达自己的喜怒哀乐？

欢乐有颜色吗？欢乐有声音吗？欢乐从哪里来？我们该如何表达欢乐？

让我们一起走进何其芳的欢乐世界。（PPT展示题目）

板书

让我们先来看看这节课的学习目标，目标明确，学习更高效。（PPT展示学习目标）

学科班长检查“预习案”，学生质疑。

（自读诗歌，借用工具书，独立完成，有疑惑的内容用红笔标出）

（1）字音辨析

簌簌　　潺潺　　颤抖　　蔷薇　　花瓣

（2）自由朗读这首诗，注意把握节奏和情感。

（3）请同学们找出诗歌中的典型意象。

“意象”一词是中国古代文论中的一个重要概念。古人以为意是内在的抽象的心意，象是外在的具体的物象；意源于内心并借助于象来表达，象其实是意的寄托物。中国传统诗论实指寓情于景、以景托情、情景交融的艺术处理技巧。诗歌创作过程是一个观察、感受、酝酿、表达的过程，是对生活的再现过程。作者对外界的事物心有所感，便将之寄托给一个所选定的具象，使之融入作者自己的某种感情色彩，并制造出一个特定的艺术天地，使读者在阅读诗歌时能根据这个艺术天地在内心进行二次创作，在还原诗人所见所感的基础上渗透自己的感情色彩。

意象通常是指自然意象，即取自大自然的借以寄托情思的物象。

我的疑惑？同学们在预习的时候还有什么疑惑？

学生齐读这首诗。

（PPT展示诗歌内容）

欢乐

告诉我，欢乐是什么颜色？像白鸽的羽翅？鹦鹉的红嘴？欢乐是什么声音？像一声芦笛？还是从簌簌的松声到潺潺的流水？是不是可握住的，如温情的手？可看见的，如亮着爱怜的眼光？会不会使心灵微微地颤抖，或者静静地流泪，如同悲伤？

欢乐是怎样来的？从什么地方？萤火虫一样飞在朦胧的树荫？香气一样散自蔷薇的花瓣上？它来时脚上响不响着铃声？对于欢乐我的心是盲人的目，但它是不是可爱的，如我的忧郁

个别学生读，注意把握节奏和情感。

朗读注意事项：

停顿——朗诵时，恰当的停顿可以使语意表达清楚，语言富有生命力，并传达出丰富细腻的感情。值得注意的是朗读、朗诵时忌读破句，破坏句子的结构。

重音——表现重音的方法：强中加强、低中见高、快中显慢、连中带停。

语气——在朗读时，如果能注意语调升降的变化，在思想感情的表达上能够更加细致。

节奏——节奏是在朗读、朗诵传达一定的感情时所显示的快慢、抑扬的声音形式。节奏使朗读、朗诵富有生机，更具魅力，增强语言的表达效果。

情感——准确地把握作品内容、背景和情感基调，透彻理解其内涵进而进入情境，把作品的思想内涵准确地表达出来，要通过丰富的想象，使己动情，找到所选作品的情感最高亢、激昂的部分，并加以细心琢磨和感受，争取把高潮重点用恰当的语调强调出来

教师范读。（老师读得也不好，哪位同学愿意给点改进意见？ 谢谢你的宝贵意见。老师一定努力，争取读得更好）

（接下来，让我们一起去探索这首诗的奥秘）小组合作探究（PPT展示，板书）

（学习要求：组内讨论，分工合作，时间为5分钟。希望同学们大胆质疑，勇

于探究）

1. 诗人是怎样把“欢乐”这一抽象情思化作具象的可观可感的事物的？诗人心目中的欢乐是什么？

分析：

诗人主要运用通感手法，以具体的比喻意象，呈现了自己对欢乐这一高度抽象情感的层层体验。

第一节诗人借助听觉和视觉，将欢乐的深层美及其深层体验活灵活现地呈现在读者面前。欢乐是赏心悦目、心旷神怡、轻松明丽的一种心象景观。

第二节诗人调用触觉和视觉，敏锐抓住欢乐沁人心脾、暖人身心的表层审美特质及其体验。欢乐是一份能使心灵“微微地颤抖”的慰藉、关怀和呵护。

第三节诗人将动态的视觉、嗅觉和听觉，交替使用，勾勒了欢乐如水中花、雾中月的飘忽不定，倏忽即逝和清香由远及近的动态。

“白鸽的羽翅”配之以“燕子的红嘴”，这一“白”一“红”，对比分明而又相映成趣；“簌簌的松声”与“潺潺的流水”，又是一种由听觉引起的心灵色彩的配合；还有由“温情的手”与“爱怜的眼光”所抚慰而引发的“微微的颤抖”与“静静的流泪”，也是由触觉与视觉所引起的感觉图案。诗人通过这些色彩和图案的组合，把难以捉摸的微妙情绪抒写得绚丽多姿，神秘诱人。

这首诗不是以肯定的句式写出，而是涌出了一连串的问号，把这许多欢乐勾勒得可望而不可即。其深意可以理解为：欢乐也许是这一切，可它实在不是这一切。欢乐是在虚无缥缈间。诗人在长久的痛苦中，不能体味真正的欢乐，因此对于欢乐是什么，是存在疑问的。

“对于欢乐，我的心是盲人的目，/但它是不是可爱的，如我的忧郁？”这最后一节显然在情绪上是一种逆转，细心的读者可以看出，这逆转的情绪都是诗人所要真正抒发的，但在艺术表现上，诗人却对这理应着重抒发的情绪点到为止，从而留下了开阔的艺术空间，让读者自己去填补，这是在艺术构架上的匠心所在。

2. 你认为，欢乐应该是怎样的？仿照何其芳的《欢乐》，写写你的“欢乐”或者“痛苦”。

（发挥学生自主能动性，积极参与，学会用典型意象表达内心情感的能力。）

写作时，意象可以是感性的，可以是虚拟性的，可以是情感性的，可以是想象性的

板书设计

《欢乐》

何其芳

欢乐是什么？——颜色、声音……（景观）

如何表达欢乐？——触觉、视觉、听觉（通感）

总结

【悟人生】被长久的“忧郁”捆住手脚的诗人，终于急切地想象“欢乐”的滋味，这想象着实是对“忧郁”生活的反叛，是对新的美好生活的渴望。然而也正是在这长久的“忧郁”之中，诗人才有了对“快乐”的独特体验，有了对“忧郁”的别样心态。纯粹的欢乐固然可喜，但它却很少。更多的时候，欢乐是历经艰辛、遭受磨难之后的获得，是乐中有悲，悲中有乐的欢乐。既然如此，不管人生的路上是苦是乐，我们都应该抱有一颗乐观、感恩的心。

教师赠言：最后老师想送给大家两段话，愿大家的人生有够多的云翳，来造成一个美丽的黄昏！（PPT投影，学生齐声朗读，配乐）

欢乐是无法掩饰的忧伤。你欢笑的泉眼常常也饱含着泪水。……镌刻在你们身上的忧伤愈深，你们能盛装的欢乐愈多。斟满了美酒的杯盏，难道不是曾在陶工炉火中锻造的杯盏吗？抚平了心弦的诗琴，难道不是曾在木匠利刃下雕琢的木材吗？

——纪伯伦

生命中不是永远快乐，也不是永远痛苦，快乐和痛苦是相生相成的。在快乐中我们要感谢生命，在痛苦中我们也要感谢生命。快乐固然幸福，痛苦又何尝不美丽？

——冰心

课后作业　自主赏析何其芳的《秋天》，找意象，品情感 。

《欢乐》课堂实录

激趣导入

师：同学们今天快乐吗？

生：快乐！

师：同学们一般是怎样表达快乐之情的呢？

生：唱歌、跳舞、玩游戏、大吼大叫……

师：同学们表达快乐之情的方式很独特。随着网络的普及和智能手机的更新换代，越来越多的人开始用科技手段来表达内心情感。比如，我们习惯了用可爱的表情符号来表达自己的心情，千言万语都浓缩成了一个表情。因此有人说，谣言止于智者，聊天止于呵呵。快乐时，老师经常喜欢用这些QQ表情来表达心情（PPT展示QQ表情）除了用这些网络表情，我们还有没有其他方式表达自己的喜怒哀乐？欢乐有颜色吗？欢乐有声音吗？欢乐从哪里来？我们该如何表达欢乐？

让我们一起走进何其芳的欢乐世界。（PPT展示题目）

让我们先来看看这节课的学习目标，目标明确，学习更高效。（PPT展示学习目标）

学生齐读教学目标

学科班长检查“预习案”，学生质疑。

全体学生齐读生僻字字音：

簌簌　潺潺　颤抖　蔷薇　花瓣

学科班长指出诗歌中的典型意象。

白鸽的羽翅、鹦鹉的红嘴、芦笛、簌簌的松声……

师：同学们在预习的时候还有什么疑惑？

生：意象的概念还比较模糊。

师：“意象”一词是中国古代文论中的一个重要概念。古人以为意是内在的抽象的心意，像是外在的具体的物象；意源于内心并借助于象来表达，象其实是意的寄托物。作者对外界的事物心有所感，便将之寄托给一个所选定的具象，使之融入作者自己的某种感情色彩，并制造出一个特定的艺术天地，使读者在阅读诗歌时能根据这个艺术天地在内心进行二次创作，在还原诗人所见所感的基础上渗透自己的感情色彩。意象通常是指自然意象，即取自大自然的借以寄托情思的物象。

学生齐读这首诗（PPT展示诗歌内容）

师：同学们自我评价，觉得读得怎么样？

学生甲：我觉得大家读得比较齐，但是节奏感不强，没能做到抑扬顿挫。

学生乙：我补充一点，大家没有融入感情，声音平平。

学生丙：我们在齐读的时候，没能将理解读出来。

师：同学们的自我评价非常客观准确。哪位同学愿意试试，将感情读出来？

（个别学生读）

师：大家觉得读得怎么样？

生：好很多了，但是，节奏感还是不太强。

（教师范读）

师：老师读得也不好，哪位同学愿意给点改进意见？

学生甲：老师，你读的时候抑扬顿挫还需改进。

学生乙：老师，你每一句的开头都读得非常高昂，后来声调就低了。

师：谢谢同学们的宝贵意见。老师一定努力，争取读得更好。我们在朗读的时候确实要注意以下几点：

停顿——朗诵时，恰当的停顿可以使语意表达清楚，语言富有生命力，并传达出丰富细腻的感情。值得注意的是朗读、朗诵时忌读破句，破坏句子的结构。

重音——表现重音的方法：强中加强、低中见高、快中显慢、连中带停。

语气——在朗读时，如果能注意语调升降的变化，在思想感情的表达上能够更加细致。

节奏——节奏是在朗读、朗诵传达一定的感情时所显示的快慢、抑扬的声音形式。节奏使朗读、朗诵富有生机，更具魅力，增强语言的表达效果。

情感——准确地把握作品内容、背景和情感基调，透彻理解其内涵进而进入情境，把作品的思想内涵准确地表达出来，要通过丰富的想象，使己动情，找到所选作品的情感最高亢、激昂的部分，并加以细心琢磨和感受，争取把高潮重点用恰当的语调强调出来。

小组合作探究（PPT展示 板书）

师：接下来，让我们一起去探索这首诗的奥秘。同学们组内讨论，分工合作，时间为3～5分钟。希望同学们大胆质疑，勇于探究。

师：诗人是怎样把“欢乐”这一抽象情思化作具象的可观可感的事物的？诗人心目中的欢乐是什么？

学生甲：诗人主要运用通感手法，以具体的比喻意象，呈现了自己对欢乐这一高度抽象情感的层层体验。

学生乙：诗人借助听觉、视觉、触觉和视觉，将欢乐的深层美及其深层体验活灵活现地呈现在读者面前。

学生丙：诗人还运用了比喻的修辞手法。

师：那么，诗人通过运用这些手法表达欢乐，诗人心目中的欢乐究竟是什么呢？

生：诗人心目中的欢乐是和平、亲情、宁静。

师：你怎么读出诗人心目中的欢乐是这些？能具体说说你的理解吗？

生：诗人觉得欢乐是白鸽的羽翅、温情的手、蔷薇的香气……白鸽的羽翅代表和平，温情的手代表亲人的关爱和家的温暖，蔷薇的香气是一种心灵的宁静。所以，我觉得诗人心目中的欢乐是和平、亲情、宁静。

师：这位同学读懂了诗人心目中的欢乐。

我的疑惑

师：同学们都理解了诗人表达情感的方法。那么，在探究这一问题的过程中，同学们还有什么疑惑？大胆质疑，勇敢地提出来。

学生甲：老师，诗人为什么要用那么多问号？

师：这位同学的问题把老师也难住了，大家一起研究研究，帮忙解决这一难题。

学生乙：老师，我觉得诗人很迷茫，所以用问号。

师：诗人很迷茫？那诗人为什么不用句号或者感叹号呢？句号和感叹号也可以表达迷茫之情啊。比如：我很迷茫。我很迷茫！

学生乙：哦，老师，我明白了，诗人不太确定这欢乐是不是这些，所以很迷茫，很疑惑，只好用问号。

师：很好！那诗人为什么会这样呢？哪位同学读懂了诗人的困惑？

学生丙：我觉得，诗人处在黑暗的年代，已经很久没有体验过欢乐的滋味了，他忘记了欢乐是什么，所以很疑惑，不确定欢乐究竟是什么样子的。

学生丁：我认为，诗人用问号，是对诗人的质问和警醒。诗人在质问世人，我们的欢乐到哪里去了？我们为什么会失去欢乐？用一连串的问号，让世人思考，并珍惜欢乐的日子。

师小结：你的解读更进一步，更深刻地理解了诗人的情感。这首诗用了一连串的问号，把这许多欢乐勾勒得可望而不可即。其深意可以理解为：欢乐也许是这一切，可它实在不是这一切。欢乐是在虚无缥缈间。诗人在长久的痛苦中，不能体味真正的欢乐，所以对于欢乐是什么，是存在疑问的。同学们解读得非常透彻。

仿照何其芳的《欢乐》，写写你的“欢乐”或者“痛苦”。

师：同学们读懂了诗人的欢乐。你们的欢乐又是怎样的呢？仿照何其芳的《欢乐》前三节的其中一节，写写你的“欢乐”或者“痛苦”。（发挥学生自主能动性，积极参与，学会用典型意象表达内心情感的能力。）

学生甲：告诉我，欢乐是什么曲调？像幽怨的民谣？激昂的摇滚？欢乐是什么模样？像记忆中的家乡？还是从袅袅的炊烟到灿烂的晚霞？

师：为什么选用这些意象来表达你的欢乐呢？

学生甲：因为我平时欢乐的时候大都是唱歌，我喜欢民谣和摇滚，这是我选择写“欢乐的曲调”的原因。另外，因为现在的我外出求学，经常会想念爷爷奶奶，所以我觉得“袅袅的炊烟和灿烂的晚霞”是我记忆中的欢乐的模样。

师：这位同学他根据自己的亲身体验，选择熟悉的意象来表达自己的欢乐之情。还有哪位同学分享一下你的欢乐？

学生乙：欢乐是什么模样？是玫瑰一样的清香？还是微风一样，悄悄地来？它来时会不会在我心中留下依恋？

师：你的欢乐很独特。说说你的想法.

学生乙：我觉得我这个人比较喜欢安静，我的欢乐一般是静静的欢乐，不是轰轰烈烈的，不是大吼大叫的。

师：你只想做个安静的美男子，所以你的欢乐就如花香一样，轻轻的，淡淡的。其他同学还有不同的欢乐吗？

学生丙：欢乐是不是可以领略的？如优美的海市蜃楼？可幻灭的，如轻盈的泡沫？会不会使心灵微微地触动？或者静静地沉思？

我着重写的是欢乐的稍纵即逝，以及欢乐留给心灵的空虚。

师：欢乐留下的是空虚？为什么呢？

学生丙：我是一个贪玩的人，但是每次我玩完之后，都会觉得很空虚，一点都不充实，所以我觉得欢乐应该是稍纵即逝的，是虚无缥缈的。欢乐有种刺痛人心的感觉。

师：同学们的欢乐真是多姿多彩，有没有哪位同学写下的是“痛苦”？

学生丁：我写的是我的痛苦，仿照的是诗歌的第一节。告诉我，痛苦是什么样子？像阴沉的天空？绵绵的细雨？痛苦是什么味道？像一杯咖啡?还是从酸涩的啤酒到辛辣的白酒？

师：你的痛苦为什么会是这样的呢？

学生丁：因为前段时间期中考试，考得不理想，考完的时候，天空刚好飘着细雨，就像我心里的痛苦一样，绵绵不绝。

师：感谢同学们分享你独特的欢乐，独特的痛苦。

学法小结

师：这节课我们学习了何其芳的《欢乐》，那么，该如何鉴赏新诗呢？我们来

小结一下鉴赏方法

（反复诵读、揣摩感情——局部推敲、品位意象——极尽联想、驰骋想象）

总结

师：被长久的“忧郁”捆住手脚的诗人，终于急切地想象“欢乐”的滋味，这想象着实是对“忧郁”生活的反叛，是对新的美好生活的渴望。然而也正是在这长久的“忧郁”之中，诗人才有了对“快乐”的独特体验，有了对“忧郁”的别样心态。纯粹的欢乐固然可喜，但它却很少。更多的时候，欢乐是历经艰辛、遭受磨难之后的获得，是乐中有悲，悲中有乐的欢乐。既然如此，不管人生的路上是苦是乐，我们都应该抱有一颗乐观、感恩的心。

教师赠言：最后老师想送给大家两段话，愿大家的人生有够多的云翳，来造成一个美丽的黄昏！（PPT投影，学生齐声朗读，配乐）

欢乐是无法掩饰的忧伤。你欢笑的泉眼常常也饱含着泪水。……镌刻在你们身上的忧伤愈深，你们能盛装的欢乐愈多。斟满了美酒的杯盏，难道不是曾在陶工炉火中锻造的杯盏吗？抚平了心弦的诗琴，难道不是曾在木匠利刃下雕琢的木材吗？

——纪伯伦

生命中不是永远快乐，也不是永远痛苦，快乐和痛苦是相生相成的。在快乐中我们要感谢生命，在痛苦中我们也要感谢生命。快乐固然幸福，痛苦又何尝不美丽？

——冰心

布置课后作业　自主赏析何其芳的《秋天》，找意象，品情感 。

《欢乐》教后反思

我有幸参加了“湛江市高中语文高效课堂比赛决赛”，与来自各县区的老师学习交流，对于这次活动中我的课例，我有以下反思：

（1）在备课方面要准备更加充分。在备这一节课的时候，我自己问自己几个问题：我将要面对的学生学情如何？我打算让学生获得什么？我打算让学生怎样获得？我怎样知道学生达到了要求？备课时更多的是考虑学情和教学目标，至于教学过程，只能是根据学情变化而改变。因此，我在设计导学案和教案时，比较简单，因为学生是陌生的，学情是无法掌控的，学生的思维过程是不可全部预测的，我只有努力充实自己，让自己吃透教材，以应对变幻莫测的学情。

（2）在导入的时候，我遵循“激趣”的原则，尽最大努力激起学生的学习兴趣，激起学生的求知欲，并且力求有鼓动性、启发性，使学生跃跃欲试，积极投入到学习之中，努力激发学生的智力活动，引起思考。

比如，我的导入：谣言止于智者，聊天止于呵呵。快乐时，老师经常喜欢用这些QQ表情来表达心情（PPT展示QQ表情）除了用这些网络表情，我们还有没有其他方式表达自己的喜怒哀乐？欢乐有颜色吗？欢乐有声音吗？欢乐从哪里来？我们该如何表达欢乐？

我发现在展示QQ表情的时候，学生的眼睛一下子亮了，这是他们熟悉的东西，他们感兴趣的东西，但是如何表达欢乐呢，这又是值得他们思考的地方，有挑战性。

（3）在上课过程中，我尽量发挥学生的主观能动性，让学生掌控课堂。因为，教师的职责表现在越来越少地传递知识，而越来越多地激励思考；除了他的正式职能以外，他将越来越成为一位顾问，一位交换意见的参加者，一位帮助发现矛盾论点而不是拿出真理的人。

比如，在引导学生自主探究的过程中， 我并没有直接给出答案，而是把学生的疑惑抛给学生，让他们主动思考，合作探究。

学生甲：老师，诗人为什么要用那么多问号？

师：这位同学的问题把老师也难住了，大家一起研究研究，帮忙解决这一难题。

学生乙：老师，我觉得诗人很迷茫，所以用问号。

师：诗人很迷茫？那诗人为什么不用句号或者感叹号呢？句号和感叹号也可以表达迷茫之情啊。比如：我很迷茫。我很迷茫！

学生乙：哦，老师，我明白了，诗人不太确定这欢乐是不是这些，所以很迷茫，很疑惑，只好用问号。

师：很好！那诗人为什么会这样呢？哪位同学读懂了诗人的困惑？

学生丙：我觉得，诗人处在黑暗的年代，已经很久没有体验过欢乐的滋味了，他忘记了欢乐是什么，所以很疑惑，不确定欢乐究竟是什么样子的。

学生丁：我认为，诗人用问号，是对诗人的质问和警醒。诗人在质问世人，我们的欢乐到哪里去了？我们为什么会失去欢乐？用一连串的问号，让世人思考，并珍惜欢乐的日子。

新课堂改革呼唤着学习方式的转变，也就是说学生再也不是单一的被动的接受学习了，而是让学生自立探索、动手动脑，让学生去探索、去创新。教师因势利导，让学生能自由的善始善终的参与教学的全过程，获得真实的感受。

但是这一节课也存在很多不足。

首先，课堂交流，有较多无效语言。美国教育家卡尔汉认为：“提问是教师促进学生思维，评价教学效果以及推动学生实现预期目标的基本控制手段。”我在提问时，只是急于把问题抛给学生，用了诸多不恰当的提问语言。比如：“哪位同学来说说？”“哪位同学还有不同意见？”“谁来回答这个问题？”

教师在课堂上精彩的提问和引导，犹如一石激起千层浪，引起学生思维涟漪的扩散，进而迸发出智慧的火花。因此，在今后的教学中，我应该力求做到：课堂提问要面向全体学生，问题的难易程度以中等水平的学生为依据，调动全班学生的积极性，不能仅仅局限于少数尖子学生，应该让全班学生都参与讨论。尽量避免问一些无关紧要的问题，不宜提出“对不对”、“是不是”、“好不好”那种简单化、定向化的问题，应该带有点拨、诱导或必要的暗示。

其次，课堂评价语言不妥。《语文课程标准》明确指出：“语文课程评价的目的不仅是为了考察学生达到学习目标的程度，更是为了检验和改进学生的语文学习和教师的教学，改善课程设计，完善教学过程，从而有效地促进学生的发展。不应过分强调评价的甄别和选拔功能。”

我在这一节课中，课堂评价时的“对”与“错”的观念太强，固定在对错之间考虑问题，非对即错；不能有效地引导学生发现对中的错，错中的对。很多时候，服从权威代替了理性思考，肤浅的回答代替了深入的思考，因此，学生独立的观点得不到尊重，潜力得不到开发。比如，用了太多的无效评价语言“你回答得很好”“你太棒了”“你回答得真不错”。对学生满意的回答给予这些比较笼统的评价，很少有较为具体的评价。课后想想，觉得如此评价会使学生感到无所适从，只是教师与学生之间的机械问答，而非真正意义上的对话；对学生的回答一味地表扬，也会使学生产生浮躁心理，使思维难以深入。我想，这要靠我们老师的智慧，也就是说，要用智慧去开启，而课堂评价测试是我们开启学生心灵及智慧之窗的有效钥匙。

高效课堂是教师不断追求的目标，是教学过程的最优化，教学效果的最大化，是师生完美配合的成果。提高教学效率、打造高效课堂的方法有很多，我们需要继续思考与实践。

第7章 中学语文课堂教学的价值与表征

7

课堂教学是学校工作最为重要的组成部分，它是贯彻、落实党的教育方针和实施先进教育理念的主要场所。当今，我国的教育改革，一个重要的方向就是课堂教学的研究探索，包括理念和行为。因此，在学习、观摩国内外一些先进的课堂教学理念和实践的基础上，结合自己的教学教研实践，通过反思，对中学语文课堂教学在价值追求方面提出一管之见。

一、当前中学语文课堂教学存在的问题

教育学的理论与实践证明，课堂教学的成功与否，关键在于教师对学生个性关注与促进的程度。由于学生自身条件与兴趣的不同，表现出对知识的接受也各不相同。中国古代教育家孔子从理论上提出因材施教的教学原则。然而，在我国现实的班级教学实践中，教师面对三四十位甚至六七十位个性迥异的学生，要做到因材施教，那是一件非常困难的事情。对此，世界教育同仁在这方面进行了不少的努力和探索。下面，梳理一下国内外课堂教学改革的趋势和现状，明晰中学语文课堂教学的价值追求。

（一）当前国内外的课堂教学形势变革

无论国内国外，传统的课堂往往都是封闭的，这种封闭不仅表现为空间形式的封闭，更表现为学生个性思想的压抑。因此，怎样把封闭的课堂转变为开放的、充满生机和活力的学习场所，也是各国教育学界关注的改革重点。

1. 西方国家的课堂教学变革

现在的西方国家，基础教育课堂教学过程中，教师像以往一样正襟危坐、照本宣科的教学现象也已一去不复返。相反，教师都会尽其所能努力调动学生主动学

习，通过学生的动手实践操作来让学生“发现”知识，实现教学过程的互动性、趣味性。同时，这样的教学理念也成为教育理论工作者研究的重要课题。

第二次世界大战以后，美国的中学教育因为社会背景的变化，曾经进行了一次又一次的改革，以便适应不断变化的世界，这也使得美国的中学教育在学校和社会关系问题、课程设置、学生发展以及学业评估等方面都呈现出许多鲜明的特点。美国中学的课堂教学遵循的是美国著名教育家约翰·杜威（John Dewey）的教学理论和教学原则——“实践性原则”和“个体性原则”。课堂教学上，美国教师是课堂上的导演，学生是真正的学习主角。老师总是用讨论、交流、辩论、研究等方式进行教学。课堂气氛活跃、轻松，有利于学生个性和创造性的发展。除了课堂设置上考虑学生的多方面需要外，美国中学教师在教学的组织方式上也很重视学生的个性差异，不搞一刀切，提倡个性化教育，力图让每个学生都能学有所得。

据报道，如何使自己的课堂生动有趣常常是英国教师们备课的重点之所在。在他们的课堂上，所有理论都由教师通过某种教学活动让学生先体验、先理解而后再从中找出结论，一般情况下教师不会把答案或权威的观点直接告诉学生。另外，重视师生的互动、学生与学生之间的合作也是英国课堂的一大特色。日本的教育，教师也非常重视在教学过程中对学生进行创造性和主动性的培养，因为他们认为一个民族的发展，离不开国民的创造力。而创造力的培养又来源于想象力，只有在一个安全和宽松的教育环境中，人才能充分实现自身的自主性、发挥想象力。因此日本的课堂着力构筑具有民主氛围的教学环境，其中心原则就是“学生必须拥有平等获得奖励和利益的权利，包括教育资源、信息和学习的材料”。

归纳起来，西方教育的课堂教学改革主要是关注学生的主体性和差异性，大胆进行如下几个方面的课堂教学探索：一是教学管理上努力推行小班化制度、实施分层教学；二是教学方法上践行行动导向法、项目教学法、案例教学法、模拟教学法、交际教学法等。

2. 我国的课堂教学变革

相比西方国家，我国传统的课堂教学不仅强调教师权威和书本知识的绝对正确性，也特别强调教师在授课过程中的灌输。这种“权威”与“正确”严重阻碍学生的“自主”发展以及知识观的正确形成；“独白式”的“满堂灌”往往是教师一讲到底，很少有学生思考的余地，而且师生之间的互动也做得很不够。这不但剥夺了学生自主表现的良好机会，而且忽视了学生对知识进行理解和消化的过程，从而背离了学生学习的真实意义。

进入21世纪，我国推进教育现代化建设，推行素质教育，落实新一轮课程改革纲要，其中，课堂教学改革成为关键的一环。近20年来，我国的课堂教学改革，从20世纪70年代以前仅关注知识认知，到80年代中期开始关注开发智力、培养思维能力，以及非智力因素，再到21世纪，在批判、反思的基础上，提升了价值、情感、态度的重要性。从而使知识与技能、智力与能力、价值观与态度以及个性发展成为课堂教学的基本任务。反思这20年的发展过程，从“学会生存”“学会关心”，到“学会发展”，这是课堂教学理念相较于传统的一个实质性超越，是一种积极的、深刻的变革。其次，在课堂教学的价值追求上从过去仅强调“双基”到现代课堂教学价值多元取向的并存，表现在以五种基本的课堂教学目标价值取向取代了长期以来的“基础知识、基本技能”单一目标。也即是：强调掌握基础知识的价值取向，强调基础技能训练的价值取向，强调获取生活经验的价值取向，强调创造性思考能力培养的价值取向，以及强调情感陶冶的价值取向。总之，我国教育工作者在借鉴西方国家先进教育理念、方法的同时，结合中国实际进行了课堂教学多样化的探索实践。这种探索实践无论借鉴或模仿，都是带有中国乡土气息的智造，展示了中国课堂教学实践的丰富和生动，焕发课堂教学的生命活力。

由于我国教育发展的极不平衡，加之观念变革的艰巨性，我们的课堂教学还存在许多有待于进一步改进的问题，但毕竟对原有的不合理的教育思想和课堂教学行为进行了反思、批判，在追求现代教育理念和课堂教学方式方面迈出了重要而坚实的一步。

（二）目前课堂教学改革中存在的问题

近年来，我国的中学课堂教学改革正积极稳步地进行，“高效课堂”已成为一个普及性的热门词汇。全国各个中学都立足本校实际，制定了适合自己学校的课堂教学模式，以学案导学、学生自主学习、小组合作、课堂展示、教师解疑、巩固训练等环节贯穿课堂。确立了学生在课堂教学中的主人公地位，极力把课堂还给学生，“讲堂”变成“学堂”，努力为学生发展创设空间，让学生在学习中体验成功，在成功中享受快乐，在快乐中建立自信。老师们在课堂教学中不断反思，不断成长。我们的课堂教学发生了许多可喜的变化。然而，即便如此，我们的课堂教学仍然存在着许多值得深入探究的问题。

1. 缺少对《新课程标准》的深入认识

《新课程标准》实施以来，教师的课堂行为发生了很大变化，这些行为有的是我们期待已久、体现新课程本质的，有的行为却是出乎意料、误解新课程理念而产生的。相当一部分教师缺乏对课程标准的深入研究，甚至不看课程标准，导致学习目标、教学目标不清，教学仅定在教材的知识点上，很少考虑如何用教材来完成课程标准的要求；很多教学任务囿于习题，课堂教学变为解题练习；大多数教师没有树立新的课程观，缺乏对课程的开发意识和开发能力……我们应该知道：教师对新课程的理解与参与是推行新课改的前提，新课改倡导一种课程共建的文化，需要教师重新认识自己的角色，教师不再是教科书的忠实执行者，而是拥有正确教育观念、懂得反思、善于合作的探究者。但据我了解，目前我们大多数教师，特别是边远地区的教师，手中连一本《新课程标准》都没有，又有多少教师去把《新课程标准》读一遍，更不用说深入、细致的研究了。

2. 课堂教学存在形式主义

课堂教学改革以来，在三课教学活动中，教师大都采用分组的形式，让学生讨论、合作，甚至站起来再讨论。这种现象，从表面上看，课堂气氛比较活跃，但从实际的教学效果看，讨论时间给得不够，没说几句，就被教师叫停抑或安排下一项内容，合作学习甚显匆忙、零乱。表现出目的不明，问题简单；合作无序，草草收场；流于形式，不重实效等形式主义。

为了体现学生的“主动”，就不停地提问题；为了师生、生生“合作”，就进行小组讨论；为了突出多个教学环节，课堂上就开展许多活动，占用有效的学习时间；为了便于学生展示，故意降低教学内容的难度。所有这些，都是我们教师将课堂教学改革理解为单纯的教学形式的改革，因而将改革的重心放在教学手段和方法的变化上。教师把探究变成一种点缀、一种形式。粗看很有创新，细细品味又感到缺乏深入的思考。比如，语文教学提倡“在读中感悟，在读中欣赏”。而有些教师的课只有读而没有感悟，没有欣赏，欣赏的环节被多媒体屏幕上花花绿绿的图画代替了，被教师的描绘代替了。应当明确的是，读仅仅是一种手段，感悟、欣赏才是目的。而教师在课堂上展示得更多是手段，而非目的。

课堂教学中的每一个环节都应该从教学的学情需要出发，不能为创设情境而创设情境，任何情境都不能游离于教学的学情之外，更不能是虚拟的。追求表面形式，反而会远离新课程的要求。

3. 盲目运用多媒体

自课堂教学改革以来，教育现代化建设也得到加速发展，现在的教室讲台上摆满了各种多媒体设备，教师在课堂教学中使用多媒体设备辅助教学的能力得到很好的提高，大大优化了课堂教学效能。但随着时间的推移，加上有些学校硬性规定教师必须使用多媒体进行教学，课堂教学中多媒体的运用出现盲目、泛滥之势。课堂上，教师用完这个用那个，忙得不可开交，整堂课教师很少说话，不像是教师，倒像是演示各种设备的工作人员，使得教师和学生之间缺乏必要的交流和互动，教学效果并不佳。还有一种现象，目前大部分学校都要求教师运用“导学案”进行教学，学生的手里都有学案，但老师为了证明自己在运用多媒体辅助教学，又用多媒体重现“导学案”。这显得极其多余。

二、中学语文课堂教学的价值追求

在我国，高考、中考的功能更多的是选拔，因此老师们在日常的教学中也逐渐形成以考试来选拔的习惯和意识，应试教育因此而产生。近年来，随着课改的不断深入，“新课程标准”的推行，将考试这种评价方式的功能定位于促进学生的发展，在这样的理念指导下，应试教育倾向得到更正，课堂教学转向强调关注、促进学生的学习。课堂教学既体现教师的教学思想和教育理念，同时它又是一门高深的教学艺术。课堂上，教师应该创造生动活泼的氛围，而不是使其成为一潭死水。学习他人的课堂教学经验，其目的就在于学习他人在课堂上如何给学生创造驰骋的空间，让学生更自由地翱翔于知识的海洋，去发现、去探索、去领悟，以使学生成为课堂学习的主人。

（一）中学语文课程的性质

中学语文课程的性质是什么呢？教育部在《高中语文新课程标准》中是这样表述的。

“语文是最重要的交际工具，是人类文化的重要组成部分。工具性与人文性的统一，是语文课程的基本特点。”

“高中语文课程应进一步提高学生的语文素养，使学生具有较强的语文应用能力和一定的语文审美能力、探究能力，形成良好的思想道德素质和科学文化素质，为终身学习和有个性的发展奠定基础。”

（二）中学语文课堂教学的价值

中学语文课堂教学的建设，应以马克思主义和科学的教育理论为指导，在义务教育语文课程改革的基础上继续推进，为造就时代所需要的多方面人才发挥应有的作用。

新世纪的中学语文课堂教学面临着新的要求，要顺应社会发展的需要，调整课堂教学的内容和结构；要在追求中学教育共同价值的同时，充分发挥语文课堂促进学生发展的独特功能；要使全体中学生都获得必须具有的语文素养，同时帮助学生在语文学习中探寻适合自己的发展方向，给他们提供展示才华的舞台。

教学理念的变革必然带来教学方式、方法上的变化，当今世界各国在教育领域的又一改革重点即是关注教学方式的变革。其目的是以课堂教学实施作为切入口，以此探索改革传统的“以老师和课堂为中心的划一、封闭及包办”的教学方法，从而试图建立当代“以学生为中心，多渠道、多形式、主动吸收信息”的开放式教学方法模式。在这一改革的实践过程中，语文学科的教学价值和语文文本的核心价值研究应当受到全体中学语文教师的高度重视。

1. 中学语文课堂的主体价值

教育不是一个简单的操作行为，而是基于信念的行为。推进课堂教学建设的重要价值之一就在于教师确立科学的课堂主体意识，即首先要确立学生是课堂教学的主体。

在传统教育观念中，教育是一种与学生之间的“授受”活动。教师被看作是教育活动的主体，学生被看作是装载知识的容器，是教育活动的容器。新的教育理念要求教师确立一种现代的课堂教学观，即课堂教学的主体是学生，学生主体透过课堂教学活动的表面达到学习活动的本质——学生在教师为其创造的学习环境中，经过自身的知、情、意、行等身心活动，对各种课堂知识元素加以消化吸收，自我发展的过程。它不仅解决了学生学会的问题，更主要的是解决了学生会学的问题。在教学过程中，教师是课堂教学设计的主体，学习活动的引导者，学生则是学习与活动的主体，师生共同努力才能实现教育教学的本质目的。基于新的教育理念，中学语文课堂教学应该思考变革，要变“讲堂”为“学堂”。把课堂学习的时间、空间还给学生，把课堂的主动权还给学生，让学生自己学习、自主学习。总之，语文课堂教学的主体价值在于学生的课堂行为——学生自己学习、自主学习。

（1）课堂教学结构突出学生的主体性。

教师通过精心的备课，合理科学地安排课堂结构，优化教学过程，让更多的学生在课堂上主动读书、自主学习、合作学习、动手操作。首先学生在课堂上可以有选择地读自己喜欢的段落，有选择地完成自己力所能及的作业。其次，教师要善于诱导、善于启发学生的思维，放手让学生大胆想象，写自己最感兴趣的事，说自己最想说的话，干自己最想干的事。教师还要因势利导，利用课堂仅有的教学资源，激发学生的创造思维，使学生在乐中学，学中会，会中创，在会学中成长。这样的课堂才能突出学生的主体性，才有利于学生身心的健康成长，并不断增强学生的创造和创新能力。

（2）通过学法指导突出学生的主体性。

课堂教学要重视学法指导在教学过程中对学生自主学习的推动作用。教育心理学的研究成果表明，教师可以通过有目的的教学促使学生有意识地掌握推理方法、思维方式、学法技能和学习策略，以提高学生参与活动的效率来促进学习。

教学过程是一个师生双边统一的活动过程。在这个过程中，教与学的矛盾决定了教需有法，教必得法，学才有路，学才有效，否则学生只会效仿例题，只会一招一式，不能举一反三。在教学中，教师不但要教知识，更要教学生如何“学”。教学中教师不能忽视，更不能代替学生的思维，而是要尽可能地使教学内容的设计贴近学情。通过设计适当的教学程序，引导学生从中悟出一定的学习方法。示范课堂中，学生学会一个内容后，教师要组织学生进行小结，鼓励学生相互交流，对自己的学习过程进行反思，指导学生总结出个人行之有效的学习方法。

（3）调动学生心理状态突出学生的主体性。

课堂教学的主体是学生，教学的主体价值在于学生的行为。教学过程中，教师、教材、一切教学手段，都是为学生的“学”服务的，学生应积极地参与到教学活动当中去，充当教学活动的主角。因为决定学生学习结果好坏的直接因素并非教材或教师，而是学生自身对知识加工水平的好坏。同样一个老师、同样一本教材、同样一个教学环境，不同的学生却会出现不同的学习结果。导致这种差异的原因，只能是知识在向大脑输入的过程中，不同的学生采取了不同的加工方法，因而产生不同的加工水平。在这里，教师的作用是间接的，他的一切努力，必须经过学生的大脑，以学生的“学”为中介，从而对学习结果产生影响。

既然学生是教学活动的主体，是学习结果好坏的决定因素，那么学生学习行为的主动性便影响着“学”的质量。关于如何调动学习行为的主动性问题，教育界有许多论述，但大都以“教师中心”为解决主动性问题的前提，因此主动性往往就被歪曲为学习兴趣，以为提高了学生学习的兴趣，就达到了调动学习行为主动性的目的。这种理论上的误解在实践中往往导致教师在课堂上讲故事，谈趣闻，以引起学生学习的兴趣。事实上，这种方法只停留在具体知识层面，难以调动学生学习行为的积极性与主动性。苏霍姆林斯基说：“认识本身就是一种最令人讶异和感到神奇的过程，能激起高昂而持久的兴趣。事物的本质，事物的种种关系和相互联系、运动、变化……都含有无穷无尽的兴趣。”在苏霍姆林斯基看来，对抽象问题的解决过程，包含着巨大乐趣，这种乐趣是一种智力乐趣，它是思维在紧张的工作中从问题的解决过程里获得的，它不仅包含着学习的兴趣，也包含着思维的积极性和学习的自觉性，而这三个方面，就构成了学习行为主动性的内容。

因此，课堂教学要突出学生的主体性，教师就要想方设法调动学生心理，让其处于主动的状态。

2. 中学语文学科的教学价值

中学语文学科在新课改的背景下，课程与教材的变革受到空前的重视，但是作为实施教改主渠道的教学，无论是理论研究还是课堂实践都难以跟上课程与教材的步伐，特别是课堂教学实践中表现出的传统观念和现代理念的明显分歧。因此，我们必须用新的教育理念重新审视中学语文学科课堂，认真分析当前令人担忧的教学状况，进而确定中学语文学科的教学价值，让语文教学更好地跟课程标准、新教材内容奏出和谐的、科学的、艺术的旋律。

（1）用理念提升语文教学的品位价值。

语文教学是一种影响人的精神世界的活动。语文教师一旦有了科学的理念，他就可以用这种理念来塑造自己的教学行为，可以用这种理念来滋养学生的心灵和人格。也即是说，中学语文学科的教学价值，在于先进、科学的理念体现，有了高尚、独到、深刻的理念，语文教学才会更有趣味，更有魅力，更有品位价值。

① 工具性与人文性统一的理念。“语文是最重要的交际工具，是人类文化的重要组成部分。工具性与人文性的统一，是语文学科的基本特点。”语文是所有学科的基础，它能给学生语言文字、听说读写的能力，更能让学生理解文本，掌握其他学科知识，促进学生的全面发展。语文教学在重视语文工具性的同时，应加强人文性教学，使之成为中学语文教学的重要价值之一。

② 生本教育理念。“生本教育的特征之一，就是真正认识和把握学生这个本体，把一切为了学生作为教育价值原则。”今天，我们的语文教学更多表现为应付检查、高考、竞赛的竞争性工作，它在表面上是为学生的，可实际上是为了别的东西，在实际的教学活动中未能把教学的效果落实到人，即教育对象方面。美国现代著名的唯心主义哲学家、社会学家和最有影响的教育家杜威说，传统教学的重心是在学生之外，在教师、在教科书或是在教师所高兴的任何地方，惟独不在儿童的天性之中。首先我们的课堂教学事实中，每天都面对自己的学生，但传统观念使我们对学生的认识，仅仅是知识的容器，而不是充满生命的、活生生的人；其次，我们的教学行为常常为以往的经验所左右，未能意识到教学的价值在于以学生为中心。

③ 终生学习理念。联合国教科文组织1996年的一份报告《学习：（人类的）

内在宝库》明确指出：接受教育不再是为了升学和谋生，而是为了个人能力的充分发挥以及个人终身学习，为了社会的和谐发展。新的语文课程标准也以辩证唯物主义和历史唯物主义作为方法论基础，对语文教学应达到的目标作了明确规定，强调了"学习"和"发展"的重要。促进学生终身学习，全面不断发展，是中学语文教学的又一重要价值。

（2）用内涵彰显语文教学的效能价值。

认同理念对语文教学品位的提升，就要认识没有内涵就没法彰显教学的效能，无法突出教学的价值。在理念的指引下，中学语文教学应当从过去的知识传授向今天的能力培养转变，从培养学生接受性学习转向培养学生自主学习转变，全面培养学生的文化素养和思维品质，提高语文教学的质量。中学语文教学的内涵主要是通过教学活动引导学生得到《高中语文新课程标准》提出的五个方面目标的学习和发展。

① 积累与整合。通过语文实践，在学习的过程中，使已经积累获得的知识、能力和情感、态度等融汇整合，切实提高语文素养。

② 感受与鉴赏。通过阅读，品味文本语言，感受其思想和艺术魅力，体会中华文化的博大精深，追求高尚情趣，提高道德修养。

③ 思考与领悟。通过阅读、思考，培养学生对语言、文学以及文化现象独立思考、质疑和批判，逐步形成自己的思想，树立积极向上的人生理想。

④ 应用与拓展。通过语文学习与生活实践，能有效地运用语文知识与能力，开阔视野，提高语文综合应用能力。

⑤ 发现与创新。学会在学习与实践中，尊重他人的成果，勇于提出自己的见解，养成严谨、求实的学习作风，追求思维的创新、表达的创新。

3. 中学语文文本的核心价值

语文学科的课堂教学，往往是在文本的基础上进行的。因此，中学语文课堂教学不仅要关注中学语文学科的教学价值，也要关注中学语文文本的核心价值。一个本文，总是存在多个教学价值点，教师在备课设计过程中要抓住文本的核心价值，重点挖掘文本隐含的语文学习价值，训练学生对语言的感受能力和表达能力，完成语文课应该完成的教学目标，适当弱化文本中可能隐含的其他教育价值，比如科学普及价值，社会生活认知价值，思想品德养成价值，生活能力指导价值等。总之，尽量把"语文课"上成真正的"语文"课，上出真正的"语文"味。

那么，面对语文文本，哪些内容是它的"核心价值"？语文文本在教学上的核心价值主要包括生动精妙的字词语句、鲜明强烈的表现手法和清晰典范的文体特征三个层面。

（1）生动精妙的字词语句。

文学作品是一个多层次（语音语调层、语义建构层、修辞格层、意象意境层、思想感情层）的语言结构系统，他们逐级互相依存，相互包容。教学一个文本，则必须对各个层次有着比较充分的了解，而这种了解必须建立在对文本进行细读、深刻把握的基础上。文本是作者运用书面语言写人记事、表情达意的结晶体，理解文本内容首先要理解作者的语言，也就是要理解构成文本的字词句。作者所要表达的细腻的情感、深刻的思想都是隐藏在生动精妙的字里行间，只有细细品味才能有所领悟。从文本语言入手，引导学生从微观角度抓住生动精妙的字词语句，从炼字、修辞等角度理解、揣摩、赏析，这是文本教学价值的核心之一。

比如，解读毛泽东的《沁园春·长沙》一文时，可以紧抓“万类霜天竞自由”的“竞”字进行揣摩。课文注释“竞”为“竞相”，学生一般会根据注释进行理解。可“竞相”的“竞”到底是什么意思呢？老师可让学生带着疑问去翻看《现代汉语词典》，找到“竞相”的含义是“互相争着（做）”，代入句中去理解为“争自由”，还可查找《辞海》，“竞”有“比赛”“争逐”之义，又可结合郭象对《庄子·齐物论》中“有竞有争”中的“竞”为“并逐曰竞，对辩曰争”的解释，得出“竞”的原始义是“并”而非“争”。对照“竞” 的繁体字“競”，最终认为“竞”有共同、互相、一起的意思。一个表面看似易解的字，通过细致的揣摩，得出更为贴切的解释，这对准确理解文意和把握作者思想情感起到助推作用。

又如，刘成章的《安塞腰鼓》是一篇语言风格鲜明的文章。为了写安塞腰鼓的特点，作者调用了一系列语言修辞形式，如短句、排比、比喻、反义词、叠词的运用等，这些手段极具民族语言的特色。

（2）鲜明强烈的表现手法。

从广义上来讲，表现手法也是作者在行文措辞和表达思想感情时所使用的特殊的语句组织方式，具有明显的特征或代表性。比如，常见的赋、比、兴、烘托、象征、托物言志、借景抒情等表现手法。这些手法特征可能是显性的，也可能是隐性的，但是一旦被解读出来，往往能被公认为是该文本的主要特征。它能从宏观的角度使文章整体或部分产生鲜明强烈的印象，达到感染读者的艺术效果。

比如一提朱自清的《荷塘月色》，人们就会联想到静谧之境、阴柔之美、恬淡之美，同时也能认同作者那种细腻的感受、丰富的联想以及绚丽的描摹。确立这样的教学价值点容易被学生理解、模仿、运用，这样的课文可以成为学生学习语言、语言表达的样板，其教学价值点也能成为人们讨论文章时所使用的公共符号。“形象说理”“个性表达”使得鲁迅的《拿来主义》更具杂文味，因此，“形象说理”“个性表达”才是文本《拿来主义》的“文本核心价值”。

（3）清晰典范的文体特征。

语文教学实践中，老师批改学生的作文，往往发现学生作文“三不像”。每年高考阅卷也是如此，总有相当大一部分作文被认为打“高分”不值，打“低分”可惜，形成尴尬的鸡肋，让阅卷老师倍感遗憾。究其原因，主要是学生所写的作文文体特征不明晰。因此，如何让学生的作文写得更具清晰典范的文体特征，避免“三不像”的尴尬？我想，语文教师在文本教学中，突出文本的文体特征学习，引导学生明白记叙文为什么是记叙文，议论文为什么是议论文，散文为什么是散文，并付诸当堂的总结或写作训练。那么，学生克服这种“三不像”的尴尬是指日可待的。

郑桂华教授也这样概括过：可上升为“类概念”的。也即可以迁移到用于理解同一体裁文章的典范性的文本特征。比如史铁生的《我与地坛》，细读文本，会发现“我”对地坛的描写明显选择了三个时间段，这三个时间段里，“我”的处境不同、心态不同，对生命的理解也不同，“我”眼中的地坛的景色也不同。“我”观察到的对象、色彩、意义，很多都随着“我”心情的变化而变化，前面多是衰败的、颓唐的、无意义的，后面多是鲜活的、积极的、有意义的，也就是说“作者的眼中之景，乃心中之景”。因此，本文的教学思路可以设计为：让学生对比三个阶段中作者的心境与其眼中景物色彩的关系，明白我国古代文论中重要的“境由心生”的美学主张。而这样的一篇文章的学习，就可以归纳为阅读同类文章——借景抒情散文的基本图式，并迁移到对其他同类文章的阅读理解当中，达到举一反三的效果。

思想内容固然是文本的核心价值，但却不一定就是“文本教学的核心价值”。属于主题思想、文化观念、历史结论的东西，只需几句话就可以明白地告诉学生，似乎无需花费很长的时间去学习，所谓涵泳、咀嚼、咏叹者，是针对文本精妙的表达而言的，教学需要通过品味语言来体会思想内涵。由此看来，语文课堂教学之前，教师备课时准确确定“文本的核心价值”尤为重要，这关系到语文课堂教学的有效性。

总之，深化课堂教学改革，确定语文课堂教学的核心价值，打造优质高效课堂应该成为我们广大教师矢志不渝的追求。

三、中学语文教学价值的四组课堂表征

中学语文课堂教学既然包括课堂的主体价值、学科的教学价值、文本的核心价值三个方面，那么，课堂教学的实践过程中，我们中学语文教师又如何去实现这些价值呢？我们中学语文课的课堂为了体现三个方面的价值，应该具备什么样的表征呢？在课堂教学改革不断深入的今天，正是由于中学语文课程的性质和中学语文课堂教学的价值决定了中学语文课堂教学要强调基础知识的掌握，强调基础技能的训练，强调生活经验的获取，强调创造性思维能力的培养，强调思想情感的陶冶。正是这种课堂教学的多元要求，才形成了目前课堂教学与学生学习活动的丰富表征。

因此，中学语文教师在课堂教学的准备与进行中应以如下四组表征来突显中学语文课堂教学的价值。教学设计上，关注学科基础性知识的同时，强调与现实生活、学生经验的联系，强调实际应用；进程安排上，在以“目标—策略—评价”为主线安排教学的同时，突出学生“亲验—表现”的自主创新进程；在策略与方法选择上，建立多样化的学习方式，促进学生主动地、富有个性地学习。关注学生的学习参与，让学生在亲自观察、操作、讨论、质疑、探究中获取知识、学会学习、培养情感、完善人格。

（一）教学设计上体现主体与生成

1. 主体

主体指课堂教学以学生为主体。以学生为教学主体的核心是强调承认并尊重学生在教学活动中的主体地位，将学生真正视为自然独立的、能动的生命个体。弘扬和培养学生的主体性，是当今课堂教学改革的主题，更是课堂教学改革的重要突破口。

教学设计是教师课堂教学的蓝本，是教师教学理念的体现。课堂教学的成功与否不应从教师的角度来衡量，而应从学生的角度来衡量。一堂课下来，教师应该问一问：我的这堂课，学生学到了什么？有收获吗？因此，语文教师在进行教学设计时，不但要知教材，更要知学情。只有了解学生的主体需求，知道自己学生的个性特征，在设计教学环节时才能做到突出学生的主体性，充分发挥学生的课堂主体作用。

比如，我在设计《远方》（许达然）的导学方案。全篇课文共计两个课时，第一课时，学生借助导学案，进行亲验学习。也就是学生自己按照导学案的提

示，自己阅读课文，自己解决课文里面的生字生词，再进一步理解课文的大意，欣赏课文中生动精妙的字词语句。这其中的关键在于，所有的学习都是学生自己在进行，解决字词语句要亲自查阅字典词典，欣赏生动精妙的字词语句要亲自把自己的所想所感写在相应字词句段的课本空白的地方。所有的这种学习，一节课里，都是学生的行为，特别是学生的所想所感，必须远离所谓的教辅资料的即时帮助，必须是学生对文本真实的思考与理解。这就是“亲验”学习，真正突显学生在学习中的主体性。

2. 生成

生成指课堂教学中知识问题是由学生在学习思考中即时产生的，个别教学内容的推进是由学生在学习中即时引发，教师及时发现并重视，而加以推进的。课堂教学的生成性是课堂动态生成教学内容，个别教学内容的确定以及教学方法的形成是在课堂动态中生成的，所谓“动态”，即“运动变化状态”，课堂中的运动变化是由教师与学生、学生与学生、师生与教学资源等多种因素的相互综合作用构成的。课前的导学案与课堂的生成性教学内容是一种预设与非预设的关系，预设是教师的引导性教学，非预设应是教师在教学过程中对学生的期望。课堂教学中，非预设的多出现，更能体现学生学习的主体性、创新性和课堂教学的价值性。

同是《远方》（许达然）一课，第一课时的亲验阅读文本就给了学生发现问题、生成学习内容的充裕时空。导学案的第四个环节“品悟内涵，读写表现”一样突显教学内容的生成性，“从文中选取你认为精彩的语句，紧扣关键词，从语言特色、人文内涵等方面入手，写一段（50字左右）你的品悟”这一活动设计，使得学生能以自己的阅历和知识去确定自己对文本的喜好，对文本的自我解读，就像人们所说的那样“有一千个读者，就有一千个林黛玉”，课堂的生成是多彩的，生成的学习内容是丰富的。

又如教学《济南的冬天》，学生将“济南的冬天”读成了“冬天的济南”，教师在课堂上敏锐地发现这是一个有助于教学生成的契机，可以组织学生探讨一下“济南的冬天”跟“冬天的济南”究竟有何区别。抓住这一探讨拓展，让学生明白语序跟语义是有着一定的奥妙的，同样的词语，语序发生了变化，它的内涵也就发生了变化。还可进一步联系到语言表达的准确性、语言表达的变化性和语言表达内涵的丰富性等议题。这是一个很有意思的教学生成。但相反的情况是，好些教师此时也关注到，但遗憾的是，他们总是习惯于“一带而过”。

再如，声情并茂的美文《故乡的榕树》，我组织教学时，充分利用文本的特点，让学生先进行亲验阅读，感受文本的景美、人美和情美。在“那山那水”这一环节中，要求学生诵读品味自己最喜欢的一段文字并进行评价。从具体的教学效果看，学生经过自己的解读，体验了文本的语言美、情感美。然后在“这山这水”环节中，从学生的表现观察，学生与文本有着明显的情感共鸣，而这种共鸣因为有了学生的亲验阅读，又进一步生成学生的生命情感体验，使学生在本质上生成有价值的道德判断和道德行为——对自己家乡的热爱之情。这是一切牵强附会的德育说教无法做到的。

（二）课堂形态上突出自主与合作

课堂形态是指课堂教学中各要素组合在一起所呈现出来的动态特征，它包括教师的导入、提问、引导、矫正等，更包括学生的自主、合作、交流、展示、练习、总结等环节。课堂形态既不能复制，也不好模仿，更难还原，体现了教师教学设计和学生学习的创造性、独特性和生成性。

1. 自主

自主是指学生的自主学习。自主学习是与传统的接受学习相对应的一种现代化学习方式。顾名思义，自主学习是以学生作为学习的主体，通过学生独立的阅读、分析、探索、质疑、实践、创造等亲验阅读来实现学习目标。《基础教育课程改革纲要（试行）》在论及基础教育课程改革的具体目标时指出：“改变课程实施过于强调接受学习、死记硬背、机械的现状，应倡导学生主动参与、乐于探究、勤于动手，培养学生搜集和处理信息的能力、获取新知识的能力、分析和解决问题的能力以及交流与合作的能力。”

由此，可以看出自主学习是一种能动的学习，对学习者而言，自主学习带有强烈的学习动机和浓厚的学习兴趣，即主动地、自觉自愿地学习，而不是被动地或不情愿地学习。自主学习本身昭示着学习是学习主体自己的事情，体现着“主体”所具有的“能动”品质；学习是“自主”的学习，“自主”是学习的本质，“自主性”是学习的本质属性。“自主学习”具体表现为“自立”“自为”“自律”三个特性，这三个特性构成了“自主学习”的三个基本特征。

如何让学生的学习得以自主进行呢？美国教育家布卢姆说过：“一个带着积极性学习课程的学生，应该比那些缺乏热情、乐趣或兴趣的学生，或者比那些对学习材料感到焦虑和恐惧的学生，学习得更加轻松，更加迅速。”这说明教师在课堂教学设计和课堂教学调控中对课堂教学环境的控制以及学生的学习热情对自主学习很重要。

因此，要体现中学语文课堂教学的价值，语文课堂在组织教学的过程中就要给学生自主学习的时空。课堂不能只有老师一个人，学习的主体应该是学生，要把学习的主动权交给学生，让学生成为真正学习的主人。因而，教师在课堂上应尽量少讲、精讲；给学生充足的时间去阅读、去思考、去交流、去写作，把教师的主动传授转化为学生的主动求知，从而培养学生自主学习的意识。

2. 合作

合作学习是指学生为了完成共同的任务，有明确的责任分工的互助性学习。合作学习鼓励学生为集体的利益和个人的利益而一起工作，在完成共同任务的过程中实现自己的学习目标。

学生以小组为单位，通过合作和协作，完成学习任务，提高学习成绩，这是合作学习的最初出发点，也是教师在教学过程中采取这一学习形式的目的。国内外合作学习实践已经证明，合作学习能促进学生在学习上互相帮助、取长补短、共同提高；能增进同学之间的感情交流，改善学生的人际关系；能提高学生学习能力和效率，使学习成绩的提高效果显著。

合作学习往往以小组为单位，成员按学习能力和学习成绩的优、中、低三类搭配安排。这样编排的目的，一是利于优等生帮助后进生，使后进生进步；二是利于后进生积极参与学习过程，自由发表意见，并在交流讨论中形成正确认识，学会和会学知识；三是优等生在帮助后进生中自己也得到了锻炼和提高。从中可见，合作学习体现了面向全体的理念。因此，教师对合作学习的运作，一定要从面向全体学生的要求出发。编组中，一方面小组成员应由有差异的学生组成，另一方面要从便于学困生充分参与学习上设计学习方式，安排学习内容，保证学生的全体参与，全体提高。当前，国内外课堂教学上普遍采用的合作学习方式有：问题式合作学习、表演式合作学习、讨论式合作学习、论文式合作学习、学科式合作学习。

还是《远方》（许达然）一课，学生在第一课时的亲验阅读时间里，既有自主学习，又有同桌间、学生间的合作，主要表现在亲验、自主阅读的过程中，自己在使用工具书的过程中，遇到不懂的问题时，要学会主动向同桌或同学寻求帮助，这就是合作。这种合作学习使得学生可以自由、自主地交流、讨论，创造了一种民主、宽松、和谐的学习氛围，因而能营造课堂教学氛围，激发学生学习的积极性，有效发挥各自的学习潜能，提高学习效率，突显课堂教学的价值。

（三）学生行为上践行读写与分享

关注学生语文能力的形成及发展，是《语文课程标准》的核心思想，《语文课程标准》指出："语文素养是学生学好其他课程的基础，也是学生全面发展和终身发展的基础。”它明确地告诉我们，语文是一个人学习、生存和发展的基础，是为一个人的可持续发展做奠基的。那么，语文学科中“听、说、读、写”这四种能力就是学生学习、生存和发展的基础能力。叶圣陶先生也说过：语文教学的根在“听、说、读、写”，语文教学创新是“听、说、读、写”之内的挖掘，而不是“听、说、读、写”之外的花样翻新。“听”与“读”是信息输入手段；“说”和“写”是信息输出手段，“听、说、读、写”既是老师在教学中精心培养学生所具有的四种能力，又是老师培养这四种能力经常采用的教学手段和教学方法。语文教师必须静下心来，想办法在课堂教学中让学生大力践行、提高这四种能力，才能真正体现中学语文课堂教学的价值。

1. 读写

读写是语文学科“听、说、读、写”四种能力的后两种，是四种能力的重中之重。叶圣陶先生说得好：“阅读是吸收，写作是倾吐。”这句话明确地告诉我们：读和写是相辅相成的，智慧地把这两者结合，才能有效相长。语文课堂如果缺少阅读，学生的学习就谈不上吸收，更谈不上主动吸收。因此，语文课堂教学中，教师要善于抓住文章中的优美词句、动情描写，让学生进行默读、诵读、单读、合读，强化学生的语意理解、情感表达和语感。前人不是说过“读书百遍，其义自见”嘛。可见，语文课堂教学彰显“读”，就是彰显语文课堂教学的价值。

“阅读是吸收，写作是倾吐。”学生阅读了文本，有了自己的见解和主张，那就必须倾吐，不吐不平嘛！为此，有“读”，必须有“写”，这两种行为应该成为中学生课堂学习的最基本行为。“写”的训练还与作文大有关系。在对课堂教学的观察中，我发现语文教师非常重视作文教学，但是，非毕业班的作文教学也往往是两个星期进行一次，毕业班（有的）的作文训练才有可能一个星期一次，而平时的课堂教学就很少触及，这是不妥的。为了彰显语文课堂教学的价值，语文教师应该尽可能把写作训练落实到每一节课里，重点进行实时、短篇幅、与本节课学习内容相联系的写作训练。

比如，《远方》一课，第四环节“品悟内涵，读写表现”中的“（二）品读悟情”就是一个突出学生诵读品悟的重要课题表征。而第四环节“品悟内涵，读写表现”中的“从文中选取你认为精彩的语句，紧扣关键词，从语言特色、人文内涵等方面入手，写一段（50字左右）你的品悟”和第五个环节“拓展练笔”中的“你心目中的‘远方’是怎样的？请以‘我的远方’为题目，仿照许达然《远方》的立意或技巧，写几句话”，两处恰如其分地落实了“写”的表征。

当然，课堂教学突出读写结合，还有很多方法，我只是粗略就我的课堂举了一例。实现读写结合，关键在于找准教学内容中读写的点，捕捉学生的真切感受，拓展学生亲验学习的时空，培养学生乐于读、写的行为，激发学生的思维创新。“读”“写”结合，有效相长。

2. 分享

分享是学生在课堂中的知识交流，是拥有知识的学生和接受知识的学生通过沟通，以交流事实、观念和态度的过程。它的主要形式有口头讲述、文件散发和文本展示。

从知识积累和更新的角度看，个人知识如果没有外显化，就会因缺乏严格的检视而沦为“愚昧的理论”。主动分享的学生可让自己的内隐知识转化为外显知识，使自己的知识存量增长、价值放大、不断创新，被动分享的学生有机会把他人的知识化为己有。就如“如果你有一个苹果，我有一个苹果，彼此交换，我们每个人仍只有一个苹果；如果你有一个思想，我有一个思想，彼此交换，我们每个人就有两个思想。” 读书的本身是一个输入与输出并存的过程，输出是读书的最高阶段，输出的学习方式比输入的学习方式更能提高读书的效率，当我们能够将自己的所学以各种方式去输出，本身就完成了一次知识的升华。

可见，课堂分享的意义在于，可以满足自主学习、思绪饱满、想要分享的学生的欲望，也可以为灵感枯竭、心灵迟钝的学生引来活水。就自觉学习，勇于表现的学生而言，课堂分享是一种极棒的获取知识与灵感的方式，也是逐渐提升自己学习境界的重要途径。好学者总是在和人、和物、和世界的交流中打开内心并变得敏锐，在分享与思考中逐渐明辨和飞跃。

还是《远方》一课，教学设计中的第四个环节，“解读精彩语段，分享阅读心得”就强调了学生在课堂中分享的意义。一个自然班，往往有几十个学生，一节课的时间里，不可能每一位学生都有机会提出问题、回答问题、表现自己。那么，合作学习的小组里，每一位学生都可以把自己解读的精彩语段及解读心得与其他同学分享，然后，小组决定，谁可以代表小组在全班进行学习分享。当然，分享的既可以是学习的结果，也可以是学习的过程。

（四）学习效果上收获思想与学法

考察中学语文课堂教学的价值离不开学生在课堂学习上的效果。以往，我们总是说学生收获了多少知识，可从今天的理念角度来看，课堂上，学生掌握知识固然重要，但学生收获自己的思想和获得学习方法更为重要。

1. 思想

思想是学生在学习过程中于细微处的发现，是自己对文本的不同于别人的思考，是自己对文本的独到见解。

以往，对文本的见解总是听老师的，后来才知道，老师的好些见解也是别人的。文本是由一个个细节组成的，细节往往是解读文本的突破口。细节可能就是一个看似平常但意义深刻的词语，可能是一个普普通通但意犹未尽的标点符号，可能是一句朴实无华但意蕴深刻的句子……因此，教师在引导学生学习文本的过程中，要善于引导、观察学生是否能深入探究文本细节，对文本及其细节是否有自己的发现、思考和见解。学习主体有了自己的发现、思考和见解，才算是真正的自主学习；学习主体有了自己的发现、思考和见解，才算是真正学到了知识；学习主体有了自己的发现、思考和见解，才能体现课堂教学的价值。

关注学生的学习效果，就要看学生在课堂上是否有所发现，是否收获思想，分享思想。

2. 学法

学法是学习的方法，获得知识的方法。

不知从何时起，课堂教学最后的总结环节，老师往往会问："同学们，这节课快要结束了，你们有什么收获？"这似乎成了一种课堂教学总结的必然程序。学习完后，来一个总结，固然必要，但当下的课堂总结，大多是学习内容的重复，这种总结，效果不佳。课堂总结更应该引导总结这节课是怎样学习的，这个文本是怎样学习的，关键在哪里，抑或这类文本的逻辑思路是怎样的，应该如何去学习。这种总结比学习内容的总结来得更为必要，因为它可以帮助学生进行迁移性学习，帮助学生掌握同类文本的学习路径，有触类旁通的功效。

学法总结的目的是为了培养学生的自学能力，让学生在课后复习、完成作业、课外阅读等方面采取相应的方法进行自学，这对学生完成学校教育后继续学习、终身学习具有重要的意义。古今中外学者之所以在事业上有所成就无不是掌握了自学方法。课堂教学中，教师不但要进行课后学法总结，还要进行课前学法指导，让学法贯穿学生学习的全过程。也只有这样，才能更好地提高教学效果，彰显中学语文课堂教学的价值。

比如，在学习郁达夫的《故都的秋》，我就在总结这一环节进行学法总结，用简洁的语言归纳为：

通篇着眼，整体把握

字句入手，品读感悟

缘情写景—景随情迁—形散神聚

把重点放于“缘情写景—景随情迁—形散神聚”这一点，让学生明了文本是如何一步步“缘情写景，景随情迁”，从而达到“形散神聚”的文体特征。

值得一提的是，语文教学要引导学生学会如何去归纳和总结。二三十年前，教师一般都比较重视板书，板书的目的就是通过简洁的文字将文本的精髓揭示给学生。但遗憾的是，现在学校由于有了多媒体，一些语文教师便很少板书了。今天，有不少教师已经将思维导图引入了自己的教学中。思维导图相比板书而言，确实是教育方式向前进了一大步，但它与板书的区别在哪里？为何说它是进步的？如果我们把思维导图理解成板书，那么这个问题也就不难解释了。不过板书是教师的，思维导图是学生的。从认知心理学的角度来理解，学生自己操作得来的知识往往是比较牢靠的。因此教师在教学中要不断引导学生学会用自己合适的方式，去归纳和总结，特别是对自己的学习方法的总结。

课堂教学过程中包含教师“教”的过程和学生“学”的过程，这两个过程又离不开学生、教师和教材三个要素，因而，课堂教学便存在多对矛盾关系和多种主客体关系。就教师与学生而言，在教的过程中，教师是施教的主体，学生是受教的客体；在学的过程中，学生是学习的主体，教师是被学的客体；在整个教学过程中，教材都是客体，教师与学生对于它来说都是主体，在教与学的不同条件下师生又互为主客体。中学语文课堂教学中，教师为了提高课堂效果，体现教学价值，单是明了教学、学科和文本三者的价值还不够，还要科学处理上面三个要素在两个过程中的关系，才能更好地让中学语文教学呈现出四组课堂表征，优化课堂教学，提高教学效率，彰显中学语文课堂教学的价值追求。

参考文献：

[1] 郑金洲．教学方法应用指导[M].上海：华东师范大学出版社，2006.
[2] 周立群．语文新课程与教学导论[M].广州：广东高等教育出版社，2010.
[3] 朱晓斌．语文教学心理学 [M].北京：高等教育出版社，2012.
[4] 潘新和．语文：表现与存在 [M].福州：福建人民出版社，2000.
[5] 方智范．语文教育与文学素养 [M].广州：广东教育出版社，2005.
[6] 高凌飚，陈翼平.语文教学与学业评价 [M].广州：广东教育出版社，2005.
[7] 张春兴．教育心理学 [M].杭州：浙江教育出版社，1998.
[8] 施克灿．中国教育思想史 [M].北京：高等教育出版社，2008.
[9] 龚　群．生命与实践理性 [M].北京：中国社会科学出版社，2004.